Friedrich Dietrich

Anweisung zur Ölmalerei, zur Aquarell-, Fresco-, Miniatur- und Holzmalerei

Nebst 26 Geheimnissen für Zeichner, Maler und Lackierer

Friedrich Dietrich

Anweisung zur Ölmalerei, zur Aquarell-, Fresco-, Miniatur- und Holzmalerei
Nebst 26 Geheimnissen für Zeichner, Maler und Lackierer

ISBN/EAN: 9783743653702

Hergestellt in Europa, USA, Kanada, Australien, Japan

Cover: Foto ©Lupo / pixelio.de

Weitere Bücher finden Sie auf **www.hansebooks.com**

Anweisung
zur
Oel-Malerei,
zur
Aquarell-, Fresco-, Miniatur- und Holz-Malerei.

Nebst 26 Geheimnissen
für
Zeichner, Maler und Lackirer,
über
Farbenlehre und Harmonie der Farben, bestes Verfahren Zeichnungen zu copiren, Kupferstiche und Lithographien auf Papier, Holz und Glas abzuziehen, über Pariser Malerei, chinesische Malerei, Portrait-Malerei, orientalische Malerei, Holz-Malerei, Zubereitung der Farben, Verfertigung der Firnisse zum Ueberziehen von Gemälden und Anweisung, Oelgemälde zu reinigen.

Von
Friedrich Dietrich.

Neunte verbesserte Auflage.

Quedlinburg und Leipzig 1879.
Verlag der Ernst'schen Buchhandlung.

Vorwort.

Die Wahrnehmung, daß in neuerer Zeit wiederum ein regerer Sinn für die Kunst sich kund gegeben hat und Mancher, dem Talent und Eifer den Beruf dazu ertheilen, nur darum von ihrer Ausübung zurückgehalten wird, weil er, fern von einem Lehrer, die Mühen des Anfangs scheut, veranlaßte die Abfassung vorliegenden kleinen Handbuchs.

Es ist eine schwierige Aufgabe, praktische Verfahrungsweisen allein durch Wörte verdeutlichen zu wollen, doch wird man zugeben müssen, daß, was das Portrait und die Landschaft allein anbetrifft, eine Unterweisung, wie sie unser Buch giebt, nicht nur unter allen Umständen für den Anfänger fördernd ist, sondern auch, was die Technik nicht minder als die Auffassung selbst anlangt, gar mannigfache Andeutungen gegeben werden können, die, nicht gekannt oder unbeachtet gelassen, die Sache viel schwieriger erscheinen lassen, als sie an sich sein dürfte.

Der Künstler sowohl, als der Liebhaber finden in diesem Werkchen nicht allein alle Vortheile zum Zeichnen und Malen, die Aufführung der tauglichsten Farben, ihre Zubereitung und Mischungen, sondern auch die Verfertigung sehr schöner Firnisse, die lange Zeit Geheimniß waren. Zu bemerken ist, daß unter dem Namen „Firniß" nicht der sogenannte Leinölfirniß allein, sondern überhaupt Lack verstanden wird, so daß es demnach gleich ist, ob man Copallack oder Copalfirniß sagt.

Die jetzige neunte Auflage ist nicht allein mit den vorhergehenden Anweisungen von der Malerei mit Oelfarben, der Fresco- und Miniatur-Malerei, sondern hauptsächlich durch Anleitung zur Holzmalerei, wie solche in Kunstgewerben jetzt hauptsächlich viel vorkommt, vermehrt und dadurch das Büchelchen noch nützlicher geworden.

Es kann bei dieser Gelegenheit nicht in Abrede gestellt werden, daß die bildenden Künste, und unter diesen vorzüglich die Malerei, auf die artistische Durchbildung der Tagesgewerke neuerdings einen wesentlichen Einfluß und eine anerkennenswerthe Veredlung der Geschmacksrichtung in hervorragenden Gewerbezweigen genommen hat. Einen bedeutenden Antheil an diesen Verbesserungen der Tagesindustrie nimmt unbezweifelt die Holzmalerei ein und dieser Umstand wurde für den Herausgeber des hier vorliegenden practischen Lehrbuches zum leitenden Motiv, für die vorgenannte Branche ein besonderes erläuterndes Capitel hinzuzufügen.

Inhalt.

Unterricht im Oelmalen.

	Seite
Einleitendes	1
Feste Bestimmungen der Farben	3
Einiges über die verschiedenen Arten der Pinsel	5
Verschiedene Materialien der Oelmalerei	6
Das Aufspannen von Malleinen auf den Keilrahmen	10
Beachtenswerthes über Anfertigung von Zeichnungen	10
Die Art, wie man eine Palette für Untermalung von Fleischtönen herrichtet	11
Wie man seine Tubenfarben für Untermalung auf die Palette setzen muß	12
Eine andere Farbensetzung der Palette zum Malen eines Studienkopfes	17
Einiges über die Tiefen bei der Untermalung mit gemischtem Rothbraun und Kasselerbraun	17
Vortheile bei der Anlage zur Untermalung	18
Der Unterschied zwischen Körper- oder Deck- und Lasurfarben	18
Ueber die Wirkungen des Lasirens	19
Belehrungen über die Wirkungen des Lichts, der Schatten und Reflexe	20
Einiges über die Verhältnisse der Farbentöne untereinander	22
Die Aufmerksamkeit beim Untermalen	24
In Betreff der Uebermalung	30
Das Aufmischen der Palette zum Uebermalen (Fertigmalen)	34
Retouchen und Reflexe in ihrem Umfange	35

Das Portrait.

Ueber die Abstufungen und Vortheile der vielverschiedenen Farbentöne und deren richtige ordnungsmäßige Zusammenstellung beim Mischen auf der Palette	37
Das Malen nach der Natur in seinen Einzelheiten	38
Portrait en face	40
Portrait en profil	41
Einiges über Brustbilder, halbe Figuren, Kniestücke und ganze Figuren	41
Ueber Portraits mit abgewendetem Blicke	43

	Seite
Einiges über Gruppirungen und Composition	43
Ueber Haar-, Adern-, Drapirung und Stoffmalerei	44
Schlußbetrachtung	49

Die Landschaft.

Allgemeines	51
Einige Studien der Landschaftsmalerei durch Zeichnen nach der Natur in deren Einzelheiten, Umrissen und Schattirungen	53
Ein Beispiel	53
Von den Lüften	58
Vom Baumschlagt und der Landschaft im Allgemeinen	61
Steine und Mauerwerk	65
Von dem Vordergrunde	66
Die Staffage in der Landschaft	68
Außergewöhnliche Beleuchtung	71
Von der Perspective	74
Fernere Rathschläge zur Landschaftsmalerei	75
Ueber den Anfang, eine Landschaft zu malen	76
Ueber Verhältnisse, die sonstigen Eigenthümlichkeiten einer Gegend und deren Charakteristik	77

Malerisch-technische Winke.

Von dem Malerischen überhaupt	79
Das Zimmer des Malers	87
Ueber das Schleifen der Oelgemälde und Firnisse	88
Trockenmittel oder Siccative	89
Copaivbalsam und canadischer Balsam	90
Bleizucker	91
Malbutter	91
Der Wiener Retouchirfirniß	91
Kalt gepreßtes Leinöl	92
Ueber die Anwendung des Mohnöls	92
Die eigentlichen Retouchirfirnisse	92
Copalfirniß	93
Durchsichtiges oder Pauspapier	93
Was ist die bildende Kunst	94
Die Zeichenkunst	95
Die Schöpfung der Kunst	95
Augenblicke der Begeisterung	96
Auf dem Wege zum Schönen	96
Der Kritiker	97
Kunsturtheile	97

Unterricht in der Aquarellmalerei.

Einleitendes	98
Ueber das Aquarelliren und die dazu gehörigen Geräthschaften	99
Ueber die Aquarell-Farben	100
Einiges über Beschaffung des Malkastens und seines Inhalts	104
Anfertigung einer schönen, braunen Farbe	106

	Seite.
Vom Aufspannen des Malpapiers	107
Einiges über das Radiren	107
Ueber die Pinselführung	108
Vom Malen der Luft und Gewölke	109
Anleitung Bäume zu malen	111
Von dem Grün in der Natur	114
Erde, Felsen, Wege zu malen	115
Ueber die Darstellung des Wassers	117
Ueber die Haltbarkeit der Gemälde	120
Vom Studium nach der Natur	122
Die Malerei mit Deckfarben	124
Transparente zu malen	125
Das Zeichnen mit farbigen Stiften	126
Malerei auf Seide	127

Malerei auf Holz.

Einleitendes	129
Wahl der Holzart und Vorbereitung des Holzes zum Malen	131
Vorbereitungen für die Aufzeichnungen auf Holz	132
Holzmalerei zur Nachahmung von eingelegter Kunsttischlerei	133
Poliren der Holzmalereien	140
Holzmalerei für allgemeine künstlerische Verzierung	142

Fresco-Malerei.

Technik der Fresco-Malerei	145
Tempera-Farben	147
Harzmalerei	147

Miniatur-Malerei

Miniatur-Malerei	148
Präparirung der Elfenbeinplatten	149
Die Pariser Malerei mit Wasserfarben, auch Lithochromie genannt	151
Hebung und Verschönerung der Lithochromien durch Oelfarben	158
Englische Malerei auf Glas	161
Kurze Uebersicht der Mischung von Farben	165
Von dem Anlegen und Schattiren der Farben	167
Malerei mit sympathetischen Farben	170

Chinesische Malerei

Chinesische Malerei	172
Zubereitung der Farben	173

Von der orientalischen Malerei.

Von den Schablonen und deren Verfertigung	176
Von den zu dieser Malerei nöthigen Geräthschaften	177
Von der Malerei im Allgemeinen	178

Verfertigung von Firnissen oder Lacken.

Bereitung des Copallackes nach Berzelius	180
Derselbe nach Constantini	180
Dammar-Lack	181
Weißer Firniß zur Ueberziehung von Gemälden, die mit Gummifarben gemalt sind	181

	Seite.
Durchsichtige Firnisse	182
Firniß auf Papier, Blumen ꝛc.	182
Schöner weißer Firniß	183
Weißer Weingeistfirniß	183
Firniß zu getrockneten und eingelegten Kräutern und Blumen	183
Von der Politur der Firnisse	184

Sechsundzwanzig Geheimnisse für Zeichner und Maler.

Das Illuminiren getuschter und Bleistift-Zeichnungen mit durchscheinenden Farben	185
Die Selbstverfertigung des Röthelroths und der braunen Tusche	187
Verfahren, durchsichtiges Papier zu fertigen . . .	189
Bilder durchsichtig herzustellen	190
Bestes Verfahren, Zeichnungen zu copiren . . .	190
Dasselbe nach Cathery	191
Leichte Methode, Kupferstiche, Lithographien ꝛc. abzuzeichnen	191
Lithographien, Kupferstiche und Zeichnungen in Oelgemälde zu verwandeln (Lithochromie)	192
Kupferstiche auf Holz abzuziehen	193
Kupferstiche auf Glas zu bringen	195
Kupferstiche auf Glas abzuziehen (andere Manier) .	195
Landkarten, Tabellen und Zeichnungen zu lackiren .	196
Bronciren der Bilderrahmen	196
Oelvergoldung auf Holz	197
Vergoldung des Holzes mit Politur	198
Das Bindemittel der Farben zu bereiten . . .	19

Belustigendes Allerlei.

Bereitung des Salzes zur Auflösung der Metalle . .	200
Mit Gold oder Silber zu schreiben	201
Dasselbe auf eine andere Art	201
Mit Messing zu schreiben	201
Ein Wasser zu bereiten, wodurch alle Metalle zu Pulver werden und damit zu schreiben	202
Mit Gold und Silber auf Glas zu schreiben . .	202
Blaue Schrift auf Degenklingen zu bringen . .	202
Dem Holze die Farbe und den Glanz der schottischen Dosen zu geben	203
Oelgemälde zu reinigen	203
Berlinerblau in Tuschform zu bringen . . .	204

Unterricht im Oelmalen.

Die Aufgabe des gegenwärtigen Werkchens ist, in Betreff des Materials sowie der einzuhaltenden Technik, alle bis in die neueste Zeit bewährte Verfahren dem Leser so instructiv vorzuführen, daß er je nach eigener Wahl praktisch danach zu arbeiten in den Stand gesetzt wird.

Es ist Sorge getragen im Betreff des Materials wie der Technik, daß nichts von allen Erfahrungen verloren geht, welche für die Dauer der Gemälde in vollständig ausgebildeter Art und Weise von größerem Interesse sind.

Ich übergebe hiermit allen Freunden der Malerei ein höchst praktisches Lehrbuch nach eigener langjähriger Erfahrung und Praxis und habe vorzugsweise begabte Dilettanten im Auge, denen die Gelegenheit mangelt, von größeren Künstlern unterrichtet zu werden.

Die ersten mißlungenen Versuche dürfen bei einiger Begabung Niemand abschrecken; Geduld und Ausdauer führen zu günstigen Resultaten.

Wir verdanken die Oelmalerei den Brüdern Hubert und Johann van Eyck, Maler der niederländischen Schule, die gegen Ende des vierzehnten Jahrhunderts lebten und deren Werke noch heute sehr geschätzt werden. Obwohl nicht zu leugnen ist, daß schon längst vor Erfindung der Oelmalerei die Kunst bei den Alten einen hohen Grad der Vollkommenheit erreicht und später überlebt hatte; die neue Erfindung also, wie dies der Natur der Sache nach nicht anders denkbar ist, sich nur auf Aeußerlichkeiten bezog, so haben wir doch alle Ursache, auch dafür und um so mehr dankbar zu sein, als mit ihr, wie wir sehen werden, uns eine Menge von Vortheilen geboten sind, welche die Alten zwar auch, aber in anderer Weise und meistens nur mühsam sich zu verschaffen gewußt haben.

Schon die Dauer eines Oelgemäldes, die, gleichsam in ihm selbst begründet, ohne jede weitere Nebenrücksicht erreicht wird, giebt ihm vor andern Malarten einen Vorzug. Zwar verstanden auch die Alten die Kunst, ihre Werke für die späteren Geschlechter aufzubewahren; sie brannten ein oder überzogen sie mit durchsichtigem Wachs ꝛc.; aber die Mühe und Arbeit nicht veranschlagt, liefen sie Gefahr, wie unsere Emaille- und Porcellanmalerei noch heute durch die Manipulation die bestgelungenste Arbeit, entweder zu verderben oder derselben einen Theil ihres Werthes zu nehmen. — Noch wichtiger sind andere Vortheile der Oelfarbentechnik, die besonders dann in die Augen springen, wenn man sie mit anderen Malereien vergleicht. Nehmen wir nur die Malerei mit Wasserfarben an, so hat solche für den Künstler das Unangenehme, daß die Farben in feuchtem Zustande einen viel lebhafteren Ton haben, als wenn sie trocken sind, also ein sehr geübtes Auge dazu gehört, die beabsichtigte Wirkung nicht zu verfehlen; daß ferner das Trocknen sehr schnell erfolgt, was dem Verschmelzen der Farben, sowie allen Uebergängen hinderlich ist, und mehr dergleichen; überhaupt werden Wasserfarben nie den Effect erzielen wie Oelfarben.

Die Oelmalerei kennt diese Nachtheile weit weniger; sie allein vermag es, eben weil sie die Farben völlig in ihrer Gewalt hat, die Natur treu wieder zu geben, jene sanften Uebergänge von Licht zum Schatten und umgekehrt, welche dem aufmerksamen Beobachter sich offenbaren, die Ferne in der Landschaft und kräftige Umrisse des nahen Vordergrundes so täuschend nachzuahmen, daß man bisweilen die Gegend weit zu überschauen vermeint. Den Ton, welchen die Farben auf der Palette haben, behalten sie auch auf dem Bilde und das Trocknen erfolgt so allmälig, daß dem Künstler mehr als genügende Zeit bleibt, die neben einander liegenden Tinten durch kunstgerechte Verschmelzung in harmonischen

Einklang zu bringen. So oft es dem malenden Künstler beliebt und so lange er es für nöthig hält, kann er sein Bild durch wiederholte Uebermalung verbessern, kleine Correcturen bei einzelnen Partien vornehmen, kurz, eine Menge von Hülfsmitteln anwenden, um der Arbeit, seinen Talenten gemäß, einen entsprechenden Grad der Vollkommenheit zu geben. Dabei natürlich aber, abhängig von der erlangten Fertigkeit und den Anlagen, geht die Arbeit rasch von statten; mit einem großen Pinsel und durch wenige Striche stellt der Künstler einen Gegenstand dar, der für den Anfänger der ängstlichsten Behandlung mit dem feinsten Pinsel bedürfte.

Wenn wir die Vortheile, welche gute Oelfarben allen anderen Arten der Malerei gegenüber darbieten, vorstehend in Kürze berühren, so geschieht dies in der gut gemeinten Absicht, den Schaffenden zu veranlassen, sich derselben vorzugsweise zu bedienen, keineswegs aber wollen wir bei dieser Gelegenheit verschweigen, daß die praktische Ausübung gerade dieser Malerei schon durch den leichten Verlust der Contouren Schwierigkeiten hat und vor Allem exacte Zeichnung verlangt. Gewiß, der Schwierigkeiten gar manche werden sich dem Anfänger entgegenstellen; sind aber einmal die Mühen des Anfangs überwunden, dann fallen auch nach und nach die Schleier von den einzelnen Kunstvortheilen, wir werden von Tag zu Tag heimischer an ihrer Stätte und der Umgang mit ihr wird für uns eine unerschöpfliche Quelle erhabenen Genusses und der reinsten Freude.

Feste Bestimmungen der Farben.

Der Schüler ist auf sorgsam gründliches Studium der Natur und immer von neuem auf die Farbe, und den Ursprung, aus dem er schaffen muß, angewiesen. Wo er nachzuahmen hat, soll ihm die Auffassung der Natur die bestimmte Anweisung dazu geben, welche Farbentöne passend und natürlich für die Nachahmung erscheinen.

Vor Allen muß der Schaffende beim Zeichnen die richtige Auffassung der Form kennen lernen, wenn es sich um Bestimmtheit handelt; die Bestimmtheit ist schon viel werth, obgleich das, was die Kunst schaffen kann, sehr oft weniger bestimmend ist.

Im Zeichnen ist die Auffassung das Hauptsächlichste, anders verhält sich dies bei den Farben, wo wiederkehrende Verwandlungen, welche das Licht erzeugt, Aenderungen herbeiführen.

Die alltägliche Darstellung der Natur ruft in uns die gewohnte Auffassung hervor; anders ist es, wenn wir sie unter der Einwirkung glühender Morgen= und Abendbeleuchtung, oder im Einflusse ungewöhnlicher Erscheinungen betrachten. In solchen Fällen der Nachbildung ist man veranlaßt, um gleichmäßige Stimmung hervorzubringen, viel mit Halbfarbentönen zu arbeiten, ein Verfahren auf welches wir später ausführlich zurückkommen werden.

Es kommt auf die Aufmerksamkeit des Darstellenden an, denselben in allen Fällen nach verschiedenen Richtungen hin anzuregen; in technischer Beziehung muß er dabei bedacht sein, beim Untermalen größtentheils lichter und genauer zu arbeiten, wie dies das Original zeigt, es ist besser für die spätere Uebermalung.

Gleichmäßig stark die Farben aufzutragen, ist bei der Prima=Malerei rathsam, es ist besser später freies Spiel zu haben, pastös oder dünn aufzutragen, wie es am besten paßt; eine Untermalung ist in der Regel nöthig und zwar an den Lichtstellen mit Deckfarben.

Hierbei ist es zweckmäßig helle Farben dick und dunkle dünn aufzutragen, und vor der Uebermalung störende Farbenerhöhungen mit einem dazu geeigneten Messer abzukratzen.

Jeder Schüler soll sich angelegen sein lassen, alle Arten von Farbentönen, ob Fleischfarben oder andere Naturgegenstände, unterscheiden zu lernen; er muß versuchen und sich damit vertraut machen und stets sein Original, oder die Natur, welche er copirt, genau betrachten, bis beide überstimmen, in der Regel kommt es auf sein Gefühl an, welches darüber bestimmt, der Fleiß erweckt oft auch die Gaben.

Ebenso wird der Anfänger einsehen, sobald er längere Zeit copirt, daß eine, auch sehr oft zwei Untermalungen stattfinden müssen, indem ihm die Fertigkeit fehlt, mit einem Mal sämmtliche Farbentöne richtig aufzufassen und naturgetreu wiederzugeben; es verändern sich die Farben sehr leicht, wenn dieselben in diesem Falle nicht ganz dick aufgetragen würden, sie verlieren auch an Glanz, wenn eine Untermalung nicht stattgefunden, sollte auch die Arbeit mit großer Sicherheit behandelt sein.

In vielen, ja in den meisten Werken über Malerei ist manches über die Bereitungsart der einzelnen Farben gesagt, hier wird das weggelassen, weil jetzt bei der großen Concurrenz der Fabrikanten alle Farben billiger und besser käuflich zu haben sind, als man sie selbst bereiten würde, selbst wenn man sie centnerweise verbraucht oder meilenweit verschreiben muß; die reinsten und schönsten Oelfarben bezieht man jetzt aus Berlin von G. B. Moewes, Heyl's Künstler-Magazin, G. Bormann Nachfolger; aus den angegebenen Berliner Handlungen erhielt ich stets die besten Farben und Zeichnenmaterialien sofort nach der Bestellung.

Einiges über die verschiedenen Arten der Pinsel.

Die Pinsel unterscheiden sich durch Größe und Gestalt, sowie durch die dazu verwandten Haare in:

1) Haarpinsel von weichen Haaren, wobei die von Marderhaaren die besten sind.

2) Borstenpinsel von geschliffenen Schweinsborsten von denen plattgedrückte und

3) Vertreiber, von denen die aus Dachshaaren den Vorzug verdienen.

Zum Vertreiben kleiner Gegenstände bedient man sich auch der gewöhnlichen Ziegenhaarpinsel in Spulen. Der Gebrauch ergiebt sich zunächst aus der Form der Pinsel;

Gegenstände, die eine subtilere Form haben, werden mit Haarpinseln, solche aber, die man in größeren Flächen darstellt, werden mit Borstenpinsel behandelt, ebenso weich in einander übergehende Formen. Der Vertreiber wird nur bei großen Flächen gebraucht, wie die Lüfte in den Landschaften und einfache Hintergründe in Portaits; man wendet denselben immer trocken an und fährt damit ganz leicht über die zu vermalende Stelle weg, wobei man Acht zu geben hat, daß er sich nie zu sehr mit Farbe anfüllt.

Breitgefaßte Haar- und Borstenpinsel, im Gegensatz zu den rundgefaßten, erleichtern sehr häufig die technische Behandlung und werden von Vielen, hauptsächlich von französischen Malern, vorgezogen.

Die Palette wird stets nach dem Gebrauche abgewischt, am besten mit Terpentinöl, und alle Pinsel nach jedesmaligem Gebrauche mit Seife und Soda ausgewaschen. Trocken gewordene Farben auf der Palette reibt man mit einem Korke und Terpentinöl mit Salz ab; trockene Farbe in den Pinseln aber muß man in schwarzer Seife aufweichen; schneller wirken Spiritus und Schwefeläther, letztere greifen aber bei öfterer Anwendung die Pinsel an und machen die Haare spröde, wodurch sie abbrechen und in der Malerei stecken bleiben.

Verschiedene Materialien zur Oelmalerei.

Man kann sich bei der Oelmalerei verschiedenen Materials bedienen, als: Papier, Pappe, Holz, Leinwand, Leder, Marmor und Metall.

Papier.

Man nimmt hierzu gewöhnlich starkes bereits geleimtes Papier, nicht zu glatt, bestreicht dasselbe mit dünnem, aber sehr heißem Leim und giebt darauf Acht, daß das Papier nicht an einer oder der anderen Stelle den Leim einsaugt; diese muß man dann mehrmals streichen, sonst zieht hier die

Farbe ein und die Skizze wird fleckig; doch darf man den
Leim auch nicht zu dick aufstreichen, sonst verliert das Papier
seine Biegsamkeit und bekommt Sprünge. Nach Belieben
kann man das so geleimte Papier erst mit Oelfarbe an=
streichen oder gleich darauf malen; wer das Letztere vorzieht,
muß aber seine Farben pastös, d. h. so dick auftragen, daß
von dem Grunde, dem Papiere, nichts mehr durchscheint,
sonst wird man nie die Frische des Colorits erreichen, deren
die Oelfarbe fähig ist; wer es aber vorzieht, mit trans=
parenten Farben zu malen, der muß auf einen Grund von
Oelfarbe malen, den man aus Bleiweiß mit etwas lichtem
Ofer vermischt oder wenig Roth zusetzen kann, doch hüte
man sich ja, daß der Grund nicht zu dunkel wird, die zuge=
setzten Farben sollen eigentlich nur dazu dienen, das Blen=
dende der weißen Farbe durch einen leichten Ton zu mildern.
Ist das geleimte Papier mit Oelfarbe möglichst gleichmäßig
bestrichen, so nimmt man einen großen Dachspinsel und
betupft den so gefertigten Grund leicht, bis er ganz gleich
geworden ist, und läßt darauf das Papier an einem geeig=
neten Orte trocknen. Das zu Grundirungen verwandte
Bleiweiß wird ebenso angerieben, wie man es zum Anstreichen
der Thüren und Fenster gebraucht. Wer sich sein Maler=
papier auf diese Weise selbst bereitet, hat die volle Ueber=
zeugung, daß es gut und dauerhaft ist, was man von dem
im Handel vorkommenden nicht immer sagen kann. Ich
habe viele schöne Studien gesehen, die auf schlechtem Mal=
papier gemalt nach einem Jahre schon zerbröckelten, so daß
sie ihrem Untergange blos durch Aufkleben auf Pappe ent=
zogen werden konnten. Man hatte zu diesem Papier schlechtes
Maschinenpapier verwandt, wahrscheinlich mit Chlor gebleicht
und vor dem Anstreichen auch nicht mit Leim bestrichen.
Die auf solche Art grundirten Papiere kann man nöthigen=
falls zusammenrollen und auch in Mappen aufbewahren.

Anweisung über Grundirung auf Pappe.

Man nimmt hierzu starke und gewalzte glatte Pappe,
die mit Leim etwas getränkt wird. Der Leim muß frisch
sein, dünn und heiß, womöglich kochend aufgetragen werden,

Hierauf schleift man mit Bimstein alle Erhabenheiten weg, was eben durch das vorherige Leimen und durch Erhärten der Pappe sehr erleichtert wird, leimt dann noch einmal oder giebt der geglätteten Pappe einen Anstrich von Kreide und Leim, welcher aber ganz dünn aufgetragen werden muß, um die letzten Unebenheiten zu entfernen. Dieser Anstrich muß aber nochmals geschliffen werden. Ist die Pappe so vorbereitet, dann wird sie wie Mal=Papier mit Oelfarbe grundirt und muß dieselbe Zeit zum Trocknen haben; ein Anstrich auf der Rückseite mit Asphaltlack schützt vor Feuchtigkeit.

Anweisung zur Grundirung auf Holz.

Man bedient sich hierzu alter Eichenbretter, die schon der Witterung getrotzt haben, am besten der Böden von alten Fässern, alten Thürfüllungen ꝛc. Diese Bretter läßt man einen Centimeter stark schneiden und auf der Rückseite durch ein paar eingelegte Leisten vor Werfen sichern. Alle Flächen, auf welchen man malen will, müssen nicht allein glatt gehobelt sein, sondern sollen mit Leinöl und Bimstein glatt geschliffen und darauf erst grundirt werden.

Anweisung zur Grundirung auf Leinwand.

Blendrahmen mit Keilen und darauf gespannter Maler=leinwand werden jetzt in allen größeren Städten fabrikmäßig und zu Preisen angefertigt, welche deren Herstellung in eigener Regie vollkommen überflüssig macht. Auch unge= wöhnliche Formate erhält man in solchen Etablissements auf Bestellung in der Regel zu Bedingungen geliefert, welche deren Bezug am Vortheilhaftesten erscheinen lassen. Was demnach in Nachstehenden über eigene Anfertigung gesagt ist, bezieht sich nur auf die Herstellung eines nicht gewöhn= lichen Bedarfes.

Wer nur kleine Bilder malt, worunter ich noch solche, die eine Größe von fünf bis sechs Fuß umfassen, verstehe, der sollte vorziehen, Rahmen und Leinwand fertig zu kaufen, denn die Anfertigung derselben ist schwierig und zeitraubend; bei sehr großen Bildern aber und bei Copien nach alten

Meistern, bei welchen man auf der Bildfläche jeden Faden der Leinwand verfolgen kann, ist es gut, wenn man sich sein Material selbst verfertigt. Hierzu nimmt man graue, aber sehr dichte Leinwand (am besten sogenannten diagonal gewebten Köper), welchen man vorher annäßt und ohne die Nägel anfänglich ganz einzuschlagen, auf den Keilrahmen spannt. Nachdem die Leinwand auf dem Rahmen getrocknet ist, zieht man sie nochmals fest an, wobei sie sich gewöhnlich stark ausdehnt, und giebt genau darauf Acht, daß alle Fäden rechtwinklich und in gerader oder diagonaler Linie mit den Seiten des Rahmens bleiben, hierauf kann man alle Nägel gleich fest einschlagen, denn nun wird die Leinwand straff bleiben. Die so aufgespannte Leinwand wird jetzt mit Kleister aus Roggenmehl angestrichen und nach dem Trocknen mit Bimstein alle Knoten von der Bildfläche abgeschliffen, was zu wiederholen rathsam ist, wenn der erste Versuch nicht vollkommen ausfallen sollte.

Ist die Leinwand hinlänglich geglättet, so trägt man einen Grund von Schlemmkreide, Leimwasser und etwas Honig auf; der Grund muß dünn sein und wird geschliffen, und so oft aufgetragen und abgeschliffen, bis keine Unregelmäßigkeit mehr darin zu sehen ist; erst wenn man dieses Resultat erreichte, kann man anfangen darauf zu malen. Bei der Untermalung von solcher Leinwand legt man die Farben dünn an, so daß sie leicht fließen, wozu man etwas Leinöl zusetzt, was man gleich mit dem Pinsel aufnimmt, indem man denselben immer in ein damit gefülltes Näpfchen eintaucht. Der Grund wird die Farbe fast augenblicklich einsaugen und dieselbe stark einschlagen, man darf sich aber dadurch nicht abschrecken lassen, denn es ist dies ja nur eine erste Anlage und das schnelle Trocknen dieser Untermalung entschädigt für schlechtes Aussehen derselben, — später wird mit einem so untermalten Bilde wie mit jedem anderen verfahren.

Anweisung über Grundirung auf Metallbleche.

Hier gilt dasselbe Verfahren wie auf Leinwand u. Holz.

———

Das Aufspannen von Malleinen auf dem Keilrahmen.

Der Keilrahmen ist ein Rahmen von Tannenholz, dessen Ecken nach innen zu abgeschrägt oder abgerundet sind, so, daß die aufgespannte Leinwand hohl liegt, sonst würden sich die Ecken des Holzes bald durchdrücken; an den vier Ecken muß er so eingerichtet sein, daß er mit Holzkeilen auseinander getrieben werden kann. Ein solcher Rahmen muß aber von einem accuraten Tischler gearbeitet werden, denn ist er im Gefüge nicht genau, wird er beim Aufspannen der Leinwand windschief. Man befestigt auf diesem Rahmen erst die Leinwand auf allen vier Seiten in der Mitte mit einem Nagel, hierauf zieht man mit der Zange straff an und schlägt immer anziehend und von der Mitte ausgehend, rechts und links alle vier Seiten abwechselnd in Zoll großen Entfernungen Nägel ein. Es ist gut, wenn man die Nägel nicht ganz fest schlägt, denn öfters kommt es vor, daß die Leinwand nicht gleich glatt wird und man, um an einzelnen Stellen noch einmal anziehen zu können, die Nägel wieder heraus= nehmen muß, wenn sie gleich bis an die Köpfe eingeschlagen sind. Hat man seine Leinwand glatt aufgespannt, so wird das Ueberstehende davon abgeschnitten, die Ecken umgebogen und mit je einem Nagel befestigt.

Beachtenswerthes über Anfertigung von Zeichnungen.

Mag man einen Gegenstand bildlich darstellen oder malen wollen, welcher es immer sei, so muß man eine sorg= fältige und richtige Aufzeichnung anfertigen, ehe man die Conturen der Zeichnung in Farbe setzen kann. Anfänger mögen oft die Zeit nicht erwarten, sie machen eine ober= flächliche Aufzeichnung und bereiten sich hierdurch Schwierig= keiten, die sie oft nicht zu überwinden im Stande sind, denn das Corrigiren mit Farbe und Pinsel macht dem Meister schon Schwierigkeiten, geschweige denn Jenen. Ueberhaupt wird vorausgesetzt, daß jeder Schüler, ehe er fertig zu malen beginnt, gründlich und tüchtig im Zeichnen ist und sich mindestens ein bis zwei Jahre fleißig im Zeichnen mit Kohle, Blei oder Kreide geübt hat. Die erste Zeichnung wird gewöhnlich in Reißkohle angelegt, mit der man eben so schön zeichnen kann als mit Kreide; alle Dimensionen müssen hiermit erst richtig angegeben werden und bei Köpfen soll eine Aufzeichnung mit Kohle schon ganz ähnlich ausfallen, ehe man mit einem anderen Material die Zeichnung fixirt, d. h. jeden Umriß noch einmal überzeichnet.

Köpfe und Aufzeichnungen von menschlichen Figuren oder Thieren fixirt man am besten mit Rothstift, bei Landschaften und Architecturen aber zieht man Feder und Tusche vor, die Feder muß dabei weich geschnitten und die Tusche schwarz sein, alle Striche macht man dabei etwas dick, so daß wenn man mit Farbe darüber weggehen muß, was überhaupt nicht zu vermeiden ist, worauf die Aufzeichnung durchscheint und nicht verloren geht, während dies mit Bleistift leicht passiren kann. Tinte ist nicht rathsam anzuwenden, da sie erfahrungsgemäß nach Jahren durch die Farben schimmert, was bei Tuschzeichnung nicht der Fall ist.

Die Art wie man eine Palette für Untermalung von Fleischtönen herrichtet.

Man drückt aus einer Blase oder worin jetzt meist die Farben verkauft werden, Zinnkapsel, etwas von jeder Farbe, die man zu brauchen glaubt, auf den Rand der Palette; die Quantität richtet sich nach der davon auf einmal zu verwendenden Masse, wobei man sich vor dem Zuviel zu hüten hat, weil manche Farben leicht trocknen und man doch so viel als möglich mit frischen Farben malt. Gewöhnlich ist die Reihenfolge der Farben: das Weiß in die Mitte, rechts davon die gelben Farben, die hellsten dem Weiß zunächst, nach diesen kommen die grünen; links neben dem Weiß werden die rothen, dann die braunen, schwarzen und blauen Töne aufgesetzt.

Gleichzeitig kann man sich auch einer Glastafel bedienen, welche ca. 5 Linien stark ist, um darauf bestimmte Farbentöne zu mischen. Ist die Mischung fertig, dann setzt man die Farben der Reihe nach auf die Holzpalette; man erspart hierdurch das öftere Reinigen der Palette, das von manchen Kunstmalern versäumt wird, aber unbedingt der Reinlichkeit und Zeitersparniß wegen zu empfehlen ist.

Neuerer Zeit sind indessen aus den Kunstfarbenfabriken alle im Gebrauche vorkommenden Körper- und Lasurfarben zu erhalten, so, daß es der früheren Methode, gewisse Töne sich auf dem Reibstein mit Läufer selbst zu erzeugen, jetzt gar nicht mehr bedarf.

Wenn man mit dem Mischen der Farben auf der Glastafel fertig ist, so reinigt man dieselbe sogleich, wo nicht, so wische man die Reste mit etwas weichem Papier ab und lege das Glas nebst Läufer (Reibstein) in eine größere Schüssel mit Wasser, oder rühre etwas Seife in Flußwasser, so daß die Flüssigkeit recht fett ist und gieße selbige auf die Glasplatte, worauf sich der Läufer (Reibstein) befindet. Damit wird die Oelfarbe vor dem Festtrocknen gehütet und läßt sich in Folge dessen durch Abspülen am andern Tag oder nach 3 bis 4 Tagen, ohne dieselbe gereinigt zu haben und ohne den üblichen Farben-Verlust zu erleiden, wieder im Gebrauche verwenden.

Wie man seine Tübenfarben für Untermalung auf die Palette setzen muß.

Nachfolgendes diene nur als Beispiel, denn es ist selbstverständlich, daß jeder Künstler seine Palette mit etwas anderen Farben besetzt und eine andere Manier beim Mischen derselben anwendet, z. B. jeden Ton beim augenblicklichen Gebrauch desselben nicht mit den Spatel, sondern mit einem reinen Pinsel mischt und sofort auf dem Bilde verwendet; wie auch Einer die Farbentöne reich in einander vermalt der Andere sie frisch und kühn aufsetzt. — Von all diesem hängt die besondere Manier des Künstlers ab.

Es gehören zwölf verschiedene Farben dazu, wenn man z. B. einen Kopf von 5 Zoll rhl. zu untermalen hat; man stelle die Farben in bestimmten Theilen, so daß jeder etwa die Größe einer kleinen Bohne hat; aus der weißen Tube würde man 10 Theile gebrauchen, bei den Uebrigen als Fleischoker u. s. w. nur ein Theil; würde sich der Kopf in natürlicher Größe befinden, so muß man dreimal mehr an Farben-Theilen nehmen, dieses ist unbedingt nöthig. Um aber nicht in Verlegenheit einer Farbenmischung zu kommen, setze man gleich anfänglich 5—6 Fleischfarbenmischungen und ebenso viel Halbschattentöne auf der Palette neben einander.

Man setze also auf die Palette vorerst:

1. Weiß   10 Theile,
2. Neapelgelb   2   „
3. gelben Ofer   6   „
4. Indischgelb   0   „
5. dunklen Ofer   3   „
6. hellrothen Ofer   4   „
7. dunkel Braunroth   4   „
8. Zinnober   1   „
9. Berlinerblau   1   „
10. Indigo   0   „
11. Ultramarin   0   „
12. Krapplack   0   „

und lege die Farben, welche recht pastös (dick) gerieben, nach der Reihenfolge, die helleren Farben (Lichtfarben) neben einander, die bräunlichen und rothen ebenfalls neben einander in kleine Häufchen, in der Form einer aufrecht stehenden Bohne, dann erhalten sich dieselben besser weich.

Helle Rosenfleischfarbentöne in erster Reihe.

1. reiner Zinnober.
2. Zinnober und Weiß gleiche Theile.
3. Zinnober mit 5 Theilen Weiß.

Beim Untermalen dienen diese Farbentöne für Wangen und Lippen, für Männerteint ist die zweite Mischung zu empfehlen.

Helle Fleischfarbentöne in zweiter Reihe.

1. Hellrother Oker halb mit Weiß untermischt,
2. denselben mit mehr Weiß untermischt,
3. reiner hellrother Oker.

Diese drei Mischfarben dienen für wärmere röthliche Farbentöne.

Fleischfarbentöne in dritter Reihe.

1. Lichter und hellrother Oker in gleichen Theilen.
2. Diese Mischung in Nr. 1 mit halb Weiß.
3. Etwas von dieser Mischung mit mehr Weiß.

Diese Farbentöne dienen zur Untermalung der Lokaltöne für schönere lichtere Fleischpartien.

Gelbliche Fleischfarbentöne in vierter Reihe.

1. Hellgelber Oker zu 2 Theilen und hellrother zu 1 Theil.
2. Dieser Mischung halb so viel Weiß zugemischt.
3. Dieser Mischung mehr Weiß zugemischt.

Für Frauen- und Kinderteint läßt man den rothen Oker größtentheils fehlen und verwendet dafür rothen Zinnober und statt hellen Oker wendet man Neapelgelb an.

Schattentöne in Blauschwarz zur gleichzeitigen Verwendung.

Lichte: Weiß mit Ultramarin, lichten Oker und Krapplack. Dunkel Weiß mit Indigo, dunkel Oker und Krapplack. Die neuere Malerei verwendet zweierlei Schwarz. Kernschwarz, kalt, d. i. Blauschwarz für Lüfte ꝛc. Beinschwarz, warm, d. i. Braunschwarz für Portraits, Draperien ꝛc.

Fleischfarbentöne in fünfter Reihe.

1. Graublaue Mischung mit reinem Zinnober.
2. Dieselbe Mischung, die Hälfte Weiß beigemischt.
3. Dieselbe Mischung mit viel Weiß gemischt.

Diese violetten Farbentöne sind für Lippenhöhlungen und Tiefungen.

Fleischfarbentöne in sechster Reihe.

1. Der dritte Theil der oberen graublauen Mischung mit 1 Theil Hellofer untermischt.
2. Dieselbe Mischung, die Hälfte Weiß beigemischt.
3. Dieselbe Mischung, mit viel Weiß gemischt.

Das Roth wolle man vorherrschend in den Mischungen wirken lassen.

Fleischfarbentöne in siebenter Reihe.

1. Etwas Farbe aus der dritten Reihe, hellrother und hellgelber Ofer mit 3 Theilen Ultramarin untermengt.
2. Dieselbe Mischung, halb mit Weiß versetzt.
3. Dieselbe Mischung, mit viel Weiß versetzt.

Diese Farbentöne sind Halbfleischfarbentöne, welche weniger grauviolett sind.

Fleischfarbentöne in achter Reihe.

1. Etwas Farbe aus der vierten Reihe mit dem vierten Theil Graublau untermengt und hellgelber Ofer und halb hellrother Ofer zusammen untermengt.
2. Dieselbe Mischung, halb mit Weiß versetzt.
3. Dieselbe Mischung, mit viel Weiß versetzt.

Diese Farbentöne scheinen wenig grünlich, das Roth ist nicht mehr vorherrschend.

Fleischfarbentöne in neunter Reihe.

1. Ein Theil Graublau und ein viertel Weiß.
2. Dieselbe Mischung, mit Weiß versetzt.
3. Dieselbe Mischung, mit bedeutend mehr Weiß versetzt.

Diese Farbentöne scheinen als Uebergangstöne etwas grünlichviolett.

Fleischfarbentöne in zehnter Reihe.

1. Hellgelber Ofer mit Graublau und ganz wenig Zinnober.

2. Dieselbe Mischung, halb mit Weiß untermischt.
3. Dieselbe Mischung, mit viel Weiß untermischt.

Diese Farbentöne scheinen grau-grünlich mit der Lokalfarbe untermengt, deshalb setzt man etwas Roth hinzu.

Fleischfarbentöne in elfter Reihe.
1. Zwei gleiche Theile hellgelber Oker und Graublau und ein kleines Quantum rothen Oker.
2. Die obere Farbe mit etwas Neapelgelb und einem größeren Theil Helloker beigemischt.
3. Dieselbe obere Farbe mit einem größeren Theil gelben Oker beigemischt,

sie dienen für geringere Schattenparticen.

Fleischfarbentöne in zwölfter Reihe.
1. Die graublaue Mischung nächst der vierten Mischung, dazu drei Theile Neapelgelb und drei Theile Oker hellroth beigemengt.
2. Die obere angemengte Farbe mit etwas Neapelgelb und etwas Braunroth vermischt.
3. Dieser vorhergehenden Mischung noch mehr Neapelgelb beigemischt für leichtere Partieen.

Solche Farbentöne eignen sich als Reflexfarben in Schattenpartien.

Diese viel erforderlichen Farbentöne kann man immer noch miteinander verändern, wie es die Natur verlangt, denn größtentheils werden solche nicht rein gebraucht, ohne andere beizumengen.

Es ist auch noch erwähnenswerth, daß Mumie, Asphalt, Van Dyk und Kasselerbraun, sowie Terra de Siena für Untermalungen ohne Weiß mit beizumengen, als reine Untermalung anwendbar sind.

Es werden unter anderen auch die oben erwähnten Farben gleichfalls an braunen Haaren, wie an Baumstämmen, Felsen und andern mehr, sobald dieselben in dem Vordergrund des Bildes erscheinen, verwendet.

Eine andere Farbensetzung der Palette zum Malen eines Studienkopfes.

Weiß in der Mitte, helles Cadmium, lichter Ocker, Steinocker, gebr. dunkler Ocker, Asphalt, Beinschwarz.

Nach links neben weiß rother Zinnober, gebr. lichter Ocker, Laque Robert 7, Vandyckroth, Pigment. Permanentgrün, vert emeraut, blaugrünes Oxyd, hell und dunkel, Elfenbeinschwarz.

Einiges über die Tiefen bei der Untermalung mit gemischtem Rothbraun und Casselerbraun.

Wo die Malerei am unfertigsten, d. h. am geringsten modellirt erscheint, bringt man die richtigen Tiefen an, als bei Nasenlöchern, Mundwinkeln und Lippen, schwarze Farbe ist in den Tiefen nicht natürlich, sondern nur für das wenig geübte Auge scheinbar vorhanden. Dagegen nehme man Pigment oder laque Robert mit gebr. dunklem Ocker gemischt. Außer der Augenpupille ist im Portrait nichts schwarz, überall muß, wie in der Natur, Farbe vorhanden sein.

Man bemühe sich alle Grenzen mit den Fleischfarbentönen sanft und schmelzend zu vereinigen, d. h. leicht in einander zu vermalen.

Die Farben trage man alle in gemäßigter Stärke auf, sollten beim Untermalen einige Partien zu stark ausgefallen sein, dann schabe man dieselben wenn sie trocken sind besser ab, dafern man eine feinere Malerei erzielen will. Ob die Farben gut trocken sind, erkennt man daran, wenn man mit dem Fingernagel darauf schabt und sich kein Farbenhäutchen davon löst, nur in staubähnlicher Art darf es sich zeigen; Trockenfirniß kann man nur bei Farben anwenden, welche sehr schwer trocknen.

Dunkle Farben wie: Mumie, Casselerbraun, Asphalt, Zinnober und Lackfarben trocknen im Winter schwer, wenn man dieselben nicht mit ein wenig Trockenfirniß versetzt.

Im Sommer bei warmer Witterung, vollem Licht und warmer Luft trocknet das Oelbild in einem Zeitraum von drei Tagen vollständig, dagegen im Winter bei feuchter Luft, sind öfters Wochen erforderlich.

Vortheile bei der Anlage zur Untermalung.

Da man, so lange noch ein Theil der Bildfläche nicht mit der darauf anzubringenden Farbe bedeckt ist, nie die Wirkung der bereits aufgetragenen Farbe beurtheilen kann, so ist es nöthig, zuerst eine sogenannte Untermalung zu haben, auf der man dann sein Bild vollenden kann. Nur tüchtige Praktiker verstehen es naß in naß ein Bild fertig zu machen, und auch für diese giebt es hierin Beschränkungen, besonders bei größeren Bildern. Dem Anfänger in der Malerei kann ich für die Untermalung keinen besseren Rath geben, als er bemühe sich so viel als möglich von Anfang an so zu malen, als ob er das Bild gleich fertig bringen wollte, nur male er so hell als ihm möglich ist, und vermeide dabei alle zu hart neben einander stehenden Umrisse. Bei Köpfen ist es gerathen, wenn man bei der Untermalung die Töne recht in einander vertreibt, so daß jeder Farbenton in den andern übergeht; etwas Näheres hierüber wird noch später gesagt werden.

Auch ist es eine gute Manier die beste Wirkung zu erzielen, wenn man die tiefsten Schatten, wie Haare, Augenhöhlen, Mundwinkel u. s. w. zuerst malt, dann als Contrast die hellsten Lichter aufsetzt und zuletzt die vermittelnden Halbtöne malt.

Der Unterschied zwischen Deck- oder Körper- und Lasurfarbe.

Hauptsächlich in der Technik der Oelmalerei unterscheidet man Deck- und Lasurfarbe. Erstere bedeckt beim Auftragen durch körperlichen Gehalt, also durch Undurchsichtbarkeit, die ihr angewiesene Grundfläche so selbstständig, daß vom Grundtone nichts hindurch zu schimmern vermag. Im Gegensatz hierzu stehen die Lasurfarben, die, außer im tiefen Schatten angewendet, keine selbstständige Behandlung vertragen, sondern mit deren Hülfe bereits in Deckfarbe ausgeführte Malerei d. i. transparentdurchsichtig übermalt wird. Die hauptsächlichsten Lasurfarben sind: alle Krapplacke (Garançine), Kobaltblau und Indischgelb. Im Allgemeinen kann der Grundsatz unter Bezugnahme auf die technische Behandlung in der Oelmalerei gelten: daß **Lichtstellen pastös** d. h. **dick**, **Schattenstellen, um sie klar zu erhalten, möglichst farbendünn gehalten werden müssen**.

Ueber die Wirkungen des Lasirens.

Es giebt sehr viele Farbentöne, die man mit deckenden Farben nicht erreichen kann, namentlich wo es darauf ankommt, eine bedeutende Tiefe des Tons zu erreichen, oder wenn man durchsichtige Gegenstände malen will, und für diese bedient man sich der Lasurfarben. Die Untermalung muß an solchen Stellen, wo man sich der Lasuren bedienen will, einen stumpfen und bei weitem helleren Ton haben, als wenn man deckend, oder wie sich der Maler ausdrückt, pastös malen will, weil die Lasurfarben eine ähnliche Wirkung haben wie die Tuschfarben in der Wassermalerei. Die Lasurfarben wirken immer brillanter, leuchtender als die pastösen, aber sie sind, weil ihnen alle Lufttöne mangeln, in ihrer Anwendung zu beschränken, in tiefen Schattenpartien aber bringen sie eine Wirkung hervor, die durch nichts Anderes zu erreichen ist.

Belehrung über die Wirkungen des Lichts, der Schatten und Reflexe.

Alle Gegenstände, die man sehen kann, sind vom Lichte beleuchtet; da wo dasselbe am stärksten auffällt, ist das höchste Licht, da wo das wenigste hinkommt, an der dem auffallenden Lichte entgegengesetzten Seite, der tiefste Schatten; die Uebergänge vom Lichte in den Schatten nennt man Halbtöne. Je heller das Licht, umso tiefer der Schatten. Dort an jenen Stellen, wo wir die stärkste Beleuchtung finden, werden immer auch die dunkelsten Schlagschatten vorhanden sein. Weiß und Schwarz giebt es in der Natur absolut nicht; so hat z. B. ein von der Sonne beleuchtetes frisches Schneefeld noch bedeutende Färbung. Wenn zwei vom Lichte beleuchtete Gegenstände hinter einander stehen, so muß von dem hinteren immer ein Theil der zurückgeworfenen Lichtstrahlen dazu beitragen, die Schattenpartien des vorderen zu erleuchten, und diese Beleuchtung nennt man Reflex. Die Stärke des Reflexes richtet sich darnach, in welcher Entfernung zwei Gegenstände von einander stehen, wie viel Licht sie aufsaugen oder wieviel sie davon durchlassen; z. B. werden zwei Gläser beinahe gar keinen Reflex auf einander ausüben, wenigstens für unser Auge keinen sichtbaren; eben so verhält es sich mit intensiv dunkeln Farbstoffen, die zu viel Licht einsaugen, um einen den menschlichen Augen sichtbaren Reflex zu geben. Wenn man sich einen Körper denkt, der so isolirt dastände, daß er gar keinen Reflex erhalten könnte, so müßten seine Schattenpartien entschieden schwarz sein; da dies aber in Wirklichkeit nicht stattfindet und noch sehr entfernte Gegenstände einen Reflex geben, so ist es auch unmöglich, daß ein schwarzer Schatten überhaupt vorkommen kann. — Leider ist aber der Maler mit seinen Mitteln sehr beschränkt, und namentlich fehlt ihm ein Material, womit er das Licht darstellen kann, wozu er sich des Weiß und Gelb bedient; er ist also darauf angewiesen, diesen Farben durch eine größtmöglichste Intensivität seiner Schatten eine dem Lichte möglichste Annäherung zu verschaffen. Außer dem hier angeführten Reflexe findet noch ein anderer Reflex auf alle

Gegenstände statt: der des Himmels oder der Luft; je reiner und blauer diese ist, um so blauer wird auch der von ihr geworfene Reflex sein und umgekehrt, je trüber desto grauer; man nennt diese Reflexe Lufttöne. Das reinste Licht wäre farblos, da aber selbst das Sonnenlicht schon durch die unsere Erde umgebende Luftschicht verändert wird, so sind auch die Sonnenstrahlen nicht farblos, sondern haben, je nach ihrer Intensität, eine gelbere Farbe, z. B. bei der Morgensonne, was bis ins Rothe übergehen kann, wie bei der Abendsonne. Dieselbe Abstufung findet bei dem künstlichen Lichte statt, man vergleiche electrisches Licht, dann eine Gasflamme mit dem Lichte einer Kerze und diese mit einer brennenden Pechfackel. Je weniger intensiv die auf den zu malenden Gegenstand auffallenden Lichtstrahlen sind, desto angenehmer ist ihre Wirkung für das Auge, sie wirken gleichsam erwärmend auf dasselbe und man hat deßhalb auch alle Farbentöne, die sich in ihrer Wirkung diesen Lichtstrahlen annähern, warme genannt; während man alle dagegen anstreitenden, weißen oder blauen, kalt nennt. Alle von warmen Farben herrührenden Reflexe sind wieder warm und so umgekehrt wie die von der Luft herrührenden Reflexe kalt sind. Da nun die Letzteren nur auf den Stellen, wo das Licht anfängt seine Wirkung zu verlieren, zur Geltung kommen können, so sind auch alle Uebergänge aus dem Lichte in den Schatten kalt, und zwar um so kälter, je kälter der Lokalton oder die dem Gegenstande eigenthümliche Farbe ist. — Das Licht ist also unbedingt immer warm, die Uebergänge zum Schatten und alle sonstigen Luftreflexe und Spiegelungen kalt und die Schatten mit ihren Reflexen wieder warm. Wer diese Anweisung richtig gebraucht, kann malen, und zwar wird er ein um so naturgetreuerer Colorist sein, je vernünftiger er von dieser Theorie in der Praxis Anwendung machen kann; namentlich ist es von bedeutender Wichtigkeit in Bezug auf die Wirkung von Gemälden, wenn man einen weisen Gebrauch von Reflexen in den Schatten zu machen weiß, denn so schön auch eine gewisse Correspondenz der einzelnen Farbentöne mit einander ist und namentlich zur Harmonie in einem Bilde viel beiträgt, so wird es manchmal doch nöthig, dem zu starken Uebergehen eines Farbentones

in einen anderen durch einen geschickt angenommenen oder
wiedergegebenen Reflex vorzubeugen. Wer nach der Natur
malt wird es oft nöthig finden Reflexe nachzuahmen, indem
auf künstlichem Wege hellgefärbte Gegenstände in die Nähe
des Modells gebracht werden.

Einiges über die Verhältnisse der Farbentöne untereinander.

Die Wirkung der Farben in der Malerei auf ein-
ander, ist nicht blos eine optische, sondern auch eine chemische,
weil es chemische Körper sind; in der optischen Farbenlehre
giebt z. B. Gelb und Schwarz Braun, in der Praxis des
Malers verhält es sich aber anders, hier giebt eine Mischung
beider Farben in vielen Fällen schmutziges Grün. In frühern
Büchern über Malerei wird gewöhnlich gelehrt, wie man
Fleisch, Bäume, Felsen, Kleider malen soll. Die Unhalt-
barkeit dieser Lehre liegt auf der Hand; man stelle einmal
hundert Menschen, Bäume ꝛc. neben einander und vergleiche
wie viele davon eine Farbe haben, so wird man einsehen,
daß mit einer solchen Anweisung nichts Praktisches gethan
ist, deshalb glaube ich, daß der hier von mir eingeschlagene
Weg besser ist und kürzer zum Ziele führt. Wenn wir alle
von mir nachstehend aufgeführten Farben prüfen, so wird
ihre Wirkung und Eigenschaft ungefähr folgende sein:

Cremnitzer Weiß ist im Gegensatz zu Zink- oder
Lasurweiß eine Farbe, die immer deckt, sie hat in ihren
Mischungen mit anderen Farben die Eigenthümlichkeit, daß
sie die Wirkung einer Lasur aufhebt, dasselbe gilt von allen
andern deckenden Farben. Will man daher in Verbindung
mit Weiß lasiren, so bedarf man der Anwendung von
Zinkweiß. Weiß ohne Beimischung von gelben Farbentönen
giebt in Verbindung mit anderen Farben immer einen kalten
Ton, mit allen gelben Farben gemischt dient es dazu, letztere
lichter zu machen; mit Krapplack und Zinnober gemischt,
giebt es einen rosigen Ton, mit lichtem gebrannten Oker
einen fleischrothen, und mit caput mortum einen stumpf

violetten. Mit braunen Farben ist seine Wirkung bei jeder einzelnen verschieden, mit Casseler Braun stumpf violettbraun, mit Asphalt braungrau und mit gebrannter Terra di Siena ein rother Farbenton, mit Vandykbraun und braunem Lack giebt es einen violetten und mit Mumie einen asphaltähnlichen Ton.

Mit allen grünen und blauen Farben gemischt dient Weiß dazu, auch diese aufzuhellen, giebt aber immer kalte Farbentöne, in Bildern, die durchgängig einen sehr warmen Ton haben, wie z. B. in Rembrand's Bildern kann man Neapelgelb statt Weiß anwenden und nur bei den blauen Farben bedient man sich im höchsten Licht des jaune brillante. Mit Schwarz giebt Weiß Grau, und zwar mit Neutralschwarz ein so schönes Blaugrau, daß man es in manchen Fällen statt Blau anwenden kann. Weiß mit Vandykroth und Permanentgrün oder vert emercant leicht gemischt, giebt auch ein feines Grau zu weichen Fleischtönen zu benutzen. Außer dem Weiß theilen sich alle anderen Farben in lasirende und deckende Farben, z. B. sind bei Gelb die Okerfarben, Neapelgelb, Cadmium, die Cromgelbe und Jaune de Naples, sowie Terra di Siena, deckende, gelber Lack und Indischgelb Lasurfarben.

Chromgelb vermeide man, da es sehr nachdunkelt.

Bei Roth sind: Zinnober, gebrannter Oker und Caput mortum deckende, und die Lackfarben Lasurfarben.

Die grünen Farben decken mit Ausnahme von grünem Lack und grüner Erde alle.

Von den blauen sind Berliner und Ultramarin deckend und Kobalt lasirend.

Von schwarzen deckt Kern- und Neutralschwarz, Beinschwarz giebt einen braunschwarzen Lasurton.

Der gelben Farbe bedient man sich in allen Fällen, wo eine bedeutende Lichtwirkung erzielt werden soll, so daß z. B. beim Malen von weißer Wäsche und anderen Gegenständen, die eine entschiedene weiße Farbe haben, das höchste Licht durch Weiß mit Zusatz von etwas Gelb gebildet wird. Um sich das hier Gesagte durch Praxis klar zu machen, wird es gut sein, wenn der Anfänger ein Stück Maler-

Leinwand oder anderes taugliches Material nimmt und sich durch die hier aufgeführten Mischungen davon selbst überzeugt. Daß es noch tausenderlei andere Zusammensetzungen von Farben giebt, als die hier aufgeführten, versteht sich von selbst, indessen sind ihre Wirkungen nicht so überraschend, und bei einiger Uebung wird man von selbst damit bekannt.

Die Aufmerksamkeit beim Untermalen.

Jedes Bild, sei es nun Portrait oder Landschaft zc., soll, wenn der Schaffende nicht prima vista arbeiten will, was bei Geübten auch häufig geschieht, angelegt oder unter malt (impastirt), ausgearbeitet, dann übermalt und in einzelnen Particen verbessert und nochmals überarbeitet und retouchirt werden. Es giebt, wie erwähnt, Fälle und Umstände, wo ein Bild mit nur einmaligem Farbenauftrag vollendet wird, und wir besitzen dergleichen sehr werthvolle Stücke großer Meister, es bedarf aber auch dazu eben solcher und ungemeiner Bekanntschaft mit den Farben, um gleich zum ersten Male nicht nur den richtigen Ton zu treffen, sondern auch die einzelnen Details nicht zu vernachlässigen, welche sonst nur bei der Uebermalung Berücksichtigung finden. Einem Anfänger wird dies nicht leicht gelingen; er fertige also nach der folgenden Anleitung seine Untermalung und lasse sich nicht irre machen, wenn sie auch bedeutend von dem Originale abweicht; bei nachheriger Uebermalung bleiben ihm noch Hülfsmittel genug zur Erreichung der beabsichtigten Wirkung und dem Nahekommen der Vorlage.

Nach Vollendung der Zeichnung, besonders wenn dieselbe mit schwarzer Kreide oder besser durch Kohle angefertigt wurde, ist es nöthig, die Contur mit Farbe zu übergehen. Man nimmt dazu Braun, z. B. Asphalt und einen feinen Haarpinsel mit guter Spitze, den man vorher in Oel taucht, um die Farbe flüssig zu machen, und führt den Pinsel leicht über die Anlage hinweg; in den Lichtstellen lasse man den Strich möglichst fein erscheinen, in den Schattenstellen gebe man dem Pinsel mehr Nachdruck und befolge hierbei überhaupt die Regeln, nach welchen wir die Contour eines Cartons auf Papier zeichnen würden.

Alsdann geht man zum Mischen der Farben über. Hier gilt es für den Anfänger Versuche zu machen, denn bestimmte Regeln lassen sich schwer dazu aufstellen. Wohl findet man in Handbüchern die verschiedensten Tonleitern und daß sie alle die Töne enthalten, welche nur irgend vorkommen können, ist unzweifelhaft; wird aber, frage ich, unter etlichen vierzig Farbentönen, die dem Anfänger für die Untermalung angegeben werden, und unter noch mehreren für die Uebermalung derselbe nicht Mißgriffe machen? Abgesehen davon, daß er zur Aufstellung einer solchen Palette fast eben so viel Zeit als zur wirklichen Arbeit brauchen wird. Wir rathen deßhalb nicht, diesen mühsamen Weg einzuschlagen und und sind der Meinung, daß der Anfänger weit leichter und sicherer zum Ziele gelangt, indem er sich nur fünf bis sechs der verschiedenen Haupttinten gleich auf der Palette mischt; im Verfolg des Malens, wenn er anders aufmerksam arbeitet, wird sein Gefühl ihm schon sagen, wie er diese durch Zusatz von entsprechenden Farben zu modificiren habe.

Die erste Mischung ist die der Lokaltinte; so nennt man nämlich die Farbe jeglichen Gegenstandes, welche ihm eigenthümlich ist und zwischen den Schatten und Lichtern die Mitte hält. Es kann also von der Lokaltinte des Fleisches, eines Gewandes u. s. w. geredet werden. Die Lokaltinte ist in der Figurenmalerei bei dem Fleische verschieden und richtet sich nach dem Geschlecht und Alter der Person, welche man malen will; bei Kindern und Frauen ist sie zarter und reiner und besteht aus Weiß, sehr wenig Zinnober, Krapplack und lichtem Oker bei Männern und Greisen ist sie dunkler und vertritt bei ihnen die Stelle des Zinnobers oft nur der hellrothe Oker, auch wohl der dunkle Oker mit oder ohne Zinnober u. s. f. In dem Bilde, welches uns vorschwebt ("ein alter Kopf mit markirten Zügen, wenig Kopfhaar, aber starkem, weißen Barte") besteht sie aus Weiß,

Zinnober lichtem und wenig dunklem Oker. Durch Zusatz von Weiß und Neapelgelb auch jaune brillante erhält man die Uebergänge zu den Lichtern, durch weitere Vermehrung von Weiß und hellen Cadmium diese selbst. Durch Zusatz von Indigo (zu der Lokaltinte) erhält man die Uebergänge zu den Schatten; dieser Tinte gebrannten dunklen Oker zugesetzt, giebt die Schatten; zu den stärksten oder Schlagschatten (um die Augen, an der Schattenseite der Nase ꝛc.) nimmt man zu der zuletzt genannten Tinte noch mehr gebraunten Oker, auch wohl hierzu noch ein wenig Goldoker nach Umständen auch Asphalt und Mumie oder gebrannte Terra di Siena und Laque Robert. Diese Farbentöne genügen vorläufig. Dabei ist aber zu bemerken, daß man sich wohl hüten muß, die Tiefe der Farbentöne, besonders in den Schatten, genau denen des Originals, nachbilden zu wollen; im Gegentheile suche man seine Untermalung stets etwas leichter im Ton zu halten, da eines Theils anzunehmen ist, daß die Farben des Originals nachgedunkelt haben, und andern Theils die Erreichung der tiefen Töne der Uebermalung vorbehalten werden muß, worauf wir später zurückkommen werden. Der erste Punkt, daß nämlich die Farben des Originals nachgedunkelt haben werden, wird sich leider nur zu oft bestätigen und wird man, wenn man lange im Besitz seiner Bilder bleibt, diese Erfahrung an diesen selbst zu machen Gelegenheit haben. So finden wir bei alten, sehr werthvollen Gemälden oft schwarze Hintergründe; der Anfänger wolle sich aber dadurch nie verleiten lassen, seine Hintergründe auch schwarz zu malen; denn die alten Gemälde haben dergleichen ursprünglich nie gehabt; sie werden der Natur entsprechend farbig gewesen sein. Ein schwarzer Hintergrund wird sehr oft die Wirkung hervorbringen, als wollte das Portrait sich in ihn zurückziehen, während er doch gerade die entgegengesetzte Wirkung hervorbringen soll, nämlich die, als scheine das Bild aus ihm herauszutreten.

Die Farbentöne, welche wir durch die eben angegebenen Mischungen erhalten haben, setzt man auf der Palette unter die erste Reihe, welche die reinen Farben enthält, und bildet auf diese Weise zwei Reihen, oder nach Bedürfniß noch mehrere, nimmt einen mittelmäßigen Borstenpinsel und trägt gleich das höchste Licht der Stirne auf. — Wenn wir vorher riethen, die Untermalung etwas höher im Ton zu halten, so gilt dies allerdings in Bezug auf die Schatten; gerade das Gegentheil aber findet bei den höheren Lichtern statt, sie müssen stets gedämpfter als im Original erscheinen, selbst noch bei der Uebermalung, indem man sich stets vorbehält, sie durch letzte nachträgliche Retouchen mehr und mehr zu erhöhen.

Alle Farbe darf weder zu stark noch zu schwach sein, sondern soll sich leicht verarbeiten lassen, auch nehme man den Pinsel nicht zu voll und impastire überhaupt nicht zu stark, da man sonst leicht die Herrschaft über das Colorit verlieren würde. Den helleren Fleischtinten setze man nur gereinigtes kalt gepreßtes Lein=Oel zu. Sind die Lichter der Stirne, des Backenknochens, der Nase ꝛc. aufgetragen, so legen wir ihnen zur Seite die nächste dunklere Tinte an, gehen dann zum Lokaltone über und von ihm wieder zu den Halbtinten des Schattens ꝛc. Wir legen also die verschiedenen Tinten neben einander, ohne auf ihre Verbindung vorerst Rücksicht zu nehmen: es ist dies nämlich das einzige Mittel, einen reinen Fleischton zu erhalten, und nicht nur bei der Carnation gilt diese Regel, sie gilt im Gegentheil von Allem: man mag malen, was man wolle, stets muß man die Verschmelzung der Farben auf dem spätern, unten angegebenen Wege zu erreichen suchen, nicht aber sie gleich anfangs mit einander verbinden wollen. Man glaube ja nicht, und jeder Anfänger wird in diesem Falle sein, daß damit ein Zeitverlust verbunden sei, im Gegentheil, wollte er unserer Anleitung nicht folgen, würde er mindestens die doppelte Zeit gebrauchen und sich und seine Farben auf eine unnöthige Weise martern, ganz abgesehen davon, daß es ihm nicht möglich wäre, ein reines Colorit zu erreichen. — Man überlasse sich also ganz unserer Führung, und wenn auch erst später, wird man einsehen, daß wir zum Richtigen gerathen haben.

Finden wir während des Anreihens der Farbentöne,

daß uns noch die eine oder andere, Uebergänge bildende Tinte fehlt, so erhalten wir sie sehr leicht durch neue Mischungen mittelst der Pinselspitze. Daß man nicht einen Pinsel mit allen vorkommenden Tinten anfüllen darf, sondern deren mehrere und von verschiedener Größe in Gebrauch nehmen, auch den einen oder andern bei öfterem Wechsel der Farben reinigen muß, versteht sich von selbst.

Zwei kleine und zwei mittlere Borstenpinsel und eben so viele Haarpinsel genügen zur ersten Anlage eines Portraits. Hintergrund und Draperie werden mit größeren Borsten= pinseln angelegt.

Fahren wir in der oben angegebenen Weise fort, so vollenden wir nach und nach, indem wir zuletzt zu den tiefsten Schatten gelangen, den Kopf. Die Haare, wenigstens theilweise, und da wo sie mit dem Fleische in Verbindung stehen, müssen gleich mit bearbeitet werden, ebenso der Bart und die Wäsche, welche das Fleisch unmittelbar berührt. Alle diese Gegenstände dürfen nicht schroff von einander sich abscheiden, sondern sollen durch vermittelnde Tinten sanft in einander übergehen und deshalb zusammen angelegt werden, ebenso ist es gut, den Hinter= grund gleich mit zu malen, und auch ihm widme man hin= reichende Aufmerksamkeit, denn ist er schlecht gewählt, dann wird er das Bild verunstalten. Sehr gut ist es immer, wenn man die Untermalung des ganzen Bildes sogleich beendigt indeß kann man auch größere Partien der Beklei= dung, des Hintergrundes c. zurücklassen, muß aber dann darauf sehen, daß die Farben gegen leer bleibende Stellen des Gemäldes hin verschwinden.

Der Anfänger, hat er zum ersten Male Pinsel und Palette in der Hand, wird sich etwas beklommen fühlen und zaghaft an die Arbeit gehen; diese Aengstlichkeit schwindet aber mehr und mehr bei dem Wachsen der Arbeit, jedoch verfallen manche in den Fehler der Uebereilung; sie verderben ihre Arbeit, die anfangs sehr befriedigend ausfiel, indem sie sich beeilen, solche schnell zu beendigen. Sie wählen nicht mehr sorgfältig ihre Farben, machen Fehler, die sie durch unpassende Mittel zu verbessern sich bemühen, verlieren die

Lust und werfen endlich unmuthig den Pinsel von sich. —
Das ist aber nicht der Weg, um Fertigkeit zu erlangen;
man suche im Gegentheil seine Ruhe bis zum letzten Augen=
blick zu behaupten und lasse sich nicht von einem vermeint=
lichen guten Gelingen zu thörichter Hast verleiten: wir
werden bei aller Vorsicht und Ueberlegung noch Fehler genug
begehen und sollten wir sie auch während der Arbeit nicht
bemerken, so werden sie uns doch später desto sicherer ins
Auge fallen. Bemerken wir während der Arbeit einen Fehler,
der meist in der Wahl einer falschen Tinte besteht, so lassen
wir ihn und versuchen nicht momentan zu verbessern: bei
bei der Uebermalung ist dies eine Kleinigkeit, während, wollen
wir sogleich corrigiren, wir ihn möglicherweise noch größer
machen würden.

Alle Farben bei der Untermalung trage man nicht
zu stark auf, doch ebensowenig zu dünn; als Hauptregel
gilt, daß man Lichter stärker impastiren muß,
als Schatten — jedenfalls muß aber der Untergrund
unter der Farbe völlig verschwinden. Mit Ausnahme des
Gesichts, der Hände ꝛc., oder überhaupt aller Fleischtheile,
welche gleich von Anfang an die sorgfältigste Behandlung
erfordern, werden alle übrigen Theile des Gemäldes, z. B.
das Gewand, der Bart, die Kopfhaare u. s. w. nur in den
größeren Partieen mit Rücksicht auf Licht und Schatten
untermalt. Wo die Haare sich mit dem Fleische verbinden,
bemühe man sich ja, einen Uebergang herzustellen, so wie
überhaupt alle scharfen Grenzen vermieden werden müssen.
Dies gilt in Betreff der Carnation, besonders von den
Augenlidern und Wimpern, der Nase ꝛc. Alle diese Theile
sollen weich gehalten werden, d. h. sie dürfen nicht scharf
hervortreten. Was das Auge betrifft, so spart man es bis
zuletzt auf; das Weiße male man nie zu weiß, sondern
verwende dazu nur eine helle Fleischtinte, welche man mit
etwas Blaugrau abdämpft. Jede der Pupillen muß rund
gehalten werden und darf sich gleichfalls nicht schroff ab=
sondern. Die Thränendrüse im Augenwinkel bilde man mit
einer lebhaften Fleischtinte nach, deren Hauptbestandtheil
Zinnober ist, halte sich dabei streng an die Natur und nicht

zu roth, weil sonst das Auge ein entzündetes Aussehen bekommt.

Hat man nun, gleichsam in Farben-Mosaik, sein Bild vollendet, untermalt und sind die Töne richtig gewählt, so muß es in einiger Entfernung schon den Eindruck auf das Auge machen, als wären diese mit einander verschmolzen; um nun aber auch in größerer Nähe dies zu erreichen, soll es wirklich geschehen. Diese Arbeit ist sehr leicht und erfordert nur wenige Minuten. Man nimmt nämlich einen trockenen an der Spitze feingeschliffenen Borstenpinsel, übergeht mit ihm die unverschmolzen neben einander liegenden Fleischtinten leicht und flüchtig, füllt auch wohl einen andern Pinsel mit der entsprechenden Zwischentinte und hilft hier und da vorsichtig nach. Man folgt bei diesen Uebergängen den Rundungen des Fleisches; nachdem man alle Theile mit dem erwähnten Borstenpinsel übergangen hat, vertauscht man ihn mit einem weichen Iltispinsel und verrichtet mit ihm dieselbe Arbeit, nur mit noch leichterer Hand flüchtiger, und zuletzt malt man noch bei den größern Flächen der Stirne und Wangen einige leichte Uebergänge. Ist diese Arbeit mit Geschick ausgeführt worden, so haben die Farben nichts von ihrer Reinheit verloren, noch weniger ist die eine in die andere hineingezogen worden.

Die Untermalung ist nun bis auf einige flüchtige Touchen geschehen und muß jetzt trocken werden, wozu im Sommer etwa zwei Tage, im Winter vier bis fünf erforderlich sein werden. Bevor die Untermalung nicht vollständig trocken ist, kann an die Uebermalung nicht gedacht werden.

In Betreff der Uebermalung.

Je gelungener die Untermalung ausgefallen ist, desto weniger Arbeit erfordert die Uebermalung und desto leichter ist sie. Bevor man die Arbeit selbst vornimmt, untersucht man das Bild, von dem übrigens vorausgesetzt wird, daß es vollständig trocken ist, entfernt durch subtile Handhabung eines Messers kleine Unebenheiten der Farben oder Insecten, die sich während des Trocknens vielleicht darauf gesetzt haben, und wäscht es mit klarem Wasser mittelst eines Schwammes ab.

Bei Mischung der Farben verfährt man eben so wie bei der Untermalung: man sucht nämlich den Lokalton zu treffen und erhöht diesen durch Zusatz von Weiß zu den dunkleren Fleischtinten; nach Umständen bildet man auch reine Schattenfarben, in denen gar kein Weiß enthalten ist u. s. f. Auf das Treffen der Lokaltinte und Aehnlichkeit, durch richtiges Modelliren in Licht und Schatten, kommt jetzt Alles an. Man übereile sich also nicht, mache Versuche, und gehe nicht früher an die Arbeit, bis man seiner Sache gewiß ist. Wie bei der Untermalung macht man den Anfang mit den höchsten Lichtern auf der Stirn oder dem Backenknochen, und hat man bei der Untermalung schon den richtigen Ton getroffen, so lege man nur sehr leicht dieselbe Tinte darüber, dagegen kann man die verfehlten Töne durch entsprechend richtige modificiren. Die Farben lege man, wie bei der Untermalung, nur neben einander, indem man sich ihre spätere Verbindung mittelst des Iltispinsels vorbehält und achte man hier noch weit mehr als bei der Untermalung auf die feinen Nüancirungen von Schatten und Licht. Die Haare, die Kleidung, Wäsche ꝛc., die in der Untermalung nur in großen Partieen angelegt wurden, werden jetzt vollständig ausgearbeitet, natürlich immer nur unter Vorbehalt späterer Retouchen.

Die meisten Maler übergehen den Theil der Untermalung, den sie zu beendigen gedenken, mit hellem Oel oder mit Retouchirfirniß, weil es sich dann weit besser arbeitet und man auch nicht zu befürchten hat, daß nur einzelne Stellen des Bildes die Farbe annähmen. Der Anfänger wolle aber erst beim zweiten oder dritten Versuche dies nachahmen, weil einmal, hat er sein Bild mit reinem Wasser abgewaschen, es überall und leicht die Farbe annehmen wird, und er dann auch sicherer auf trockenem als angeöltem Grunde malen wird.

Zur Uebermalung kann man, wie bei der Untermalung,

weiche Borstenpinsel, verwenden, der Anfänger nehme dazu aber auch Haarpinsel. Im Ganzen muß die Farbe zur Uebermalung flüssiger sein, als sie es bei der Untermalung war, obwohl auch hier die Regel gilt, Lichtstellen stärker zu impastiren als Schattenstellen. Schon oben haben wir von Lasuren mit Hinweisung auf spätere Erläuterung gesprochen, und hier möchte der Ort sein, ihrer zu gedenken, wenngleich ihnen noch später ein eigenes Kapitel gewidmet werden soll. Die Lasuren sind sehr dünne Auftragungen oder Uebermalungen mittelst durchsichtiger Farben, durch welche die darunter liegenden Tinten hindurchschimmern. Es ist unglaublich, welche Vortheile dem Maler, der sie geschickt zu benutzen weiß, durch sie geboten werden. Hier beobachten wir sie nur mit Rücksicht auf die Carnation. Betrachten wir z. B. ein menschliches Antlitz, wenn es von allen Seiten eine gleich starke Beleuchtung empfängt, so finden wir in ihm fast nur die Lokalfarbe, während die eine Hälfte desselben, dem Einflusse des Lichts plötzlich mehr oder weniger entzogen, eine auffallende Veränderung rücksichtlich des Farbentones erleidet. Hieraus erhellt, daß die verschiedenen Abstufungen der Tinten im Licht und Schatten und umgekehrt einem beliebigen Gegenstande eigentlich gar nicht eigenthümlich, sondern nur Folge der Einwirkung des Lichtes oder auch der Farbe eines anderen Gegenstandes, — Reflexes, — sind. Wenn nun die Fleischfarbe ihre natürliche Tinte nicht verliert, der Schatten sich vielmehr gleichsam auf ihr lagert, doch so, daß der ursprüngliche Ton immer noch sichtbar ist, so folgt hieraus, daß der Maler, als treuer Nachahmer der Natur, seinem Bilde gleichfalls den natürlichen Ton geben, aber auch einen sonstigen, durchsichtigen Schatten an den betreffenden Stellen über ihm ausbreiten kann. Die Durchsichtigkeit im Schatten zu erreichen, ist das unausgesetzte Streben und Studium der größten Meister gewesen, und die berühmtesten Coloristen zeichnen sich gerade in diesem Punkte aus, sie haben durch geschickte Untermalung und passende Lasuren jene geheimnißvollen Töne erreicht, die durch Mischungen nie gefunden werden können, jede feine Durchsichtigkeit der

Haut, das Durchscheinen der Adern ꝛc. verdanken wir nur den Lasuren.

Wenden wir dies auf vorliegenden Fall, die Uebermalung eines Kopies, an, so wird klar, daß unser früherer Rath, die Schatten bei der Untermalung in einem höheren Farbentone zu halten, als diesen das Original uns wirklich zeigt, mit gutem Grunde gegeben wurde; bei der Uebermalung können wir nun durch Lasuren mit meist feinen Farben die schon oben erwähnte „kräftige Durchsichtigkeit der Schatten" erlangen, wogegen, hätten wir denselben von Anfang an den richtigen Ton rücksichtlich der Tiefe nach Maßgabe des Originals wiedergeben wollen, uns im günstigen Falle nichts übrig blieb, als den gleichen Farbenton darüber zu legen, was nicht von vortheilhafter Wirkung gewesen sein würde. Bei den lichtern und helleren Partien ist dies, wie auch schon oben bemerkt, etwas Anderes. Hätten wir aber gar einen tieferen Ton getroffen, als das Original ihn uns zeigt, so würde in den meisten Fällen auf eine befriedigende Vollendung des Bildes verzichtet werden müssen, denn nur selten würde selbst ein geschickter Maler hier einen Ausweg finden, es sei denn, daß man über die verfehlte Untermalung eine neue legen wollte; denn wollte man eine dunkle Tinte durch einen helleren Farbenton erhöhen, so würde die Stelle „mehlig" werden, d. h. sie würde dem Auge sich so darstellen, als lagere auf ihre eine Schicht Mehl oder Staub.

Aus Allen dem geht hervor, daß nicht nur in Betreff der Schatten von dem Maler die größte Aufmerksamkeit angewendet werden muß, und zwar hauptsächlich schon bei der Untermalung, sondern auch, daß sie überhaupt die am schwierigsten zu behandelnden Theile sind. Bei den Lichtpartien giebt es schon mehr Hülfsmittel zu Verbesserungen, und werden sie sich dem Anfänger, wenn anders er nur mit Lust und Aufmerksamkeit arbeitet, schon von selbst darstellen.

Dem Vorgesagten zufolge beruht die malerische Behandlung eines Portraits oder Studienkopfes, sowie jene Hauptaufgabe: daß es unserem Auge als wirkliches Relief erscheine, lediglich auf richtiger Vertheilung und naturwahrer

Behandlung von Licht und Schatten. Je realistisch getreuer wir diese nachzuahmen verstehen, umso mehr werden wir uns auch der Täuschung nähern, eine lebende Büste vor uns zu sehen.

Das Aufmischen der Palette zum Uebermalen (Fertigmalen).

Es gehören zum Fertigmalen eines Portraits mehr Farben als zur Untermalung: man wende daher das Mischen auf der Palette der vielverschiedenen Farben eben so sicher und gewissenhaft an, als bereits auf Seite 12—16 gesagt ist:

1. Weiß   10 Theile;
2. Neapelgelb   2   "
3. gelben Oker   6   "
4. dunklen Oker   3   "
5. hellrothen Oker   4   "
6. Indischgelb   3   "
7. dunkel Braunroth   4   "
8. Zinnober   1   "
9. Chinesischen Zinnober   1   "
10. Rosa Lack   4   "
11. dunkler Lack   4   "
12. gebrannter Lack   3   "
13. gebrannte Terra di Siena   2   "
14. Ultramarin   9   "
15. Kobalt   1   "
16. Mumie   1   "
17. Casselerbraun   1   "
18. Asphalt   3   "

Damit ist eine fertige Palette in ihrer Aufmischung richtig vorgeführt, um einen großen Theil von nicht entbehrlichen Grundfarben zu veranschaulichen.

Zu empfehlen ist, daß sich der Schüler vor Allem eine Anzahl Fleischfarbentöne mischt, die als Anfang dienen, wobei er natürlich darauf zu achten hat, ob dieselben noch heller sein sollen, was er durch Zusatz von Weiß sehr leicht erreichen kann.

Anfänger müssen, um alle Fleischfarbentöne zu erzeugen, sie sehen, gut erkennen und von einander unterscheiden lernen; um dahin zu gelangen, ist es sehr gut, wenn man sich erst vollständig damit vertraut macht, dann kommt es auf den Grad des Verständnisses und Gefühles an, welche darüber bestimmen, ob man ein guter Colorist werden kann.

Bei der Untermalung einer bräunlich-rothen Farbe ist zu erwähnen, daß dieselbe bläulich werden kann, wenn man sie während der Uebermalung mit etwas bläulichem Fleisch=farben-Lokalton leicht übermalt. Hinsichtlich dieser Ueber= malung ist es möglich, Adern und bläuliche Fleisch-farben= töne, welche man durch eine zarte Haut erkennt, getreu wieder= zugeben, denn obgleich das fließende Blut in den Adern roth ist, so schimmert es doch bläulich; je weißer die Zellgewebe in unserer Haut sind, jemehr erscheinen die Adern auch feinblau.

Haben wir die Uebermalung mit Rücksicht auf das eben Gesagte und unter fortwährender Befragung unseres eigenen Gefühls, und der Vergleichung mit dem Originale, was dem Anfänger nicht genug empfohlen werden kann, vollendet, so verbleiben uns nur noch:

Retouchen und Reflexe in ihrem Umfange.

Die letzteren sind kleine Nachhülfen (Drucker), die meist mit einem einzigen oder einigen vorher wohlüber= legten Pinselstrichen ausgeführt werden; sie finden ihre hauptsächlichste Anwendung in den Lichtern, aber nicht nur beim Portrait, sondern auch bei der Draperie, bei Land= schaften ꝛc. Man hat sie anzubringen, noch ehe das Bild trocken ist, will man aber noch größere Correcturen herstellen, welche die vollständige Trockenheit desselben nöthig machen, so kann man auch diese Letzteren so lange aufsparen, und dies ist um so besser. Ist das Bild trocken, so übergeht man die Stelle, welche man retouchiren will, sehr sorgfältig mit hellem Oel; eine Hauptsache ist es, damit sparsam zu sein (nur anzureiben), denn nimmt man zuviel davon, so ent= stehen dadurch eben so sehr Flecke, als dies der Fall sein wird, wollte man die Retouche auf einer trockenen Stelle anbringen.

Unter allen Umständen ist es rathsam und praktisch empfehlenswerth, vor auszuführenden größeren Correcturen oder jenen Retouchen, durch welche ein Portrait die letzten Tiefen erhalten soll, den Kopf mittelst eines kräftigen Borstenpinsels und ein wenig Lein= oder Mohnöl dünn ein= zureiben, weil dadurch die Farben leichter ansprechen und dann auch ihre Wirkung weit sicherer beurtheilt werden kann.

Schon oben bei der Theorie von Schatten und Licht und später bei Erwähnung der Lasuren wurde nachgewiesen, daß ein Gegenstand von einem andern einen ihm nicht eigenthümlichen Farbenschimmer entlehnen könne, und dies sind die vom Maler streng zu beobachtenden Reflexe, die uns im gewöhnlichen Leben nur darum häufig entgehen, weil wir die Dinge nicht immer mit der nöthigen Auf= merksamkeit betrachten. Ein blaues Kleid z. B., besonders ein solches von hellerem Farbenton, wird an einer darauf ruhenden Hand an gewissen Schattenstellen seine Farbe ab= spiegeln d. i. reflectiren; dies darf aber der Maler nicht unberücksichtigt lassen, wenn anders sein Bild Harmonie haben soll, d. h. in den Uebergängen der Farbentöne sich dem Auge keine schneidenden Kontraste darstellen sollen. Diese Reflexe werden der letzten Ueberarbeitung vorbehalten und erfordern ebenfalls große Aufmerksamkeit, besonders dann, wenn der Maler nach der Natur arbeitet. Für einen An= fänger ist es rathsam, vorsichtig und sparsam mit den Re= flexen zu sein, denn so nöthig sie auch sind und obwohl sie einen schön harmonischen Eindruck hervorbringen, so kann doch das gelungenste Bild verdorben werden, versteht man ihre Behandlung nicht gründlich, wozu aber ein schon ge= übtes Auge und Erfahrung gehört, welche einem Anfänger mehr oder weniger doch fehlen dürften.

Das Portrait.

Ueber die Abstufungen und Vortheile der vielverschiedenen Farbentöne und deren richtige ordnungsmäßige Zusammenstellung beim Mischen auf der Palette.

Obgleich schon manche Bücher über Farbenlehre und Malerei erschienen sind, so haben deren Verfasser sich nicht genug Mühe gegeben, den Anfängern das Nothwendigste über die Natur und die nach derselben zu malenden Gegenstände zu lehren, denn gewöhnlich weiß der Anfänger nicht, aus welchen Farben die Töne gemischt werden, die er in der Natur erblickt; er erkennt zwar deren Verwandlungen, weiß aber in der Praxis über deren Vermischung mit andern Farben keinen richtigen Anfang zu machen.

Befindet sich der Anfänger in einer größeren Stadt, ohne in der Lage zu sein, eine academische Bildungsanstalt zu besuchen, dann liegt es in seinem Interesse, den Umgang mit tüchtigen Künstlern aufzusuchen, welche mit der Palette vertraut sind. Dadurch wird man bald in die Lage kommen, sich manchen praktischen Wink aneignen zu können. Im Allgemeinen wird man hierbei lernen, mehrere Töne aus jenen reinen Farben, wie solche käuflich zu haben sind, zu mischen. Man muß nach solcher Anleitung dann genau bei Naturstudien darauf achten: ob zu solchen reinen Farben — die am seltensten vermalt werden — der Zusatz Anderer beizumischen ist; dadurch lernt man stärkere oder schwächere Verwandlungen der Ursprungsfarben gründlich kennen.

Es versteht sich also zur eigenen Erleichterung von selbst, daß ein Anfänger, bevor er sich versucht nach der Natur zu malen, erst einige gute Originale copiren, d. h. vorhandne Bilder nachmalen soll. Ohne Frage bietet die Copie nicht die Hälfte der Schwierigkeiten, welche beim Malen nach der Natur sich entgegenstellen. Das Original verändert sein Wesen nicht; die Farbentöne sind gegeben, eine genaue und aufmerksame Betrachtung kann in manchen Aufschluß über die Behandlung einzelner Stellen von Seiten des Meisters geben, er kann mit der Arbeit beginnen, wann er will und ebenso aufhören, wenn er Lust hat, — mit einem Worte: es ist keine so schwere Sache von einem Bilde eine leidliche Copie zu nehmen, als nach der Natur zu malen.

Wenn wir später bei den Erfordernissen des Zimmers erwähnen, daß das Modell in gehöriger Entfernung aufgestellt werden müsse, so rathen wir hier, das Original in der Nähe zu behalten und namentlich alle Schattentinten etwas lebhafter und reiner zu halten. Daß man sich Mühe geben muß, ältere Stücke guter Meister zum Copiren aufzutreiben, bedarf kaum der Erwähnung, gerade diese Arbeiten werden aber in den Schattenpartien bedeutend nachgedunkelt sein und es erfordert einige Aufmerksamkeit, den ursprünglichen Ton wieder aufzufinden.

Zuweilen könnte man sich veranlaßt sehen, ein Bild zu verkleinern oder zu vergrößern, und wird erstere Aufgabe leichter finden als letztere. Den Miniaturmaler ausgenommen, kann aber nicht leicht Jemand an einem Miniaturbildchen etwas liegen und möge man deshalb nicht in Extreme verfallen.

Das Malen nach der Natur in seinen Einzelheiten.

Wir sprechen noch immer nur vom Portrait. Ein Anfänger kann unter gewissen Verhältnissen auf Schwierigkeiten stoßen, für seine ersten Versuche ein Modell aufzufinden. Ist dieser Zweck erreicht, dann hat er so viel als möglich es passend zu bekleiden und aufzustellen. Unter passend malerischer Bekleidung verstehen wir hier ein Gewand von nicht zu heller Farbe, auch die Vermeidung des Schmuckes, z. B. Blumen im Haar, Spitzen ꝛc., wodurch er sich die Arbeit erschwert und sein Modell durch lange Sitzungen ermüdet. Der Stellung ist theilweise schon oben gedacht worden, hier fügen wir noch bei, daß unter Umständen ein geeigneter Hintergrund durch ein aufgehangenes Tuch erzielt werden kann, wie auch zuweilen die Anordnung des einen oder anderen Gegenstandes zur Erreichung der beabsichtigten Wirkung zweckdienlich sein wird. Mancher Maler bedient sich dazu auch großer, auf Blendrahmen gezogener Bogen Papier, die ganz flüchtig mit einer passenden Tinte und zwar von abwechselndem Tone übergangen sind. Genug, es gelten hier alle Mittel, um den Zweck das Modell sich gut vom Hintergrunde abheben zu lassen, zu erreichen.

Erst nachdem man sich befriedigt fühlt, beginne man mit der Zeichnung und male dann, wie bereits angegeben. Dem Maler liegt es dabei ob, sein Modell nicht zu ermüden, was unausbleiblich der Fall sein würde, wollte er seine Arbeit ohne Unterhaltung fördern, er soll im Gegentheil die Gabe besitzen, den ihm zum Portrait Sitzenden zu unterhalten; er kann, wenn es nöthig ist, ihm im Laufe der geschickt geleiteten Unterhaltung ein Lächeln abgewinnen, und eben so den Ausdruck des Erstaunens, des Ernstes u. s. w. hervorrufen. Durch Uebung wird Jeder einigermaßen Begabte in der Portraitmalerei etwas leisten, d. h. seinen Bildern wird nie oder doch nur selten alle Aehnlichkeit fehlen; Vorzügliches wird aber nur das Talent, welches Auffassungsgabe dafür besitzt, leisten, nur dieses wird seinen Bildern die sogenannte sprechende Aehnlichkeit zu geben verstehen. Alles beruht zunächst darauf, daß der Maler das Portrait gleichsam mit dem geistigem Auge auf der Leinewand zu fixiren versteht, daß er, ehe noch ein Pinselstrich gethan ist, das Portrait schon fertig vor sich sieht; ist er Besitzer dieses Vermögens, so wird er mit Geschwindigkeit und Sicherheit arbeiten und seine Bilder werden zu leben scheinen. Man könnte einwenden, daß er dann gar keines Modells bedürfe und dies in der That so, denn wie viele Portraits von überraschender Aehnlichkeit besitzen wir nicht von Persönlichkeiten, welche nie einem Maler gesessen haben? Ehe z. B. Napoleon nach Deutschland kam, existirten von ihm nur Karrikaturen und keine Portraits, er war aber kaum acht Tage in Berlin, als sein Bildniß von sprechender Aehnlichkeit, zu dem er nicht gesessen hatte, an allen Bilderläden aushing. Dennoch wird kein Maler, sobald ihm die Gelegenheit geboten wird, es verschmähen, nach Modell zu arbeiten.

In der ersten Sitzung beendigt man die Untermalung und der Anfänger hat damit zur Genüge zu thun, in der zweiten nimmt man die Uebermalung vor und in der dritten beendigt man das Bild durch Retouchen mit Lasurfarben. Kann man schon bei der zweiten Sitzung fertig werden, ist es um so besser. Zum Fertigmalen der Kleidung, sobald sie nichts Besonderes enthält, sowie zum Hintergrunde bedarf man des Modells bisweilen nicht. Leuten von bleicher Gesichtsfarbe räth man zu dunkelfarbiger Kleidung, während zu weißer Haut und blühenden Wangen ein hellfarbiges Kleid besser passen wird.

Einen Studien= oder Primakopf malt man deshalb gern in drei Tagen, weil die Farbe nicht länger so feucht auf der Leinwand bleibt, um ohne dem Bilde zu schaden, weiter daran malen zu können. Am vierten Tage kann man die Gewandung beginnen, den Hintergrund vervollständigen ꝛc.

Will man den Studienkopf weiter ausführen, also übermalen, so lasse man ihn wenigstens 8 Tage im hellen Lichte gut trocknen, kratze mit einem scharfen Messer die Erhöhungen der Farbe ab, firnisse das Bild mit französischem Firniß und Spiritus vini zu halb und halb zusammengemischt, und reibe es, wenn der Firniß trocken mit copal en pat oder gebleichtem Leinöl und etwas Speichel nur wenig an, unmittelbar vorher, ehe man die Uebermalung beginnt.

Bevor man sich mit Versuchen zum Portraitiren beschäftigt, ist es unbedingt erforderlich, eine Anzahl von Kopf- und Handstudien nach dem Leben zuvor zu malen; der Ersparniß halber kann dies auf Malpapier geschehen. Den menschlichen Händen, welche, als Portraitstudien, eine ebenso große Verschiedenheit wie die Köpfe zeigen und die nicht minder charakteristisch sind, ist dabei eine gleiche Sorgfalt in der Ausführung zu widmen.

Portrait en face.

Portrait en face nennt man ein Bildniß, welches das ganze Gesicht in voller Beleuchtung dem Beschauer zuwendet. Diese Darstellungsweise bietet manche Schwierigkeiten dar und der Maler ist stets bemüht, sie so viel als möglich zu vermeiden, ganz abgesehen davon, daß der Eindruck nur bei dem vollkommenen Gelingen ein günstiger ist. Kinder lassen sich auf diese Weise noch am besten darstellen, weil ihre runden Gesichter auch sonst weniger Details darbieten. Bei markirten Gesichtern aber kann bei voller Beleuchtung manches verloren gehen oder doch bei Seitenbeleuchtung manches besser erreicht werden. Fast dieselbe Bewandtniß hat es mit dem

Portrait en profil.

welches der Maler eben so gern umgeht. Die reine Seitenansicht bietet uns nur eine Gesichtshälfte dar, die andere geht ganz verloren und nicht leicht wird sich Jemand in dieser Weise abgebildet zu sehen wünschen, es müßten denn besondere Gründe bei der Wahl dieser Stellung vorwalten. Das Leichteste ist es allerdings, en profil zu malen, doch thut dies, wie gesagt, der Maler nie ohne besondere Veranlassung. Bleibt ihm die Wahl überlassen, und in den meisten Fällen dürfte dies geschehen, so wird er die Front- und Seitenansicht mit einander verbinden und sein Modell so stellen, daß die eine Gesichtshälfte vollständig, von der anderen aber nur etwa die Hälfte, mithin etwa ¾ der ganzen Kopfmaske sichtbar wird. Die volle Hälfte stellt man ins Licht, die kleinere oder verjüngte in den Schatten und erreicht nicht nur so eine schöne Rundung, sondern hat auch den Vortheil, daß nicht so leicht etwas Charakteristisches, selbst auf der nicht beleuchteten Seite verloren geht.

Einiges über Brustbilder, halbe Figuren, Kniestücke und ganze Figuren.

Die gewöhnlichste und am häufigsten zur Anwendung kommende Darstellungsform in Bezug auf die Figur ist die des Brustbildes. Hier handelt es sich, vom Kopfe abgesehen, um nichts weiter, als um Kleidung und Hintergrund. Anders ist es schon bei der halben Figur, wo man genöthigt sein wird, den Händen, oder wenigstens einer, eine passende Lage zu geben, da die Arme nicht schlaff herabhängen können. In diesem Falle bleibt dem Maler eine gewisse Freiheit, von der er zu seinem und dem Vortheile des Bildes Gebrauch macht. Man wird die Hand oder den Arm auf ein Möbelstück stützen; ein Mann, besonders einer von kräftiger Konstitution, kann sie leicht in der Weste verbergen, einer Dame giebt man Blumen in die Hand u. dgl. m. Auf den Hintergrund muß, je größer das Bild ist, desto mehr Sorgfalt verwendet werden und wird es hier schon vorkommen, daß man denselben aus Lufttönen componirt. Man wähle dazu einen gedämpften Ton aus graublauen Wolken, und versteht es sich von selbst, daß man eine lichte Stelle neben die Schattenhälfte und umgekehrt eine dunklere Partie der Luft neben die Lichtseite des Gesichts legt, damit das Portrait nicht zurücktritt. Zu tiefe Schatten vermeidet man gern. Besonders junge Köpfe malt man so lichtvoll wie möglich. Will man Baumschlag anbringen, dann kann die Behandlung andeutend sein.

Das eben Gesagte gilt auch vom Kniestück, d. h. ein Bild, welches uns die Figur bis zum Knie, also ¾ des ganzen Modells zu Gesicht bringt. Anders verhält es sich mit dem Portrait in ganzer Figur. Hier erfordert die Behandlung der Beiwerke beinahe eben so viel Sorgfalt, als das Portrait selbst. Wir haben einen Vordergrund, dieser bedingt wieder einen detaillirten Mittel- und Hintergrund, und diese zusammen verlangen die Beobachtung der Regeln der Perspective. Zwei Fälle sind möglich: das Zimmer mit entsprechender Draperie oder die Landschaft nebst Staffage. Sobald vom ganzen Portrait die Rede ist, kann die Stellung stehend, eine lehnende oder sitzende sein, alle passen für das Zimmer, sowie in die Landschaft. Wir verlassen nunmehr diesen Gegenstand, da dergl. Arbeiten nicht dem Anfänger, sondern dem geübten Künstler bestimmt sind.

Ueber Portraits mit abgewendetem Blicke.

Läßt der Maler sich von seinem Modell fixiren, so wird das von ihm gelieferte Bild auch den Beschauer ansehen, er mag seinen Standpunkt nehmen wo er will. Anders verhält es sich, wenn das Modell den Blick nicht auf den Malenden richtet, dann wird das Portrait den Beschauer entweder gar nicht, oder doch nur ansehen, wenn er einen bestimmten Standpunkt einnimmt. Es können Fälle eintreten, wo diese Darstellungsweise einen guten Effect macht, nur muß von dem Arrangirenden Verschiedenes berücksichtigt werden, bevor er diese Wahl trifft. Wollte er bei einem gewöhnlichen Portrait, einem Familienbilde z. B., den Blick sich abwendend darstellen, so würde er offenbar einen Mißgriff thun, wohingegen beim Portrait eines Künstlers oder Dichters diese Anordnung einige Berechtigung hat. In allen Fällen aber darf das Bild im Ganzen über seinen Zweck keinen Zweifel lassen. Das einfache Brustbild bietet dem Maler hierzu wenig Spielraum dar, in größerem Maße ist dies aber schon bei halber und noch mehr bei ganzer Figur der Fall. Es soll damit nicht gesagt sein, daß das Bild ein bestimmtes Motiv enthalten müsse, auf welches das Portrait den Blick richtet, obwohl dies der Fall sein kann; wohl aber muß der Hintergrund entsprechend gewählt und charakteristisch sein.

Einiges über Gruppirungen und Composition.

Sobald mehr als eine Figur auf dem Bilde erscheint, erhalten wir eine Gruppe und der Portraitmaler ist öfter in dem Falle, dergl. zu malen. Eine Mutter mit einem, auch mit mehreren Kindern, eine ganze Familie. Es erfordert einiges Geschick, hier passend anzuordnen, zumal der Zweck Portraits zu malen, nicht aus den Augen verloren werden darf und doch auch Einförmigkeit vermieden werden die muß, nothwendig entsteht; wollte z. B. der Maler sich von sämmtlichen Personen fixiren lassen. Außerdem kommt noch Vieles in Frage, mit dessen Beantwortung ein Künstler von Erfahrung zu thun hat. Der Anfänger wage sich an solche Arbeiten nicht, doch wird das über das Portrait Gesagte ihm auch hier schon einige Aufklärung geben.

Gruppenbilder sind in den letzten Dezennien zahlreich auf photographischem Wege hervorgebracht worden und es dürfte Demjenigen, welcher sich auf diesem immer schwierigen Gebiete der Composition practisch versuchen will, in jedem diesbezüglichen Atelier Gelegenheit zu umfangreichen Studien geboten werden. Es ist nicht zu leugnen, daß das Arrangement von Familiengruppen in seltenen Fällen glücklich aus fällt, da in der Regel durch Fehlen des inspirirenden Momentes der nothwendig geistige Gehalt eines, von mehreren Personen belebten Tableaus nicht vorhanden ist. —

Ueber Haare-, Adern-, Drapirung- und Stoffmalerei.

Von großer Wichtigkeit ist, daß man am Anfang treffend gut die Fleischfarbentöne zusammensetzt, so, daß die erste Mischung als Weiser für sämmtliche andern Farben dient.

Es müssen die Augenbrauen mit den dunkelsten Fleischfarbentönen angelegt werden, man bemüht sich also mit den späten Uebermalungsfarben die richtige Form der Augenbrauen zu erzeugen, wie sie sich in Natur zeigen; auf Stellen, wo sich wenige Haare befinden z. B. an den Enden der Augenbrauen nach den Schläfen zu, male man nur feine Strichelchen, welche den wenigen Haaren als übergehend sich zeigen. Man nehme auch kein Casseler Braun dazu, sondern das Braun von Mumie oder Asphalt.

Dieselbe Aufmerksamkeit wende man auch den Augenwimpern zu, welche die Augenlieder begrenzen, harmonische, gebrochene Farbentöne müssen dem Zug der Wimpern folgen.

Man darf auch die Augenwinkel mit den Thränendrüsen nicht röther malen, als sie erscheinen, und wende dazu ein leichtes Violet-Rosa an.

Bei den ersten Anfangsgründen ist es schon unbedingt nöthig, die genauen Umrisse der einzelnen Theile eines Kopfes kennen zu lernen, um demselben durch ihre Verschiedenartigkeit einen richtigen Zusammenhang und Rundung zu geben.

Um in einer größeren Gewandheit sämmtliche Farben in Uebereinstimmung zu bringen, muß man dieselben überlasiren. Dieses Lasiren mit Farben soll mit dem Lokalton des Gewandes übereinstimmen; man muß die Farben gleichmäßig und nicht zu dick auftragen, damit keine Erhabenheiten darin glänzen.

Soll die Drapirung als: ein Shawl, ein Kleid, oder ein Rock gut aussehen, muß man darauf achten, daß die Formen der Figur nicht ganz bekleidet sind, sondern Parthien des Körpers, welche durch die Falten der Kleiderstoffe bedeckt werden, leicht zu erkennen sind, mit Ausnahme der Formen in den Vertiefungen; im Gegensatz zu rund hervortretenden Parthien. Starke Stoffe, die fest und dunkel sind, als Sammet, starkes Tuch und Seidenstoffe darf man nicht zuviel drapiren, sondern nur mit großen schweren Falten die größeren Flächen belegen.

Die Draperie muß die Haut bedecken, und man hat ferner zu sorgen, daß keine tiefe Falten bei vorspringenden Körpertheilen kreuzen, es würde dies der Genauigkeit der Körperformen hinderlich sein, obgleich sich diese eben besprochenen Punkte in der Natur und Wirklichkeit von selbst ergeben.

Eine gegliederte Puppe oder Holzfigur zu drapiren, als Modell des Faltenwurfs.

Die Kunst schöne Drapirungen und Gewänder zu arrangiren, ist nicht so leicht und erfordert viel Geschmack, man kann darauf viele Zeit verwenden, obgleich man sich in reger Thätigkeit befindet und geht dabei oft erfolglos aus. Deshalb ist es sehr nützlich, eine Gliedergruppe zu bekleiden und an ihr Gewandstudien zu machen.

Ueberhaupt bleibt es mit Schwierigkeiten verknüpft, Drapirungen, das sind faltenreiche Gewänder, nach Glieder-

puppen zu malen, da die Weichheit der Bewegungen, welche
das Leben verleiht, nur zu oft verloren geht und eine ersichtliche Steifheit dafür eintritt. Solche Arbeiten werden
nur dann von reellen Erfolgen begleitet sein, wenn sie
unter der Leitung tüchtiger akademischer Lehrkräfte entstehen.

Von beweglichen Gewändern.

Es ist nicht gebräuchlich bei Portraits fliegende Draperien als Zeugstoffe verschiedener Art zu malen, ein solcher
Effect ist nur bei Portraits von Soldaten und Seeleuten,
welche sich in freier Luft bewegen, angebracht. Im Uebrigen
muß man große Pinsel zum Gewandmalen anwenden, die
Lichter müssen pastös aufgetragen und Schattenfarben mager
behandelt werden mit Ausnahme verschiedener Stickereien,
welche vorsichtiger auszuarbeiten sind, jedoch mit leichtem
Pinselstrich schnell aufgesetzt, das Muster derselben gleich bestimmt andeuten. Auch muß man dabei auf die Gesammtwirkung achten, wie das Muster nur in den Lichtparthien
deutlich hervortritt und im Schatten und besonders tiefen
Falten fast ganz verschwindet.

Es gab einen Maler, Namens Denner, welcher so
vollendete Köpfe malte, daß man mittelst einer Loupe jedes
Baarthaar, sogar die Poren der Haut zu unterscheiden vermag, dabei machen diese Arbeiten im Ganzen herrlichen
Effekt und sind von Kennern gesucht. Man würde aber
irren, wollte man sie dadurch für vollendete Kunstwerke
halten, die uns zur Nacheiferung anspornten, es ist daran
hauptsächlich der Fleiß und die enorme Ausdauer des Künstlers zu bewundern, und haben sie vor Allen auch den Werth
von Kuriositäten. Was kann daran liegen, ob man die
Poren der Haut oder die einzelnen Haare der Augenbrauen
oder des Bartes zählen kann; zu diesem Zwecke verlangt
doch Niemand sein Bild, und was nützte es, wenn wir die
mühsam ausgeführten Einzelheiten erst dann wahrnehmen,
wenn wir darauf aufmerksam gemacht werden? Wer nicht
besondere Befähigung dazu fühlt, befasse sich deshalb
nicht mit solchen Kleinigkeiten, die von einer fleißigen und
sorgsamen Ausführung noch himmelweit verschieden sind.

Uebrigens haben Balthasar Denner's Portraits, von minutiöser Ausführung abgesehen, hohen Kunstwerth und glänzen in den ersten Weltgallerien.

Die Haare legt man, wie wir oben bemerkt haben, gleich bei der Untermalung mit an, und zwar mit der Lokaltinte; von Details ist hierbei noch nicht oder nur wenig die Rede, diese behält man der Untermalung vor und macht dabei von einem weichen Borstenpinsel Gebrauch; die höchsten Lichter müssen auch hier in kräftigen Touchen bestehen und vertragen keinerlei Correctur oder Nachhülfe, vorher aber schon arbeite man mittelst eines spitzen und feinen Haarpinsels die Details aus, indem man dem durch den Borstenpinsel Erreichten geschickt nachhilft. In der Natur findet stets ein Uebergang zwischen Fleisch und Haar durch eine vermittelnde bläuliche Tinte statt, dies beobachte man ja, namentlich wird man diese Halbtöne in der Gegend des Mundes und am Kinn, um den Bart herum deutlich wahrnehmen. Was die Farbe der Haare betrifft, so ist sie bekanntlich außerordentlich verschieden, nicht immer aber wird man sich streng an die Natur halten können, sondern genöthigt sein, grelle Farben ein wenig zu dämpfen. Schwarze, auch pechschwarze Haare kann man nie mit Schwarz malen, so auch nicht nicht grellrothes Haar mit dem entsprechenden rothen Farbentone, letzteres bemühe man sich mehr blond erscheinen zu lassen und zu ersterem verwende man zu den lichtern einen bläulichen oder bräunlichen Ton.

Warzen und sonstige Merkmale muß das Portrait allerdings widergeben, aber auch hier bleibe man hinter dem natürlichen Ausdruck etwas zurück. Der Maler muß seinem Modell „schmeicheln", dies soll aber auf eine künstlerische Art geschehen.

Bei Personen, die eine durchsichtige Haut haben, am häufigsten bei alten Personen und zarten Kindern, sieht man zuweilen die Adern an den Schläfen oder der Stirn deutlich als bläuliche Linien verlaufen. Noch öfter läßt sich die Erscheinung an den Händen beobachten. Wollte man dies so ohne Weiteres darstellen, würde man sich vergeblich quälen; diese und andere durchschimmernde Halbtöne in der Nähe der Augen, der Nase ꝛc. lassen sich nur durch Lasuren erreichen. Das Blut ist roth, der bläuliche Ton wird also durch die darüber gezogene Haut gebildet: man untermale deshalb solche Stellen ebenfalls roth oder blau und gehe bei der Uebermalung einfach mit der Lokaltinte des Fleisches darüber, so wird der Erfolg vollständig entsprechen, da das Verfahren den Naturgesetzen analog ist.

Die Drapirung oder die Bekleidung der Figur ist nicht minder ein Gegenstand von hoher Wichtigkeit für den Maler und hat er unter Umständen seine ganze Aufmerksamkeit darauf zu richten. Schon bei weiblichen Portaits in halber Figur kommt Manches in Frage, noch mehr bei Darstellung ganzer Figuren. Der Natur muß hier nachgeholfen werden, das Wie bleibt dem Gefühl des Künstlers überlassen; der Faltenwurf soll aber immer der Beschaffenheit und namentlich der Schwere des Stoffes angemessen sein. Ein leichter Stoff wird sich viel weniger an den Körper anschließen und mehrere, aber kleinere Falten schlagen als ein schwerer, welcher, wie man sagt, Fall hat, z. B. Brocat, Sammet. Dazu kommt noch, daß der Künstler gleichzeitig verstehen muß, den Stoff naturgetreu und so darzustellen, daß er auf den ersten Blick als Seide, Sammet, Tuch u. s. w. erkannt wird. Jeder Stoff erfordert als solcher eine eigenthümliche Behandlung, je nachdem er mehr oder weniger Licht reflectirt. Am meisten geschieht dies bei seidenen Stoffen, weniger bei denen mit rauher Oberfläche und gewissermaßen im umgekehrten Verhältniß. Während z. B. Seide, oder Atlas auf den erhabenen Stellen auch das höchste Licht aufnimmt, erscheinen beim Sammet gerade die erleuchteten Stellen dunkler, weil die rauhe Oberfläche, indem sie durch die Rundung einen Theil ihrer Dichtigkeit verliert, gleichsam das Licht zu absorbiren scheint. Eine ähnliche Bewandniß hat es mit der Behandlung des Pelzwerkes: die Spitzen desselben haben in der Regel eine dunklere Farbe als der Grund, und wo diese sich auseinanderlegen, kommt letzterer zum Vorschein. Wie bei den Haaren ist nicht daran zu denken, jede einzelne Spitze wiederzugeben, und doch kann durch geschickte Behandlung auf diesem Gebiete Außerordentliches geleistet werden. Der Anfänger gewöhne sich hier zu beobachten und namentlich die Bilder guter Meister zu studiren.

Schlußbetrachtung.

Das gesammte Gebiet des Portraitirens hat durch die mechanische Kunst der Photographie wesentliche Veränderungen erfahren und wenn im Allgemeinen auch die Behauptung aufgestellt werden kann; daß nur der bei weitem kleinste Theil dieser in der neuern Zeit Mode gewordenen Produkte artistischen Werth beanspruchen kann, so soll dennoch nicht in Abrede gestellt werden; daß mit Hülfe dieses Verfahrens sich eine wesentliche Umänderung auf dem Gebiete des Portraitfaches vollzogen hat!

Künstlerische, aus freier Hand vollendete Portraits, insbesondere solche, welche mit Hülfe der Oelmalerei hergestellt sind, werden indessen immer ihren besondern Werth behalten, wenn sonst sie in Bezug auf Charakteristik und und Individualität den Eindruck vollkommener Aehnlichkeit auf den Beschauer hervorrufen.

Wir unterscheiden hierbei hauptsächlich die Art der Behandlung nach deutscher oder französisch-flämändischer Manier. Erstere, als deren Begründer wir Holbein bezeichnen möchten, arbeitet aus dem Licht in das Dunkle, während die Letztere aus dem Schatten in das Halbdunkel und Helle zu malen bestrebt ist.

Unsere voran gegebene Anweisung bezüglich der Untermalung auf Seite 26 und der Uebermalung auf pag. 32 wurde im Sinne der Art, wie man an deutschen Kunstakademien das Portraitfach zu lehren pflegt, auch demgemäß gegeben und deshalb sei es an dieser Stelle vergönnt, in Kürze der Art zu gedenken, wie Franzosen in vorherrschend realistischer Auffassung ihre Portraitbilder zu behandeln pflegen.

Dort wird der Kopf des zu malenden Portraits zuerst in

den Augenhöhlen unterhalb der Backenknochen und des Kinnes mit Citin (Asphalt) angelegt, die daneben liegenden tiefen Fleischtöne aufgetragen und dann erst zu den lichtern Hauttinten übergegangen.

In der Regel erscheint ein so angelegter Kopf plastischer als diejenigen, welche aus dem Lichte in die Schatten vermalt werden, doch kann man bei richtiger Handhabung beider, von Grund aus verschiedenen Arten kaum der Einen oder Anderen als solchen, den Vorzug geben; da es sich im einzelnen Falle doch nur um den Grad der Geschicklichkeit handelt, mit welcher der Vortrag ausgeübt wird.

Jene Hauptaufgabe, die Aehnlichkeit des Originals möglichst vollkommen und getreu wiederzugeben, kann auf beide Weisen im gleichen Grade erreicht werden, während die Bilder der deutschen Schule muthmaßlich einer Gefahr des zu starken Nachdunkelns weniger ausgesetzt sein dürften, als dies bei den in französischer Behandlungsart gemalten Portraits der Fall ist.

Manche bedeutende Coloristen der letzteren Schule pflegen auch die Köpfe der Portraits blau in blau zu untermalen und erst bei der folgenden Uebermalung lebenswahre Töne aufzusetzen, wodurch in der Carnation ungemein feine Uebergangstinten erzielt werden.

In dieser Richtung bestimmte Anweisung zu geben, bleibt ein Ding der Unmöglichkeit, da der einigermaaßen fortgeschrittene Portraitmaler immer innerhalb jener Grenzen seine Technik sich durchbilden wird, wie sie seinem Gefühle und den erlangten Fertigkeiten am Meisten entspricht.

Die Landschaft.

Allgemeines.

Die Landschaftsmalerei zählt im Allgemeinen mehr Liebhaber als die Malerei des Portraits und abgesehen davon, daß sie von dem eigentlichen Künstler, mag er sich auch einem andern Fache der Kunst mit Vorliebe zuwenden, nie ganz vernachlässigt werden darf, ist sie in der That derjenige Zweig, in welchem der Anfänger nicht nur die schnellsten Fortschritte machen, sondern auch der Dilletant am frühesten ein einigermaßen befriedigendes Resultat erzielen kann.

Der Landschaft gegenüber bewegt sich die Portraitmalerei in sehr engen Grenzen, so mannigfaltig, wir möchten sagen launenhaft die Natur in ihren Schöpfungen ist, so ausgedehnt ist der Spielraum, welcher dem Landschaftsmaler bei der Wahl seiner Objekte belassen ist. Nicht jede Gegend ist gleich reich an malerischen Einzelheiten, aber keine ist auch ganz davon entblößt, es kommt blos auf die künstlerische Auffassung an, die auch da noch Reiz auffindet, wo das Auge des unempfänglichen Beschauers keine entdeckt. Wir erinnern an die Landschaft Tennier's und anderer Maler der niederländischen Schule; wie gut verstanden sie es, nicht nur den Charakter ihres Landes, sondern ihm auch jenen Reiz wieder zu geben, der eine gewisse Rechtfertigung der Darstellung, wir möchten sagen die Darstellungswürdigkeit in sich schließt.

Hauptsächlich muß sich der Anfänger gewöhnen, in der Landschaft überall Farbe zu sehen, wie dies dem Auge des nüchternen Beschauers in der Regel nicht eigen zu sein pflegt. Alle grünen Töne der Vegetation, welche beispielsweise im Frühling vorherrschen, können nur bedeutend moderirt in der Farbe wiedergegeben werden, will man nicht mit der Darstellung einen komischen Eindruck hervorrufen und in die Manier jener Marktbilder verfallen, welche aller Orten dutzendweise zu kaufen sind.

Jede Landschaft vervielfältigt sich nicht nur durch de

Einfluß der Jahreszeiten, sondern auch durch den des Lichtes; die warmen Tinten des Sommers contrastiren sehr lebhaft mit den kalten des Winters; — Morgen und Abend wiederum prägen sich in Rücksicht der Beleuchtung deutlich genug aus u. s. f. Die heitere durchsichtige Luft des Südens erzeugt eine ganz andere Farbenbildung als der graue bedeckte Himmel des Nordens und die nackten Felsenwände einer spanischen Sierra contrastiren nicht minder mit den saftigen Triften in Deutschland, als die einsame verbrannte Haide mit unermeßlicher Fernsicht mit einer waldumschlossenen Ufergegend. Alle aber sind an sich malerisch, verstehen wir nur, sie mit dem Auge des Künstlers zu betrachten! Vermögen wir dies, so werden wir nie um Motive für unsern Pinsel in Verlegenheit sein, mögen wir uns nun befinden, wo wir wollen, und mag unsere Gegend auch noch so arm an malerischen Schönheiten erscheinen.

Bevor aber der Anfänger nach der Natur zu malen versucht, muß er durch fleißiges Copiren sich bereits genügende Fertigkeit erworben haben. Die Composition der Farben, an sich zwar immer gleich und denselben Gesetzen unterworfen, ist doch bei der Landschaft viel mannigfaltiger, als beim Portrait, und Vieles ist hier zu beobachten, worauf aufmerksam zu machen wir dort keine Gelegenheit hatten. Lernen wir dies jetzt näher kennen. In den meisten Fällen lassen sich bei der Landschaft folgende Theile unterscheiden: Der Vordergrund, der Mittelgrund, die Ferne oder Hintergrund, die Luft und die Staffage. Mit Bearbeitung der Luft wird der Anfang gemacht, und nachdem das Bild stufenweis vollendet ist, bildet der Vordergrund und nach ihm die Staffage den letzten Theil der Arbeit. Einzelne Künstler malen auch beim Scizziren nach der Natur zuerst Figuren und Staffage, weil diese am deutlichsten hervortreten, die hellsten Lichter und tiefsten Schatten haben, legen dann alles Uebrige im Localtone der Landschaft an und verschärfen zuletzt Licht und Schatten. Auch bei der Landschaft wird untermalt, genau und ebenso sorgfältig wie bei dem Portrait, doch kann man auch sehr gut, besonders kleine oder Bilder von mittlerer Größe prima malen und sich nur einzelne kleine Ueberarbeitungen, die fast nie zu vermeiden sein werden, vorbehalten. Die Luft und die Ferne müssen prima gemalt werden, wie wir bald näher sehen werden.

Einige Studien der Landschaftsmalerei durch Zeichnen nach der Natur in deren Einzelheiten, Umrissen und Schattirungen.

Man bemühe sich vor allen Dingen verschiedene Baumstammarten mit Aesten und Zweigen zu zeichnen, und wird dabei finden, wie verschiedenartig das Geäste sich darstellt, in welchen ungleichen Winkeln sich die Stämme und Aeste kreuzen, wie sich dieselben viel verschieden in ihrer Art ausbreiten, verschlingen und ruthenartig auslaufen.

So verschieden das Geäste ist, zeigen sich auch die entsprechenden Blätterparthien, sowie sich dieselben bilden; an der Eiche buschartig um den Zweig, an der Buche flach an ihren Seiten heraustretend, oder die Ahornzweige, welche sich fächerförmig übereinander schichten.

Ein Beispiel.

Nehmen wir der Deutlichkeit wegen ein bestimmtes Bild an, um an diesem den Gang der Bearbeitung zu zeigen.

Von einer sanften Anhöhe zur Linken, worauf eine Hütte unter Büschen versteckt liegt, zieht sich ein Weg, zum Hintergrunde von Buschwerk besäumt (Mittelgrund) und verliert sich im Gebüsch des Vordergrundes zur Rechten. Aus letzterem erheben sich ansehnliche Bäume. Den Vordergrund rechts bildet ein nach links verlaufender Weg, der einen Bach begrenzt, welcher unter Felsblöcken hervorkommt. Die Ferne ist links ein Höhenzug und rechts die See. Die Luft ist heiter und nur leicht bewölkt, die Beleuchtung kommt von der Rechten. Diese Composition ist eine absichtliche, um später Gelegenheit zu haben, die Behandlung der einzelnen Objekte zu zeigen.

Haben wir die Zeichnung mit Bleistift oder Sepia in

ihren Umrissen auf der Maltafel vollendet und finden wir nichts mehr daran zu verändern, so nehmen wir die Palette zur Hand und setzen vorläufig die Farben, welche wir zur Luft gebrauchen: Weiß, Ultramarin oder Kobalt, Neapelgelb und Krapplack, lichten Oker, gebrannten lichten Oker und Kernschwarz darauf. Weiß gebrauchen wir viel, von den übrigen Farben weniger. Wir mischen aus Kobalt, Blau und Weiß den tiefsten Ton, der in unserm Beispiel, da die Beleuchtung von rechts kommt, links ben aufgetragen werden muß. Wir tragen nun einen etwa ½ bis 2 Zoll breiten Streifen auf, der nach rechts verläuft, etwa in dieser Form |‾‾‾, setzen mittelst des Spachtels etwas Weiß und Neapelgelb oder lichten Oker zu und legen einen anderen lichteren Streifen darunter u. s. f. Nach und nach nähern wir uns auf diese Weise dem Horizont und ist zugleich unser Luftton immer leichter geworden, so daß er unbeschadet seiner Reinheit nun einen Zusatz von Neapelgelb oder lichtem Oker vertragen kann, ganz wenig aber, damit der blaue Ton in den gelben unmerklich verläuft. Wie wir nun durch Zusatz von Weiß den ursprünglichen Luftton immer höher hielten, geben wir ihm jetzt durch mehr Zusatz von lichtem oder später auch gebranntem lichten Oker einen immer wärmeren Ton, bis wir so den Horizont erreichen; dies ist in unserm Beispiel Wasser auf der rechten Bildseite. Der Höhenzug zur Linken war schon bei den letzten aus Blau und Weiß zusammengesetzten Tönen erreicht worden. Indem wir Berliner, d. i. preußisches, oder Pariser Blau nehmen und durch Zusatz von Weiß, Neapelgelb oder lichtem Oker wieder einen höheren Ton geben, fahren wir fort, das Wasser in derselben Weise zu bearbeiten, wie die Luft, nur umgekehrt, so daß, wenn wir das den Weg begrenzende Buschwerk erreichen, das Wasser einen entschieden bläulichen Ton erhalten haben wird. Lüfte können nur mittelst Kobalt oder Ultramarin, dem kalten Blau, Wasser durch Berliner oder Pariser, dem warmen Blau dargestellt werden. Tritt in Folge dessen eine Disharmonie der Farben ein, so werden die Lüfte durch warme Lasurtöne — am besten vermittelst Indischgelb —

zusammengestimmt. Das Gefühl des Malenden wird ihm, bei einiger Praxis, bald den richtigen Weg finden lassen. — Wir gehen sogleich zur Ferne über, hier der in's Wasser hineinragende Höhenzug, nehmen einen der Lufttöne, welche wir übrig behalten haben werden, und componiren durch Zusatz von Weiß und Krapplack einige violett-bläuliche Töne. Zur Luft muß die Farbe kräftig oder pastös sein, zur Ferne aber schwach, wir setzen deshalb Oel hinzu, und mittelst weniger Pinselstriche stellen wir den Höhenzug dar, so täuschend, daß er sich wirklich in weiter Ferne zu verlieren scheint.

Machen wir jetzt eine kleine Pause. Auf den Wege, welchen wir zurückgelegt haben, geriethen wir einmal an Bäume und dann an Wolken. Wir sparten beide und bemühten uns, unsern Farbenüberzug möglichst schwach an ihren Umrissen zu halten, doch nicht so, daß wir diese zu berühren ängstlich vermieden hätten, im Gegentheil, wir gingen theils wenig, theils mehr, je nach Befinden darüber hinaus, immer aber mit wenig Farbe. Jetzt componiren wir auf der Palette die Töne zu den Wolken aus den noch übrig gebliebenen Tinten und arbeiten diese in die Luft gleichsam hinein; die hier nur schwach aufgetragene Farbe erleichtert uns diese Arbeit um so mehr, da wir auch zu den dunkleren Wolkenparthieen durch Zusatz von etwas Kernschwarz nur einen wenig mit Farbe gefüllten Pinsel gebrauchen; wir erreichen bald die nothwendigen sanften Uebergänge, behalten uns vor, die Lichtparthieen durch einige kräftige Touchen noch zu heben und haben nur noch übrig, die Farben vorsichtig zu verschmelzen, dies geschieht, wie oben beim Portrait angegeben, zuerst durch einen breiten Borstenpinsel und dann durch den Dachspinsel.

Eine einigermaßen bewölkte Luft läßt sich durch prima Malen mit der in der Natur erscheinenden Feinheit und Durchsichtigkeit überhaupt nicht erreichen. Hierzu bedarf es sehr durchgeführter Untermalung und sorgfältiger Lasuren, um in so zarten Tönen das plastische Bild der Wolkenformation wiederzugeben.

Jetzt reinigen wir die Palette und setzen noch folgende

Farben auf: Judisch-Gelb, dunklen Oker, Goldoker, gebrannten dunklen Oker, Casseler Braun, Preußisch Blau, immer von den Lichtstrahlen zu den Schattenfarben übergehend, das Weiß über dem Daumenloch. Zunächst mischen wir die Farben, für den Baumschlag Neapelgelb, Casselerbraun und Kernschwarz, durch Zusatz anderer Farben modificirt, für die Stämme, die Hütte, den Weg ꝛc. und beginnen mit ersterem, soweit er bei der Luft bereits gespart ist. Von nun an kann man untermalen, und bemüht sich alsdann, Alles so warm als möglich zu halten. Die Bäume arbeitet man gleichsam in die Luft hinein (doch kann dies nur mit dem Erfolg klarer Zeichnung geschehen, wenn die Luft trocken ist) und haben wir zu diesem Zwecke die Farben in ihrer Nähe schon sehr dünn aufgetragen, die Farbe zum Baumschlag selbst muß flüssig, sonst wird dieser nie locker, der Pinsel dazu muß breit oder gestutzt sein, das Wie läßt sich unmöglich beschreiben, jeder Maler hat dabei seine eigene Manier, auf die es weiter nicht ankommt, wenn nur der Zweck erreicht wird. Vor Jedem anderen muß darauf geachtet werden; daß der Baumschlag anfänglich durch mäßige Behandlung von Licht und Schatten gehörig modellirt werde, die Details des Blatt- und Astwerks, finden sich dann später bei der Ausarbeitung. Alle feinen Ausladungen an Baum- und Buschwerk, nicht belaubte Aeste und Zweige können nur dann in die Luft gemalt werden, wenn diese ganz trocken und bis auf die letzten Lasuren fertig modellirt ist. Nähern wir uns so mehr und mehr der Vollendung unseres Bildes, so werden wir die Farben mit immer größerer Sicherheit wählen. Auf unserm Beispiel haben die großen Bäume zur Rechten, die außer der Beleuchtung liegen, einen viel kälteren Ton als jene zur Linken, welche beleuchtet werden, die Hütte steht mit der Giebelseite vollständig im Licht, so auch der nach dem Vordergrunde rechts sich heranziehende Weg. Das denselben begrenzende Buschwerk, da es auf der uns abgewendeten Seite beleuchtet ist, muß einen sehr warmen Ton zur Unterlage haben, und wird am besten nach vorheriger Untermalung in einmaliger Bearbeitung fertig. Die großen

Baumstämme zur Rechten erfordern eine besonders fleißige Ausführung, betrachten wir einen solchen alten Stamm in der Natur; er ist förmlich bunt durch Moose, abgestorbene Borke, Astlöcher ꝛc.

Es bleibt uns nunmehr nur noch der Vordergrund, links die Felsblöcke mit der Quelle, rechts ein Weg. Dieser letztere liegt durch das ihn umgebende Buschwerk vollständig im Schatten, er unterscheidet sich deshalb lebhaft durch Tiefe des Tones von dem anderen Wege, welcher von der Hütte nach dem Vordergrunde verläuft; das Wasser der Quelle, nur zum Theil beleuchtet, muß einen blaugrünen Ton erhalten. Bei dem einen, wie bei dem andern wird der Anfänger auf mannigfache Schwierigkeiten stoßen, etwas Mühe werden ihm auch die Felsblöcke geben. Zu diesen mische man sich einige warme Tinten und vermeide anfänglich alle Details, bis erst das Ganze durch naturwahre, wenn auch mangelhafte Färbung eine gewisse Gestalt gewonnen hat, alsdann erleuchtet man nach Maßgabe des hierher gelangenden Lichtes, vertiefe die Schatten des Vordergrundes mittelst Asphalt oder Mumie, und da Steine an feuchten Orten in der Regel bemoost sind, so werden einige gelbe und grüne Töne von guter Wirkung sein. Im Allgemeinen wird ihm diese Behandlung des Vordergrundes viele Schwierigkeiten darbieten, deshalb kommen wir später darauf zurück.

Schatten und Lichtvertheilung beruhen bei der Darstellung der Landschaft auf ganz bestimmten Normen, welche unter allen Umständen eingehalten werden müssen, soll die Perspective des Bildes nicht verloren gehen. Wir unterscheiden Vorder-, Mittel- und Hintergrund von denen je Einer oder Zwei in Licht oder Schatten zu stellen sind. Nehmen wir beispielsweise an, der Vorder- und Hintergrund befinden sich im Schatten, dann soll der Mittelgrund des Bildes in vollem Lichte stehen, oder Vorder- und Hintergrund sollen hell beleuchtet werden; in diesem Falle müßte der Mittelpunkt im Schatten erscheinen. Nur durch richtige Vertheilung von Hell und Dunkel ist in der Landschaft malerische Perspective zu erzielen, wobei die Berücksichtigung der Wolkenschatten von bedeutender Wirkung ist. Alle diese Andeutungen lassen sich indeß in keine so bestimmte Form bringen, um daraus eine feste Lehre ableiten zu können; das eigene Studium an guten Originalen und später nach der Natur, in selbstständiger Weise, werden dafür immer der beste Führer bleiben.

Von den Lüften.

Schon oben haben wir bemerkt, daß die Luft in einer Landschaft anfänglich prima gemalt werden müsse, was aber dem Anfänger selten gelingt, und daß dieses seinen Grund hatte, wird zum Theil schon aus obigem Beispiel klar geworden sein. Wir gehen jetzt näher darauf ein, theils um über die Technik ein mehreres zu sagen, theils auch um auf Verschiedenes aufmerksam zu machen, was einem Anfänger nicht sogleich beifallen dürfte, ihm zu wissen aber nothwendig ist.

Betrachten wir den Himmel in der Natur, so finden wir besonders wenn er heiter ist, daß er in der Nähe der Sonne am lichtesten bleibt, daß wenn die Sonne sich mehr dem Horizonte zuneigt, er im Zenith am dunkelsten ist und gegen den Horizont hin einen helleren Ton annimmt. Schneiden wir nun mittelst eines gedachten Rahmens ein Stück Landschaft aus, so wird in der einen Ecke oben die dunkelste, in der entgegengesetzten unten die lichteste Stelle sein, doch findet sich in der Regel in Folge der von der Erde aufsteigenden Dünste unmittelbar über dem Horizont eine Nebelfläche, welche der Maler nicht außer Acht lassen darf. Malen wir eine heitere Luft, so haben wir, wie wir oben bereits sahen, an der dunkelen oberen Ecke anzufangen, um durch Zusatz von Weiß nach und nach zu den lichten und unter Umständen später zu den warmen Tinten zu gelangen, wenn sich die Sonne z. B. zum Untergange neigt. Zum Malen einer heiteren Luft muß die Farbe dick (pastös) und der Pinsel zur Genüge mit ihr angefüllt sein; und geschieht

der Auftrag mittelst einer tupfenden, besser noch einer gleich=
mäßig zackenförmigen ∧∧∧ Bewegung, wodurch der Pin=
sel, ein möglichst großer Borstenpinsel, die Farbe gleich=
mäßig absetzt. Immerhin sei man aber vorsichtig und suche
gleichmäßig aufzutragen, man erschwert sich sonst die Arbeit
des Vertreibens. Es ist nicht nöthig, daß man zu ängstlich
eine gerade Linie festhalte, auch gehe man mit dem helleren
Ton immer etwas in den dunkleren hinein; die Wolken
spare man und halte in ihrer Nähe die Farbe ganz dünn,
eben so verfährt man bei den Bäumen. Kleinere Zweige
und einzelne Parthieen muß man nothwendig übergehen, die
Zeichnung bleibt unter den blauen Lufttönen schon sichtbar,
sobald sie nur mit Bleistift ausgeführt ist, was der An=
fänger immer thun muß. Die Ferne bearbeitet man mit
der Luft gleichzeitig. Hat man in dieser Weise die Luft
vollendet, so nimmt man einen andern großen, nicht zu
weichen Borstenpinsel, giebt ihm durch Druck mit dem
Finger die Form eines Beesens und übergeht nun mit
leichter Hand die Luft nach allen Richtungen, immer jedoch
in einer gewissen Ordnung, z. B. erst in wagerechter (=),
dann in schräger (//), diagonaler Richtung und umgekehrt.
Man wird bald die ganze, vordem rauhe Fläche geebnet
haben und werden nur noch die Striche des Borstenpinsels
sichtbar sein, doch auch diese verschwinden unter dem flüchtig
darüber geführten Dachspinsel sehr leicht; anfänglich be=
schreibt man mit ihm in schneller drehender Bewegung kleine
Kreise, dann geht man wagerecht über die ganze Fläche.
Dies ist die Art und Weise eine Luft zu malen, und wird
sie geschickt gehandhabt, was Farbenmischung und Vertrei=
bung betrifft, so darf auch nicht die mindeste Härte und
kein Uebergang wahrnehmbar sein.

Sanfte Uebergänge, wie solche bei Morgen= und Abend=
beleuchtung vorkommen, sind nur mit dem Vertreibpinsel zu
erzielen. Wird z. B. ein feuriger Sonnenuntergang bei
klarer Luft dargestellt, dann finden wir in den aufzutragen=
den Tönen alle Farben des Regenbogens. Der Horizont
der Landschaft wird vom feurigem Roth umsäumt, diesen
folgt Orange, Gelb, Grün, Violett und im Zenith des

Bildes tiefes Azurblau. Nur mittelst des Vertreibens lassen sich die zarten Uebergänge dieser zum Theil widersprechenden Töne so herstellen; daß für das Auge ein wohlthuender, harmonischer Schmelz entsteht.

Die Wolken arbeitet man in die Luft hinein, mit wenig Farbe, und giebt ihnen hierbei schon ihre natürliche Form. An der der Sonne zugewendeten Seite müssen sie beleuchtet werden; dies geschieht durch den entsprechenden warmen Luftton und kann man hierbei die Farbe etwas stark auftragen, der Dachspinsel unterstützt uns später, um die einzelnen Rundungen herauszubringen.

Zu einer reinen Luft kann man Ultramarin verwenden, doch auch Kobaltblau in Ermangelung desselben. Am zweckentsprechendsten wird es in vielen Fällen sein, die Untermalung durch eine Mischung mit Kobaltblau vorzunehmen und dann, wenn diese getrocknet ist, mit Ultramarin zu lasiren. Beide geben einen sehr reinen, aber etwas kalten Ton, und oft wird man in dem Falle sein, ihn durch Zusatz einer Okerfarbe etwas dämpfen zu müssen, so namentlich bei abendlicher Beleuchtung, überhaupt bei allen Bildern von warmer Färbung. Zu einer heitern Winterlandschaft paßt das reine Ultramarin und Weiß wieder sehr gut, z. B. auch zu einer Gebirgslandschaft. Es bedarf nur dieser Andeutungen, um den aufmerksamen Anfänger vor größern Mißgriffen zu warnen. Diese Behandlung schließt nicht aus, daß solche reine oder kalte Lüfte durch warme Lasurtöne in jene Stimmung gebracht werden, welche dem Gesammtlocalton des Gemäldes entsprechen.

Das Auftragen einer reinen Luft hat nur geringe Schwierigkeiten gegenüber der Composition einer stürmischen Luft, in welcher sich gar kein oder doch nur eine sehr kleine Stelle Blau befindet. Der Anfänger schafft oft wunderliche Dinge und nennt diese Wolken, sie gleichen aber eher jedem anderen Gegenstand als diesen. Man kann nicht auf's Gerathewohl darauf losarbeiten, sondern muß sich die Sache wohl überlegt haben, und die Entschuldigung, daß es in der Natur auch so sei, ist nicht stichhaltig. Der Natur gegenüber sind der Malerei, selbst als treuer Nachahmerin derselben, gewisse Grenzen gezogen, und namentlich in dem vorliegenden Falle. Man frage sich nun, so oft man den Himmel betrachtet, ob die zuweilen sehr wunderliche Wolkenbildung sich wohl darstellen ließe, und oft genug wird man mit Nein antworten müssen.

Auch ein umwölkter Himmel hat seine Lichtseite, dies darf nicht außer Acht gelassen werden; eben so wenig eine regenfeuchte Atmosphäre, durch welche alle Gegenstände dem Auge näher gerückt und deutlicher erscheinen. Die Ferne in einer Regenlandschaft muß daher etwas härter gehalten werden, als dies bei reiner Luft geschehen dürfte, und erfordert in Bezug auf die Details eine sorgfältige Behandlung.

An jenen Stellen des Aethers, welche das tiefste Himmelblau zeigen, werden auch die daselbst schwebenden Wolken am tiefsten gefärbt sein. In dem Grade also, in welchem gegen den Horizont zu die Luft leichter gefärbt erscheint, darf auch das Gewölk nur leichter modellirt und lichtfarbener erscheinen. Jene zarten und zum Theil verschwommenen Uebergänge, durch welche sich die Conturen der Wolkenbildungen auszeichnen, sind nur durch Lasuren in der Weichheit darzustellen, wie wir sie in der Natur, insbesondere bei Gewitterbildungen finden.

Vom Baumschlage und der Landschaft im Allgemeinen.

Die Behandlung der Bäume haben wir schon oben oberflächlich berührt; wir wiederholen hier, daß die Technik sich durchaus nicht beschreiben läßt, entweder muß man Gelegenheit suchen, einen Maler arbeiten zu sehen, oder man muß selbst eigene Versuche machen. Hat man sich aber erst mit der Eigenthümlichkeit der Handhabung des Pinsels vertraut gemacht, so arbeitet sich nichts leichter und schneller, als gerade der Baumschlag, und zwar in den meisten Fällen selbst ohne Untermalung. Man legt die entsprechende Tinte darunter und arbeitet gleich darauf fort. Gerade hierdurch erreicht man oft eine schöne Durchsichtigkeit und Lockerheit.

Große Bäume in den Vordergründen freilich untermalt man stets. Man hat verschiedene Pinsel dazu nöthig und muß sie sich zustutzen; breit, stumpf, eckig, je nach der Art des Baumschlages.

Auffallender Mangel einer Landschaft würde sein, wäre der Baumschlag auf dem ganzen Bilde nach einer Manier behandelt, da doch anzunehmen ist, daß sich Bäume verschiedener Gattung darin befinden. Leider trifft man diesen Fehler nicht selten, und der Anfänger ist nicht genug zu warnen, sich von vornherein an eine bestimmte Manier zu gewöhnen. Eine Eiche unterscheidet sich in der Natur, selbst in gewisser Entfernung noch deutlich von einer Buche und zwar nicht nur in der Zweig- und Stammbildung, sondern auch in der Art und Weise des Laubwerks und seiner Gruppirung. So soll es auch auf dem Bilde sein. Nicht nur im Vordergrunde soll man die Gattung der Bäume erkennen können, auch in bedingter Ferne des Mittelgrundes noch muß uns dies ohne Mühe möglich sein.

Der junge Künstler soll den Baum, den er studiren will, aus einiger Entfernung aufnehmen; wenn er sich eine kleine Blattparthie zeichnen resp. durchstudiren will, so muß er sich unmittelbar in die Nähe begeben, um dieselbe recht genau aufzufassen. Dies ist unter allen Umständen nöthig, durch charakteristische Formen der verschiedenen Bäume, wie sie sich zeigen, lernt der junge Anfänger besser unterscheiden.

Wenn man die Studie eines Baumes zeichnen will, so möge man stets den nahe liegenden Hintergrund mit leichten Linien oder Conturen angeben, um sich den Maßstab der zurückstehenden Gegenstände in seinen Gedanken zu befestigen.

Weiter müssen bei einer Landschaft nicht allein die Bäume, sondern auch Felsparthieen, Bergzüge, mögen sie nah oder fern liegen, beobachtet werden, sogar ist darauf zu achten, wenn sich entfernte Bergzüge als Silhouetten zeigen; dadurch lernt der junge Künstler Terrains kennen.

Um Alles dies richtig kennen zu lernen, müssen die Gesetze der Perspective und ihre Construction studirt werden.

Diesem folgt das Studium der Wolken; dieselben sind fortwährend beweglich und verändern sich stets, darum ist es schwierig, sie genau zu zeichnen oder nachzumalen. Ebenso ist dieses Studium wichtig im Betreff der Formen des Gewölks, wie sich die Witterungsverhältnisse an den klimatischen Bodeneinflüssen charakterisiren. Das Blau des Himmels ist immer ein verschiedenes, somit ist es nöthig, alle diese Studien nach der Natur mit Farben nachzuahmen und wiederzugeben.

Der junge Künstler muß beim Zeichnen nach der Natur und bei ruhigem Wetter größere Parthien in Zusammenhang bringen, weil die Beleuchtungen veränderlich sind, man kann sich nur 1—1½ Stunden lang an eine Wolkenstudie fesseln lassen, um die ersten Auffassungen im Gedächtniß festzuhalten, in diesem Zeitverlauf sind die Veränderungen nicht so überraschend; ist am folgenden Tage das Wetter ein ähnliches, so kann man dieselben Studien weiter verfolgen; im Uebrigen kann man im Laufe des Tages bei veränderten Wolkenparthien neue Studien auffassen, dadurch bekommt man die erforderliche Uebung.

Schon die Verschiedenheit der Bäume an sich bedingt eine abwechselnde Färbung, noch mehr Einfluß aber auf letztere hat das Licht, und dieses ist so mannigfach, daß sich bestimmte Regeln schlechterdings nicht aufstellen lassen. Im Allgemeinen wird man die gebrochenen grünen Tinten verwenden können, so ist z. B. gebrannte Terra di Siena oder Stil de Grain, in vielen Fällen der praktisch richtige Ton, für die Untermalung. Mit grüner Erde kann man eine unglaubliche Menge der zartesten Töne für den Baumschlag componiren, namentlich für die Ferne, und gebrannte grüne Erde liefert einen sehr schönen warmen Ton für Untermalung von Bäumen und Buschwerk, wenn diese namentlich von der entgegengesetzten Seite beleuchtet werden. Die Töne für fernes Buschwerk componire man nur aus Ultramarin und Krapplack, dahingegen preußisch Blau bei den Vordergründen vorzuziehen ist.

Der Ton der Zweige muß stets mit der Lokaltinte des Laubwerks in Harmonie sein, sie mögen nun hervortreten oder zurückweichen. Immer arbeite man sparsam Grün hinein und vermeide einen zu warmen braunen Ton sowohl als einen zu kalten grauen. Man suche nicht ängstlich einen Zusammenhang der einzelnen Zweige herstellen zu wollen, der Baum würde dadurch nur ein steifes Ansehen erhalten; wo sich bei Bearbeitung des Laubwerks fast von selbst ein Zweig zu bilden scheint, knüpfe man gleichsam an, der schon etwas Geübtere wird gleich verstehen, was wir meinen, schwinge ihn weiter und versäume nicht, hin und wieder, namentlich bei schwächer beleubten Bäumen, zarte Ausläufer und feine Ausladungen des Blattwerks noch in die Luft hinein fortzusetzen.

Der Grundton für jeden Baumschlag in der Oelmalerei bleibt Stil de Grain und lac d'olive (grüner Lack.) Leider werden diese beiden werthvollen Farbstoffe mit unendlichen Varianten in den Handel gebracht. Baumparthien mit hellgrünem Lack untermalt und nach Trockenwerden mit Stil de Grain und Asphalt in den einzelnen Theilen durchgeführt erlangen eine Durchsichtigkeit, wie solche auf keine andere Weise wieder erreicht werden kann; zudem ist diese Art der Behandlung für den Ausführenden beinahe mit größerer Leichtigkeit verknüpft, als jede andere Manier.

Bei dieser Gelegenheit mag nicht in Abrede gestellt werden, daß für jeden Anfänger die Behandlung des Baum= schlags eine Hauptschwierigkeit in der Landschaft bildet. Zeichnen und aufmerksames Malen nach der Natur werden hierbei immer die besten Lehrer bleiben, am Meisten aber hüte man sich vor Nachbildungen solcher Motive nach Photo= graphien, da letztere bei Naturaufnahmen in der Regel zu schwarz ausfallen und den Nachbildenden dadurch nur zu leicht verleiten, auf Irrwegen zu gehen. Bei massigen Baumwipfeln ist es häufig angezeigt, das Laubwerk in vollen Zügen anzulegen, und nachdem die Malerei getrocknet ist, vereinzelte Lichtungen mittelst spitziger Haarpinsel und har= monirender Lufttöne hineinzusetzen. Bisweilen wird mit diesem Verfahren eine größere Ruhe in den Baumparthieen erzielt, als wenn deren Ausladungen auf das Minutiöseste ausgeführt werden. Fleißig und gut durchgeführte Studien nach der Natur zu malen bleiben die reellsten Anleitungen.

Steine und Mauerwerk.

Bei Steinen, Felsen, Mauerwerk ꝛc. kommen durch Unregelmäßigkeiten und die Menge kleiner Vertiefungen sehr viele Details vor, die mühsam zu malen wären, wenn man sich nicht sonst mechanisch helfen könnte. Hier arbeitet man am besten, wenn die Farbe recht trocken, und so pastös aufgetragen wird, daß die Oberfläche der Farben etwas ungleichmäßig wird. Nachdem das Ganze getrocknet ist, wird es mit Lasurfarben übermalt und mit dem Finger oder einem feinen Lappen alles, was man mit leichter Mühe wegbringen kann, abgewischt, in den Vertiefungen bleibt dann noch Farbe zurück, und für den mit dieser Praktik nicht Vertrauten erscheinen so behandelte Stellen außerordentlich ausgeführt, während sie doch gerade so behandelt die wenigste Zeit erfordert haben. Manche Maler bedienen sich auch beim Malen von Mauerwerk des Spachtels, wie der Maurer seiner Kelle und Farbe, nachdem wird mit der Lasur wieder ebenso verfahren; die Technik ist bei beiden Verfahrungsweisen etwas schwierig, man kommt aber endlich dahinter, die Franzosen verstehen sich auf diese Kunststückchen ganz vortrefflich.

Im Gegensatz zum Portraitbilde läßt sich bei einiger Praxis nicht verkennen, daß beim Darstellen einer Landschaft mancherlei auf Zufälligkeiten beruht, welche geschickt benutzt, häufig eine kaum glaubliche Wirkung hervorbringen. Wie wir bereits am Eingange dieses Artikels erwähnten, gilt dies besonders von Felsparthien, altem Gemäuer, und steinreichen Terrains, welche von künstlerischer Hand dem Zufall anheimgestellt, bisweilen in überraschender Naturtreue dargestellt sind, während oft dabei kaum ein Pinsel, sondern Spachtel und Finger in Anwendung gekommen sind. Derartige Bravouren, welche man nicht leicht auf Academien und in Ateliers lehrt, können von ungeübter Hand nicht versucht werden und setzen mannigfache Studien nach der Natur voraus.

Von dem Vordergrunde.

Den unstreitig schwierigsten Theil einer Landschaft selbst bildet der Vordergrund, und wenn der Maler den ganzen übrigen Theil seines Bildes in wenigen Stunden beendigt, so wird er zu diesem die doppelte Zeit gebrauchen. Es ist begreiflich, daß, je näher ein Gegenstand dem Auge gebracht wird, desto mehr die Details hervortreten; dies ist hier der Fall, und der Vordergrund einer Landschaft kann in der That deren eine solche Menge enthalten, daß ihre Behandlung nicht allein Fleiß, sondern sogar Geduld erfordert. Man kann sich die Sache erleichtern und Vieles übergehen, dies ist wahr und geschieht auch häufig genug, den Werth seines Bildes wird man aber dadurch gewiß nicht erhöhen. Wir mögen nehmen, was wir wollen, und wenn es der einfachste Weg ist, der in gewisser Entfernung einzig als solcher sich darstellt, so muß sich auf dem Vordergrunde deutlich wahrnehmen lassen, ob es z. B. ein Sandweg ist, oder ob die Wagenräder ihre Spuren im Boden zurückgelassen haben. Der Rasen, welcher in der Ferne nur allein durch seine grüne Farbe als solcher hervortritt, muß auf dem Vordergrunde mit Sorgfalt ausgearbeitet werden und die einzelnen Grasspitzen und Halme unterscheiden lassen. Die Fenster einer Hütte werden, befindet sich dieselbe in einiger Entfernung, nur durch einen dunkleren Farbenton angedeutet, der Vordergrund erfordert, daß wir dieselben deutlich mit Glas, Sprossen, Blei u. s. w. sehen können u. dergl. m. Nicht allein aber die sorgfältigere Ausführung des Einzelnen bedingt größeren Fleiß, sondern auch die Menge der Dinge selbst, die sich im Vordergrunde gewissermaßen häufen. Man kann des Guten in allen Stücken zu viel thun, so auch hier; weit häufiger aber wird in sonst leidlichen Bildern die Oede und Leere (durch mangelnde Ausführung) des Vordergrundes auffallen, und der Anfänger namentlich ist auf nichts so sehr bedacht, als möglichst schnell und ohne Mühe darüber hinweg zu kommen. Der Wunsch, sein Bild zu beendigen, ist oft so lebhaft, daß man mit einer gewissen Blindheit darauf losarbeitet, um andern Tages gewahr zu werden, daß man nicht nur umsonst gearbeitet, sondern die bis dahin leidlich gelungene Arbeit sogar verdorben hat. Dann fehlt in der Regel Lust, die nun doppelt schwierige Arbeit wieder aufzunehmen, und das Bild bleibt, wie es ist — halb fertig. Man thue sich deshalb Gewalt an, stelle lieber, gelangt man im Laufe des Tages an den Vordergrund, die Arbeit ein und gehe andern Tages mit frischer Kraft daran; auch nehme man sich nicht vor, diesen oder jenen Theil in einer gewissen Zeit schlechterdings zu beendigen, sondern begnüge sich lieber mit Wenigem, und sehe nur darauf, daß es befriedigend ausfällt.

Der Vordergrund darf, wie wir schon oben erwähnt haben, nicht öde und leer, sondern muß entsprechend durchgeführt voll Details sein. Man male nun, was man wolle, immer müssen wir darauf bedacht sein, unsern Bildern einen möglichst detaillirten Vordergrund zu geben. Wie in vielen Stücken dienen uns auch hier die alten Niederländer als Muster. Abgesehen davon, daß Niemand es besser verstand, Bilder durch Figuren zu beleben, ist auch die Anordnung aller Gegenstände so ungezwungen passend, daß, wir möchten sagen, Alles auf den ersten Blick in's Auge, dabei aber nichts auffällt.

Beim Vordergrunde bestrebe man sich vor allen Dingen, Eintönigkeit zu vermeiden, hier können wir unter Umständen von den lebhaftesten Tönen Gebrauch machen und sind genöthigt, Kontraste, aber nur für das Auge angenehme, zu schaffen, wenn anders nicht das Leben unserm Bilde fehlen soll. Den Gebrauch des großen Dachspinsels vermeide man ganz, und male im Gegentheil lieber mit mehreren weichen Borstenpinseln, wenn sonst die Striche mit einer gewissen Keckheit geführt werden und die Wahl der Farben eine richtige ist, thut dies dem Bilde nicht nur keinen Eintrag, sondern erhöht ohne Frage den Reiz für's Auge. Die Spitzen des Rasens stellt man mit einem harten unebenen Borstenpinsel dar, den man unter mehr oder weniger scharfem Drucke aufwärts schnellt, mit einem kammartig geschnittenen feinen und einigen spitzen Haar-Pinseln hilft man dann nach, mit letztern malt man auch sehr leicht Binsen und Gestrüpp.

Zur Ausführung einiger Gegenstände wird man dünnflüssige, zu andern wieder möglichst starke Farbe gebrauchen: wozu gerade die eine oder die andere passend ist, wird sich auch dem Anfänger bald deutlich machen, im Ganzen halte man den Vordergrund markig, ohne gerade ein Reliefbild zu machen, die Gegensätze von Licht und Schatten müssen sich auf's Stärkste ausprägen, doch dürfen auch hier wie allerwärts die Grenzen nicht zu scharf hervortreten, und muß immer noch der Unterschied zwischen Malen und Zeichnen festgehalten werden.

Die Detailbehandlung des Vordergrundes bedarf der Unverdrossenheit und Ausdauer, zugleich muß darauf geachtet werden, daß trotz markiger Behandlung und bestimmt eingehaltener Contouren, volle Harmonie der Farbe herrscht. In den meisten Fällen werden hier Licht und Schatten die kräftigste Vertheilung finden; es mag deshalb des Lehrsatzes wiederholt Erwähnung geschehen, daß den höchsten Lichtern die intensivsten Schatten gegenüberstehen. Die energischsten Farben wie Kassler Braun, gebrannte Terra di Siena, Goldocker, Asphalt, Mumie u. s. w. finden auf diesem Terrain Verwendung, wogegen die zarten Lufttöne des Mittel- und Hintergrundes fern bleiben. Auch der Vegetation können einzelne Drucker von grünem Zinnober, theilweise mit Indischgelb vermischt, zugetheilt werden, denn je kräftiger der Vorgrund gehalten ist, um so wirksamer werden sich die scheinbaren Distancen des Mittel- und Hintergrundes davon abheben.

Die Staffage in der Landschaft.

Alles nicht ausschließlich zur Landschaft selbst Gehörige in einem Bilde nennen wir die Staffage im weitern Sinne, so z. B. gehört der vor einer Bauernhütte stehende Pflug auch zur Staffage; im engern Sinne verstehen wir jedoch darunter die Figuren, welche in einem gewissen Grade Handlung in das Bild bringen, oder es beleben.

Eine Landschaft ohne jegliches lebende Wesen macht auf den Beschauer einen weit weniger günstigen Eindruck als eine Andere, welche Handlung hat. Dergleichen Figuren in einem Bilde anbringen, nennen wir „das Bild staffiren".

Es ist ein wichtiger Punkt und erfordert nicht nur Umsicht, sondern auch poetisches Gefühl, eine Landschaft passend zu staffiren. Oft sind zwar die Anlässe im Bilde selbst gegeben, oft aber auch genügen diese nicht, immer aber ist dem Maler ein weiter Spielraum gelassen, durch geschickt angebrachte Staffage den Werth seiner Arbeit um ein Bedeutendes zu erhöhen.

Wir besitzen eine große Zahl von Landschaftsbildern, in welchen die Wichtigkeit der Handlung, wenn nicht den Werth des landschaftlichen Theils des Bildes überwiegt, so doch ihm die Wage hält, bei denen man sich frägt, hatte der Maler die Absicht, die Landschaft zu malen, oder legte er mehr Werth auf die Handlung, welche in ihr vorgeht. Solche Arbeiten haben wir hier nicht im Auge, sondern nur die eigentliche Landschaft, der durch Figuren Leben und erhöhter Reiz verliehen werden soll.

Zu dieser gehört die Spezies der historischen Landschaft, in welcher, durch historisch treu behandelte Figuren, ein geschichtlicher Stoff ausgedrückt oder eine bestimmte, der Weltgeschichte entnommene Aktion dargestellt werden soll. Derartige Arbeiten können nur von geübter Künstlerhand zur Ausführung gebracht werden; sie erfordern ebenso viel Studium als artistische Fertigkeiten und liegen damit außer dem Rahmen unserer Betrachtung.

Es gab und giebt wohl noch sehr tüchtige Landschaftsmaler, welche nicht im Stande waren, die kleinste Figur in ihren Bildern anzubringen, und für welche diese Arbeit Freunde übernehmen mußten; dies ist immer ein Mangel, der große Abhängigkeit bedingt und rathen wir deshalb dem Anfänger, sich zeitig genug diejenige Fertigkeit anzueignen, welche ihm hier volle Selbstständigkeit sichert und sich namentlich fleißig im Figuren-Zeichnen zu üben.

Componirt man frei nach Motiven, gleichviel, wo man dieselben findet, so wird man stets genöthigt sein, die Staffage dazu selbst zu schaffen. Dazu ist nöthig, daß man sich mit den Gebräuchen und besonders den Trachten desjenigen Landes vertraut macht, von welchem wir eine Gegend darstellen wollen. Der ungarische Hirt ist ein anderer als der deutsche und auch hier im eigenen Lande haben wir auffällige Unterschiede in den Trachten. In eine Schweizerlandschaft gehören Schweizer und keine deutsche Bauern als Staffage und so umgekehrt. Die Gegensätze sind hier etwas schroff gewählt, das ist richtig, und kaum ein Anfänger dürfte sich bis zu so argen Mißgriffen vergessen, es giebt aber weniger in die Augen springende, gegen welche von geübten Malern oft genug gesündigt worden ist. Um dies anschaulicher zu machen, wollen wir für einen Augenblick die Landschaft verlassen und zur freien Composition abschweifen.

Hier finden wir häufig genug Dinge in einem mittelalterlichen Zimmer, die zu der Zeit, welche das Bild repräsentirt, noch gar nicht bekannt waren. — Z. B. haben unsere gemüthlichen Schwarzwälder Uhren gar manchmal das Schicksal gehabt, in eine Zeit versetzt zu werden, zu welcher Peter Hele die Uhren noch gar nicht erfunden hatte, der Form gar nicht zu gedenken, die in den ersten Zeiten nach der Erfindung natürlich eine ganz andere war, als heutzutage. Dergleichen kann uns auch und sehr leicht in der Landschaft passiren, nicht allein in Bezug auf die Staffage, sondern auch auf andere Dinge. Jedes Land hat seine Eigenthümlichkeiten, welche sich in dem Bilde ebenso scharf ausprägen müssen, als sie in der Wirklichkeit vorhanden sind. Hierher gehört namentlich die Bauart und Bedachung der Gebäude, die Gruppirung der Bäume und dergl. mehr.

Die Figuren müssen der Größe des Bildes nicht nur entsprechend sein, sondern auch in Bezug auf Nähe und Ferne das richtige Maß halten, welches zu finden dem Anfänger nicht ganz leicht sein dürfte, und eine besondere Schwierigkeit wird sich ihm noch dadurch darbieten, daß er sie ohne vorherige Zeichnung wird auftragen müssen. Man nehme einen feinen Haarpinsel, mache eine dunkle Farbe, z. B. Asphalt oder Mumie flüssig und lege mit diesem Tone die Figur erst ganz leicht an, ohne alle Details, so erhält

man einigermaßen eine Unterlage. Die Farben selbst müssen
markig und so gewählt sein, daß sich die Figur scharf von
dem Bilde abhebt. Nur im Vordergrund und bei größern
Bildern kann man die Figuren sparen, und dann ist besondere
Sorgfalt auf das Fleisch zu verwenden, namentlich auf die
Hände, denn mit dem Kopfe wird auch der weniger Geübte
noch eher fertig. In kleinen Bildern und in einiger Ferne
verschwinden alle Details, die Richtigkeit der Zeichnung wird
aber selbst dann noch, und sollten die Figuren nur einen
Zoll groß sein, streng erfordert und Verstöße dagegen machen
sich nur zu leicht bemerkbar.

Am zweckmäßigsten sind staffirende Figuren in der Land=
schaft immer in jenen Theilen angebracht, in denen sich
größere Schattenparthien befinden. Man beleuchtet dieselben
in solchen Fällen von der Lichtseite, wodurch sie sich kräftig
abheben und dem Blicke des Beschauers nicht leicht verloren
gehen. Das Colorit solcher Gestalten ist lebhaft, aber nicht
unruhig zu halten, damit der Harmonie des Bildes kein
Eintrag geschieht.

Außergewöhnliche Beleuchtung.

Bisher haben wir nur von gewöhnlich beleuchteten
Bildern gesprochen, es giebt aber auch deren mit außewöhn=
licher Beleuchtung, z. B. Nachtstücke, durch den Mond be=
leuchtet 2c., die natürlich einen großen Aufwand von Kunst
erfordern, dafür aber bei geschickter Ausführung ungemeinen
Reiz haben. Ein durch ein Feuer beleuchtetes Nachtstück
macht einen herrlichen Effect, sobald das Motiv dazu paßt.
Unsere Gegend ist in der Wirklichkeit arm an solchen
Scenen; im Süden begegnet man ihnen häufiger, die besten
Kunstwerke dieser Gattung haben wir auch von dort und
scheinen sie ihr Entstehen der eigenen Anschauung dort statt=
findender Scenen, welche dem nächtlichen Leben unmittelbar
entnommen sind, zu verdanken. Wir erinnern nur an die
Bilder Salvator Rosa's. — In Spanien z. B. vereinigt

die Schaafschur eine zahlreiche Menschenklasse alljährlich in den Gebirgen, die bei loderndem Feuer unter lärmenden Gelag die Nächte verbringen. Man denke sich Zigeuner, Hirten, Weiber, alle ist malerischer Tracht um ein Feuer gruppirt, dazu die grelle Beleuchtung. Ein Anfänger darf sich nicht an solche Bilder wagen, die überdies nicht mehr zur Landschaft zählen; weit eher wird es ihm aber gelingen, eine Mondscheinlandschaft zu malen, nur studire er zuvor einige gute Stücke genau und copire erst, sonst möchte er am Ende sein Bild aus Weiß, Schwarz und Oker componiren. Die Monotonie b. h. der Mangel an Colorit oder Farbe ist nämlich die Klippe, an welcher der Anfänger bei solchen Versuchen in der Regel scheitert. Nichts beweist schlagender die Richtigkeit unserer oben vom Licht und Schatten und ihrer Wechselwirkung gegebenen Erläuterung, als eine vergleichende Untersuchung der Mondbeleuchtung. Der Mond, welcher selbst nur das Sonnenlicht reflectirt, muß uns natürlich ein viel weniger intensives Licht geben, und wird dasselbe, wenn wir z. B. die Hälfte annehmen, auch eine um die Hälfte verminderte Einwirkung in Bezug auf Licht und Schatten nicht nur, sondern auch auf die Farben überhaupt äußern. Und dies ist in der That der Fall. In demselben Maße, als die Beleuchtung beim Mondschein schwächer ist, ist auch die Tiefe der Schatten geringer. In Bezug auf die Farben tritt dies noch viel deutlicher hervor, ihre Verschiedenheit prägt sich bei weitem nicht so kräftig aus. Alles hat einen grau-grünlichen Ton, der nicht fähig ist, auf andere Gegenstände zu reflectiren. Deshalb begrenzen sich auch Licht und Schatten ziemlich scharf, da die Reflection in dem Lichte schon fast auf Nichts reducirt, der Schatten ganz aufhört, eine Wechselwirkung also, wie beim Sonnenlichte, nur bei klarem Vollmondschein stattfinden kann. Was die Gegensätze von Licht und Schatten betrifft, so muß hier der Maler geschickt vermitteln; in den Schatten prägt sich keinerlei Farbe bestimmt aus, gleichwohl muß er sie doch den Lichtpartien analog behandeln, und bei letzteren hat er alle Aufmerksamkeit daranf zu richten, trotz der nur wenig nüancirten Färbung doch kein monotones Bild zu liefern.

Ist das erforderliche Studium für Mondscheinlandschaften oder solche mit Doppelbeleuchtung vorangegangen, dann wird der Anfänger auch bei den ersten Versuchen kaum irre gehen, wenn er es vermeidet, ungemischte Töne von Weiß und Schwarz auf dem Bilde anzubringen. Weder kaltes noch warmes Schwarz, d. h. weder Kern- noch Beinschwarz sollen von der Palette aus vermalt werden. Ist das Gemälde vor seiner gänzlichen Vollendung in Folge dessen zu farbig gerathen, dann können die Stellen mit Hülfe von dünnem Schwarz so lasirt werden, daß jene dämmernde Stimmung eintritt, wie wir solche bei mondhellen Nächten in der Natur zu sehen gewöhnt sind.

Eine vom Mond beleuchtete Gegend, namentlich wenn sie an sich schon malerisch ist, übt einen unbeschreiblichen Reiz auf Auge und Gemüth aus, gleichwohl hat es seine großen Schwierigkeiten, sie naturgetreu im Bilde wiederzugeben. Zum Theil haben wir diese in dem eben Gesagten schon kennen gelernt, mehr aber noch bestehen sie in dem Mangel von Details, die wir nur im nahen Vordergrunde haben. Auf wenige Schritte schon verschwinden diese gänzlich, und ein Baum oder Gebüsch ist wohl noch als solches erkennbar, oder auch nichts weiter, sei es nun beleuchtet oder im Schatten. Man könnte einwenden, daß dies auch nicht nöthig sei, da wir eben nur die Natur, wie sie ist, wiederzugeben haben; dann kommen wir aber, wie wir oben schon Gelegenheit hatten zu bemerken, darauf zurück, daß nicht Alles, was in der Natur als schön gilt, auch im Bilde darstellbar ist. Dies bezieht sich unter Beschränkungen besonders auch auf die Mondbeleuchtung; man beobachte daher genau, beschränke oder erweitere, je nachdem es erforderlich scheint, und studire, wie wir nicht oft genug anempfehlen können, die Werke guter Meister, welche meistens in der hier angegebenen Weise von diesen gearbeitet worden sind.

Von der Perspective.

In der Landschaft haben wir es außer den drei Projectionslinien, welche den Vorder- von dem Mittelgrund und diesen von dem Hintergrund trennen, so wie derjenigen, welche den Horizont begrenzt, zunächst mit der Luftperspective zu thun oder der genauen Abwägung des Einflusses von Licht und Luft, welche sich zwischen die einzelnen, den Inhalt des Bildes ausmachenden Gegenstände legen, auf Ausprägung der Details und namentlich auf die Färbung. Die Anschauung selbst nicht nur, sondern auch das Gefühl des Malers müssen hier manche Regeln ersetzen, die, wollte man sich mit ihrer Aufstellung befassen, sich bis in's Unendliche vervielfachen würden. Eine reine Luft fernt leichter als ein bedeckter Himmel, bei welchem die Perspective dadurch am besten erzielt wird, daß die Wolken so gemalt werden, als wenn sie coulissenartig übereinander zu liegen scheinen, näher dem Vordergrunde zu, dunkler und kräftiger, nach dem Horizonte hin duftiger und matter im Ton, und ist namentlich die Atmosphäre voll Feuchtigkeit, kurz vor oder nach einem Regen, so werden alle Gegenstände in der Natur dem Auge näher erscheinen und sich viel deutlicher ausprägen. Die Herbstluft ist oft ungemein klar und durchsichtig, weit seltener die im Sommer, wo die Erde stärker ausdünstet und die Ferne, besonders Morgens und Abends, in Nebel gehüllt ist. Im Winter, auch bei der klarsten Luft, ist oft die Aussicht beschränkt, kurz jedes Bild, je nach seinem Inhalte und der Art und Weise seiner Auffassung, wird andere perspectivische Anforderungen an den Maler machen, die ihre Erledigung, wie wir oben bereits erwähnten, lediglich in dem richtigen Gefühl desselben finden.

Anders verhält es sich bei Bildern architectonischen Inhaltes, bei geschichtlichen Compositionen, wo Raum und Entfernung nicht nur nach mathematischen Gesetzen zu messen sind, sondern auch diesen entsprechend die Färbung geregelt sein muß. Hier unterscheidet man streng zwischen Linear- und Farbenperspective, beide treten in Wechselwirkung und das Mangelhafte der einen bedingt die Werthlosigkeit des Ganzen. Die Linearperspective hat die Aufgabe, jeden Punkt des gegebenen Raumes in die richtige perspectivische Proportion zu bringen oder die Verkürzung der geraden Linie richtig darzustellen. Angenommen also, der Ort der Handlung sei ein Zimmer, so ist nicht nur dieses, sondern auch sein ganzer Inhalt, lebender und lebloser, denselben optischen resp. mathematischen Gesetzen in der Zeichnung unterworfen und diesen analog in Licht und Schatten sowie in der Färbung zu behandeln. Jeder beliebige Gegenstand oder Raum kann nun aber von drei verschiedenen Gesichtspunkten aus aufgefaßt werden; einmal von oben (ichnographisch, Vogelperspective), dann von der aufrecht stehenden Seite, im Profil (orthographisch), und endlich halb von der Seite; diese letztere, weil sie fast ausschließlich bei der Malerei ihre Anwendung findet, nennt man deshalb die Malerperspective. Oben, bei Untersuchung der geeignetsten Stellung eines Modells für den Portraitmaler haben wir schon, ohne die Gesetze der Perspective näher zu berühren, über Malerperspective gesprochen, und was dort aus naheliegenden Gründen sich gewissermaßen von selbst ergab, wird für den Genre- oder Historienmaler kurzweg ein Gesetz der Nothwendigkeit, wohl verstanden jedoch nur in Bezug auf das Ganze seines Bildes.

Wir besitzen eine große Zahl von werthvollen Arbeiten der tüchtigsten Künstler, welche nur die Perspective zum Zweck haben, z. B. das Innere von Kirchen, weiten Hallen, überhaupt Architekturstücke, bei welchen die Täuschung wahrhaft frappant ist, z. B. von den Italienern Andr. Pozzo und Zaccolini, von den Niederländern van Bronkhorst, van Steelen, Neefs u. A., und man nennt diese auch einfach Perspectiven.

Die Photographie hat uns die erste praktische Bestätigung geliefert; daß die zeitherige wissenschaftliche Lehre von der Perspective eine vollkommen richtige gewesen ist. — In keinem Gemälde, auch in der freiesten Landschaft, welche nur Gegenstände der Natur darstellt, dürfen die Grundregeln der linearen, oder der farbigen Perspective verletzt werden, wenn das Bild nicht den Eindruck der Wahrheit entbehren soll. So wie die Gesichtswinkel des Auges den darzustellenden Gegenstand erfassen, muß derselbe auch getreu wiedergegeben werden, wobei in jenen landschaftlichen Zeichnungen, welche keine Architectur enthalten, die Einhaltung einer richtigen Projection der aus dem Vordergrund zum Horizont verlaufenden Linien die Hauptaufgabe bleibt.

Für unsern Zweck möge das Gesagte genügen, da ein Anfänger sich schwerlich an dergleichen Arbeiten wagen wird.

Fernere Rathschläge zur Landschaftsmalerei.

Durchschnittlich wird Neapelgelb, Oker und Indischgelb mit Berlinerblau für grüne Farbentöne zum Mischen verwendet, von vielen andern Malern werden die grünen Zinnober mit befriedigendem Resultat gebraucht.

Man bediene sich des Cadmium, wenn die Okerfarben und Neapelgelb oder Indischgelb nicht ausreichend wirken. Diese Farben bleiben stets die reellsten für grüne Mischungen.

Ebenso bildet die mehr oder mindere Mischung von grünen Zinnober mit Indischgelb werthvolle Töne für die Behandlung eines landschaftlichen Vordergrundes, nur sollen Cadmium sowohl wie Zinnober im Ganzen sparsame Anwendung finden.

Das Grüne zu den Bäumen und Flächen, welche sich weiter in der Ferne befinden, müssen immer mehr und mehr mit der Luftfarbe gemischt werden, um sich allmälig zu verlieren.

Ueber den Anfang, eine Landschaft zu malen.

Man trägt zunächst in Contouren die Zeichnung auf die Leinwand mit Kohle oder Bleistift; ist die Auffassung gut gelungen, so bediene man sich eines spitzen Pinsels und schwarzer Tusche, noch besser Sepia und ziehe damit die Conturen nach.

Jede Zeichnung auf Malerleinwand mit Bleistift soll durch harten Crayon geschehen, da weicher Graphit vom Korn der Leinwand zu stark angegriffen wird und damit die Contouren zu schwer und unrein erscheinen.

Für den Anfänger erscheint es vortheilhaft, nach dem Aufzeichnen und beim Beginn des Malens die Farben mit etwas Leinöl verdünnt aufzutragen und in dieser Weise das Bild mit voller Auffassung so genau als nur möglich wiederzugeben; zuerst die Luft, dann die Fernen und endlich der Hinter- und Vordergrund. So behandelte Untermalungen werden am besten auf licht grundirter Leinwand hergestellt.

Alle Entfernungen müssen stets mit den Luftfarben zu gleicher Zeit gemalt werden.

Man darf bei der Vollendung des Einzelnen nie die Wirkung des Ganzen aus den Augen verlieren, dann wird man im Stande sein, ein Gemälde harmonisch zu vollenden. Da die Luft auf Alles in der Landschaft stark einwirkt, so sind die lasirenden Farben an gewissen Stellen anwendbar, unbeschadet dessen kann ein guter Landschafsmaler seine Gedanken auf die Gesammtwirkung richten und darauf hinarbeiten.

Es ist ganz besonders günstig, die Baumschlagparthien je nach der dichteren oder dünneren Menge von Blättern anzulegen. Ebenso sind dann später die engern, geringen oder gar nicht transparenten Parthien im Schatten mit und ohne Einwirkung der Luft und Lichter zu versehen. Man muß sich nur in Acht nehmen, daß nicht Schärfen und Härten in diese so aufgesetzten Lichter kommen.

Ueber Verhältnisse, die sonstigen Eigenthümlichkeiten einer Gegend und deren Charakteristik.

Es werden uns Eigenthümlichkeiten von Gegenden vor Augen gestellt, welche nur Naturforscher oder Reisende aufgefunden haben; mithin werden uns Landschaftsgemälde aus allen Ländern zugeführt. Immerhin ist es doch vortheilhaft, wenn sich das Schöne an gewisse Linien und Erscheinungen fesselt, und sich in Formen zeigt, die allem Unnatürlichen entgegentreten.

In der Staffage ist es selbstredend, daß die Baulichkeiten genau dem betreffenden Lande entnommen dargestellt sind, es ist somit für den jungen Künstler wünschenswerth, wenn ihm in jeder Beziehung Naturtreue in einem guten Kunstwerke vorgeführt wird.

Manche Landschaftsmaler lieben vorherrschend, auf alte Gemälde neuere Meisterwerke zu malen; wieder Andere bestreichen erst die zu bemalende Fläche mit ganz dicken pastösen Farben und ist die Farbe ganz trocken geworden, so zaubern sie ihr Kunstwerk darauf hin, aber jungen Künstlern ist dieses Verfahren entschieden abzurathen.

In der Landschaftsmalerei sind außer ungewöhnlichen Erscheinungen, welche das Licht und die Luft hervorbringen, auch neuere Elemente hinzukommen. Die alten Meister wie van der Neer, Poussin, Claude Lorrain u. a. m. haben wesentlich in der Wiedergabe der Schönheiten der Natur ihr Streben vollendet. Die Nachahmung der Natur konnte dadurch allerdings nur eine reale, naturgetreue werden. Es hat wohl einerseits die Ausbildung der Oelmalerei zu dieser Entfaltung wesentlich beigetragen, andererseits ist auch die allgemeine geistige Strömung unserer Zeit, welche die Wissenschaften eingenommen, dieser Entstehung durchaus günstig gewesen.

Es ist heute Bedürfniß in der Malerei, alle bei der Landschaft vorkommenden Gegenstände, als Bäume, Kräuter ꝛc. ihrer Eigenthümlichkeit nach wieder zu erkennen.

Da nun in der Genre-, Historien- und Portraitmalerei die Darstellung der Menschen- und Gegenstände die Hauptaufgabe bleibt, und die verschiedenen Beleuchtungen nur das Material dazu sind, so hat in der Landschaftsmalerei dasselbe Material gleiche Bedeutung.

Alle vorstehenden Andeutungen bergen aber so große Mannigfaltigkeiten in sich, daß für den speciellen Bedarfsfall kaum eine Anweisung gegeben werden kann. Dem Anfänger soll nichts weiter als der Weg angedeutet werden, wie er durch Beobachtung und Nachbildung solcher detaillirten Nüancirungen allmälig zur Vervollkommnung gelangen kann.

Es bedarf in der Landschaftsmalerei bei sorgfältiger Durchführung des Vordergrundes einer solchen Art und Weise, daß deren Nachbildung freilich öfter einen kleinlichen Charakter trägt, aber nicht umgangen werden darf, wenn das Gemälde nicht roh erscheinen, sondern einen Anspruch auf artistischen Werth haben soll. Der Grad der Ausführung muß indeß lediglich dem persönlichen Gefühl des Schaffens überlassen bleiben; sogenannte „Stimmungsbilder" entbehren der Details öfters ganz und ersetzen durch Zauber einer guten Farbenharmonie jede minutiöse Durchbildung der einzelnen Theile.

Für das Landschaftszeichnen giebt es ganz vortreffliche Vorlegeblätter von Calme u. a. m., durch welche der Anfänger Gelegenheit hat, sich eine richtige Behandlung sowie Anschauung zu verschaffen. Aber nach der Natur zu zeichnen, bleibt stets das instruktiv Beste.

Malerisch-technische Winke.

Von dem Malerischen überhaupt.

Im Verfolg unserer kleinen Arbeit haben wir mehrmals zu der Andeutung uns veranlaßt gesehen, daß nicht Alles in der Natur malerisch sei, und wiederum findet sich oben auch die Bemerkung, daß kein Landschafter um Motive zu seinen Arbeiten verlegen sein könne. Wir wollen jetzt versuchen, den hierin enthaltenen Widerspruch zu rechtfertigen. Das Talent bedarf beider Hinweise nicht, da wir aber nicht Alle uns rühmen dürfen, mit gleicher Vorliebe von dem Genius bedacht worden zu sein, gleichwohl aber uns gedrungen fühlen, auch unsere schwachen Kräfte zur Geltung zu bringen, so möchte es wohl erlaubt sein, namentlich dem Anfänger gegenüber, zu untersuchen, wie weit obige Behauptungen gegründet sind.

Der Mensch muß Charakter haben, wenn wir ihm unsere Theilnahme schenken sollen; selbst dem schlechten Charakter können wir diese in gewissem Sinne nicht versagen, der gute aber, je nachdem wir ihm näher oder entfernter stehen, nöthigt uns Achtung und Liebe ab; er erregt unser Gefühl, und dieses kann sich bei dem schlechten Charakter bis zum Abscheu, bei dem guten bis zur schwärmerischen Hingabe steigern. Nun ist es eine bekannte Sache, daß der Charakter eines Menschen sich in der Regel auch in seinem Aeußern, namentlich im Gesicht, als dem Spiegel der Seele, ausprägt und zwar deutlich genug für Den, welcher sich gewöhnt hat, in diesem Spiegel den Charakter zu erforschen, oder gleichsam wie durch ein magisches Glas in die Seele Dessen zu sehen, welchem er eigen ist. Die Schönheit oder Häßlichkeit hat hierin nichts gemein, im Allgemeinen wird aber der Gesichtsausdruck des edlen Charakters, wenn nicht schön im strengen Sinne des Wortes, doch angenehm, fesselnd sein, während andererseits der Gesichtsausdruck des Bösen immer mehr oder weniger etwas Abstoßendes haben dürfte, der Ausdruck des Charakterlosen ist aber nichtssagend, er möge nun schöne oder häßliche Züge haben. Es folgt hieraus, daß der Maler mit schärferem Auge sehen muß, als dies im gewöhnlichen Leben der Fall ist, wo man mit einander nur zu häufig verkehrt, ohne Ursache und Zeit zu haben, den sittlichen Werth gegenseitig abzuwägen. Uebung thut hier sehr viel, und hat er diese in solchem Grade erlangt, daß er das Charakteristische in seinem Gesicht sogleich erkennt, so hat er nicht nur Motive zum Malen genug, sondern die von ihm gelieferten Bilder werden selbst Charakter haben, ohne vielleicht gerade „Charakterbilder" zu sein. Die fleißigste Behandlung, das wahrhafte Colorit kann den Charakter eines Bildes nicht ersetzen, und einem solchen gegenüber, selbst wenn seine Ausführung allen künstlerischen Anforderungen entspräche, wird es immer unbedeutend bleiben. Das eben giebt den Bildern von Rubens, Rembrandt und anderen großen Meistern, die oft, was die Technik betrifft, flüchtig behandelt sind, ihren großen Werth.

Es hat nun jedes Volk etwas Charakteristisches, eine Type, welche in besonders scharfer Ausprägung bei ihm hervortritt, und wie wir den Splitter stets in des Nächsten

Auge stets eher gewahr werden, als den Balken in unsern eigenen, ist es uns in der Regel weit leichter, die charakteristischen Eigenthümlichkeiten eines uns fremden Volks aufzufassen und wiederzugeben, als die unseres eigenen. Durch den regeren Verkehr, welcher in neuerer Zeit die gebildeten Völker einander näher gebracht hat, namentlich auch durch die Mode, die von London und Paris, diesen beiden Centralpunkten der sogenannten Civilisation, ihren Weg mit der Schnelligkeit des Windes bis zum fernen Indien findet und vor deren Macht sich Alles beugt, hat sich das Charakteristische in der Kleidertracht nicht nur verloren, sondern haben sich auch die Nationalitäts-Unterschiede mehr oder weniger verwischt. Während in früherer Zeit (freilich rechnen wir hier nach Jahrhunderten) der Franzose in dem Einen sowohl wie im Andern noch deutlich genug von seinem Nachbar, dem Deutschen, sich unterschied, ist dies kaum heute noch der Fall, nur etwa mit Ausnahme der Landbewohner oder kleiner dem größern Verkehr und dem Zufluß von Fremden entzogen Landschaften. In Deutschland selbst traten früher die Unterschiede weit auffallender hervor als jetzt; es ist wahr, daß z. B. die Altenburger, die Tyroler und Schweizer zum Theil noch ihre alte Tracht beibehalten haben, und auch bei manchen andern Völksstämmen wird dies noch der Fall sein; wem fiele es aber nicht in die Augen, daß auch diese nationalen Eigenthümlichkeiten in kurzer Zeit ganz verschwinden werden? In den Städten findet man heut zu Tage nichts weiter als unsere sogenannte moderne Kleidung, und nichts kann weniger malerisch sein als diese.

Die Maler früherer Zeiten hatten es deshalb leichter: sie brauchten nicht zu suchen, Alles war ihnen gewissermaßen gegeben; nicht, das uns nur heute im Vergleich mit unserer Tracht die früherer Zeiten malerischer erscheint, sie war es an sich thatsächlich. Der Rundhut, der Schlapphut, das befederte Barett, das Wamms, der Mantel; dazu ein scharfes Gepräge des nationalen Typus, wo ist das Eine oder das Andere heute noch zu finden? — Was Wunder, wenn wir uns bei der figürlichen Darstellung des Vergangenen meist besser gefallen, als darin die Gegenwart wiederzugeben, wie sie ist; es liegt aber sehr nahe, daß nur das Gesehene, das Erlebte in ganzer Wahrheit oder doch weit leichter charakteristisch wiedergegeben werden kann, als Etwas, was uns die Phantasie mit Hilfe des Studiums erst schaffen hilft. Die Bauernstuben eines Ostade und Tennier's fesseln uns unbeschreiblich, wir können uns nicht satt sehen an diesen Bildern voller Leben und Wahrheit, so einfach sie auch an sich sind, wenn wir ihren Inhalt nicht gerade trivial nennen wollen. Sie waren aber aus unmittelbarer Anschauung hervorgegangen, „aus dem Leben gegriffen" ⁊c. Nicht, daß wir der Erfindung die Berechtigung versagen wollen; im Gegentheil anerkennen wir sie als den höheren Theil der Kunst, als das eigentliche Gebiet des Genies, und zollen mit andern Tausenden ihren Werken stille Bewunderung; dabei bleibt jedoch unsere Behauptung in Ansehung der Selbstanschauung nicht minder wahr, als die andere, daß die Jetztzeit der Vergangenheit gegenüber immer ärmer wird an charakteristischen Einzelheiten, und namentlich in Bezug auf das Genre und die Staffage.

Was die Landschaft betrifft, so muß auch sie einen bestimmten Charakter tragen, wenn sie den Anforderungen, die man an ein Kunstwerk zu stellen berechtigt ist, genügen will, und was bei ihr unter Charakter zu verstehen sei, haben wir theilweise schon oben näher erörtert. Jede Landschaft, sie mag einer Gegend entnommen sein, welcher sie wolle, hat etwas Charakteristisches; Norden und Süden, Gebirge, Haide ⁊c. kommt gar nicht in Frage, es versteht sich, daß auch hier eine mittelmäßige Arbeit hinter allgemeinen Anforderungen möglicherweise nicht zurückbleiben wird; das Charakteristische liegt tiefer, wird mehr empfunden als gesehen und bleibt dadurch Gefühlssache. Betrachten wir z. B. eine Landschaft von Tenniers: es ist ein Stück von Holland, leibhaftig, wir sehen und fühlen es zugleich; halten wir eine andere dagegen, z. B. eine Arbeit Claude Lorrain's — der Unterschied und Eindruck ist so auffällig, daß füglich nichts kritisches darüber gesagt zu werden braucht. Claude Lorrain ist übrigens eine Art König der Landschaftsmaler, kein anderer verstand die Tageszeiten so täuschend nachzuahmen und seine

Lüfte sind unvergleichlich; die leichten Wolken scheinen langsam über die Landschaft dahin zu schweben; aus allen seinen Bildern spricht eine wohlthuende Ruhe. — Es ist nicht genug, daß wir die Luft mit einer warmen Tinte abschließen und uns bemühen, Bäume und alles Uebrige in gedämpfter warmer Färbung zu halten, um den Abend darzustellen, man muß auch gleichsam die Abendglocke vom fernen Kirchthurm läuten hören; die Kühlung des schattigen Thales muß uns erfrischen, dem Wellenschlag des Gebirgsees und dem Schweigen des Waldes muß man zu lauschen vermeinen. Wem das sonderbar scheint und wem das Verständniß dafür fehlt, der wird zu mehr als gewöhnlichen Leistungen sich nicht emporzuschwingen vermögen.

Gar häufig und besonders auf Reisen macht man die Bemerkung, daß eine ganze Gesellschaft ihres Entzückens über eine herrliche Aussicht kein Ende weiß, und die bekannten Höhenpunkte, der Alpen, am Rhein, der sächsischen Schweiz, im Harz u. s. w. sind während der Reisezeit beständig von Reisenden heimgesucht. Die einen gehen, die andern kommen, und immer dasselbe Entzücken, namentlich bei den Damen. Das Fernrohr kann nicht schnell genug die Runde machen, man geräth förmlich in Streit, wenn einer die Thurmspitze eines entfernten Ortes entdeckt zu haben glaubt und ein Anderer ihm widerspricht und nach Jahren rühmt man sich noch, von diesem oder jenem Punkte aus die Thürme von *** gesehen zu haben. Was soll ein Maler dazu sagen? — Der Streit um die Thurmspitzen, fort und fort und sogar von intelligenten Leuten wiederholt, ist geradezu lächerlich; was kann wohl daran liegen, ob man weiß, ein mühsam durch Perspectiv aufgesuchter Punkt sei Dies oder Jenes? Das Entzücken über die herrliche Aussicht können wir eher passiren lassen, obwohl auch damit zeitweiliger Mißbrauch getrieben wird. Jede Rundsicht von einem Höhenpunkte hat etwas Erhebendes, und ist die Luft rein, so nehmen sich Dörfer und Städte, wie aus der Spielschachtel aufgebaut, gar niedlich aus. Für einen Maler, es sei denn ein solcher, welcher Panoramen anfertigt, ist aber dort wenig in brauch-

6*

baren Studien zu holen, die An- und Aussichten für sind ihm auf normalem Terrain näher zur Hand.

Der Anfänger verfällt fast immer in den Fehler, zu viel malen zu wollen, er versteht nicht, ein passendes Stück der Landschaft auszuschneiden. Die großen Fernsichten eignen sich seltener zur Darstellung, und Baumwipfel zum Vordergrunde zu malen vermeide man so viel als möglich. Wo findet er nun seine Motive?

Berg und Thal bieten dem Landschaftsmaler ohne Frage eine reichere Ausbeute als ebenes Land, nur wird ihm bei ersterem zuweilen die Ferne und bei letzterem der Vordergrund Verlegenheit bereiten: letzterer ist aber die Hauptsache, während die Ferne weniger nothwendiges Erforderniß ist. Schreiten wir durch die ebenen Felder, so gewahren wir in der Ferne vielleicht einige Dörfer, zum Theil in Buschwerk versteckt, einen Höhenzug oder einen dunkeln Waldstreifen, der Vordergrund fehlt uns. Nähern wir uns einem Dorfe, so kann unter Umständen schon Alles gegeben sein, weit sicherer aber finden wir dies im Dorfe selbst, und zwar in jedem, nur müssen wir, wie oben erwähnt, ein passendes Stück abzuschneiden verstehen und unter Umständen Veränderungen anbringen. An einem alten Bauerngehöft ist fast Alles malerisch: der schief in den Angeln hangende Thorweg, das moosbewachsene Strohdach, die niedere, den Einsturz drohende Wand mit darüber hängendem Gesträuch, der rothe Zaun ꝛc., es kommt nur auf richtige Auffassung und die gutgewählte Stellung an. Ein Brunnen, der Steg über den Bach, die Dorfkirche ꝛc. bieten fast immer passende Anknüpfungspunkte dar, und die geschickte Hand, durch malerisches Gefühl geleitet, schafft oft aus dem Gewöhnlichsten das ansprechendste Bild.

Maler und Dichter sind hier in derselben Lage: wie es dem Werthe des Gedichts an sich in keiner Weise Eintrag thun kann, daß die Wirklichkeit weit hinter der Schilderung zurückbleibt, so kann in gleicher Weise ein Bild nur gewinnen, versteht es der Maler, wirklich Malerisches, was die Wirklichkeit nicht bietet, ihm beizulegen, oder mit einem Worte, versteht er es, malerisch aufzufassen! Maß und Ziel ist natürlich auch hier nicht überschritten werden, und haben wir die Aufgabe, „etwas aufzunehmen," so versteht es sich von selbst, daß wie beim Portrait größtmöglichste Wahrheit zu erreichen unser Streben sein muß. Bei diesem letzteren Falle wird uns der Wechsel des Lichts im Laufe des Tages nicht wenig bei der Arbeit stören, wir werden deshalb genöthigt sein, haben wir uns erst für eine bestimmte Beleuchtung entschieden, Licht und Schatten uns anzumerken.

Den Wechsel der Tagesbeleuchtung behandeln wir an einer später folgenden Stelle (pag. 122) speciell und deshalb sei hier nur einiges Allgemeine über landschaftliche Beleuchtung beigefügt. Schatten und Licht müssen bei dem Entwerfen eines landschaftlichen Stoffes genau nach den dafür bestehenden optischen Gesetzen Berücksichtigung finden, jedoch ist es dem Landschafter vorbehalten, gewisse Freiheiten in dieser Richtung sich zu erlauben. Hauptsächlich beruhen diese auf der Anwendung von Wolkenschatten und dergleichen Lichtern. Mit Ersteren können im gegebenen Terrain ungemein plastische Wirkungen erzielt werden, während die Letzteren, als bloße Reflexe, nur mit Auswahl und Vorsicht zu gebrauchen sind. Wie die Lichter im Vordergrund der Landschaft markig, im Mittel- und Hintergrunde nach dem Grade der Entfernung aber zart anzuwenden sind, genau ebenso verhält es sich mit der Anlage der Schatten, deren Kraft durch das Dazwischentreten der Luftschichten moderirt wird. Gute Originale, noch mehr aber die Natur selbst, bieten auch in diesem Falle den besten Leitfaden.

Wie thöricht es ist, in einer Landschaft Felsen, Wasser, Ruinen und wer weiß was noch Anderes anbringen und durcheinander würfeln zu wollen, wird schon aus dem Vorhergehenden klar sein; wir müssen aber besonders darauf aufmerksam machen, da Anfänger fast ohne Ausnahme in diesen Fehler verfallen. Ein solches Bild gleicht einem herausgeputzten Gecken und ist, wie dieser, lächerlich, während Einfachheit der Darstellung Würde verleiht! Die nackte Haide von einem tüchtigen Künstler kann einen höheren Kunstwerth haben, als die belebte Dorfstraße u. s. w. Das Sprichwort: „Er sieht den Wald vor lauter Bäumen nicht", paßt auch gar manchmal auf junge Maler, die Waldgegenden darstellen wollen. Der Wald hat so gut seine Partien, malerische und nicht malerische, wie eine andere Landschaft, es kommt nur darauf an, die ersteren aufzufinden, und sie sind nicht selten, wenn man in der Nähe sucht. Ein ausgezeichneter Baum bietet oft den Anknüpfungspunkt, namentlich an einem Abhange oder Wege, es genügt, wenn die Bäume im Vordergrunde kräftig hervortreten, die zurückweichenden Partieen dürfen schon deshalb nur abstufend detaillirt werden, um dem Bilde die nöthige Tiefe zu geben, und ein vom Vordergrunde nach dem Hintergrunde verlaufender Weg macht in der Regel einen guten Effect.

Auch von der Behandlung der Bäume und der Darstellung von Waldbildern gilt, daß sie, um nicht monoton zu erscheinen, in effectvoller Beleuchtung zu halten sind, und daß der Grad ihrer Ausführung von Nähe und Ferne, also von den Luftschichten, welche dazwischen liegen können, bedingt ist. In der Regel pflegt der Wald bei einiger Entfernung im Schatten eine gleichmäßige bläulich violette Färbung anzunehmen, welche vereinzelte Conturen kaum mehr erkennen läßt, während gleichweite Fernen im Lichte noch detaillirte Zeichnung darbieten. —

So viel von der Landschaft, womit unser vorgestecktes Ziel beiläufig erreicht wäre. Absichtlich haben wir auch im Vorhergehenden auf das Genre und höhere Disciplinen keine Rücksicht genommen, weil einmal eine Anleitung zu dergleichen Arbeiten nicht gegeben werden kann, die nöthige Fertigkeit in Composition und Ausführung vielmehr durch Studium erworben werden muß, und weil anderntheils ein Anfänger sich nicht an dergleichen Arbeiten wagen soll. Höchstens wird er vermögen, solche Bilder zu copiren, selbst dann wird seine Arbeit dem Original gegenüber nur geringern Werth haben und es gar nicht eines Kennerauges bedürfen, um sie augenblicklich als Nachahmung zu bezeichnen. Dennoch können wir im Allgemeinen das fleißige Copiren nach guten Originalen dem Anfänger nicht warm genug empfehlen, wie wir es denn auch bereits oben zum Oeftern gethan haben; es wird ihn dies mehr und schneller fördern, als wollte er in zu großen

Selbstvertrauen gleich anfangen selbst zu schaffen, dies hieße laufen wollen, bevor man gehen kann. Freilich besteht der eigentliche Genuß, welchen die Ausübung der Kunst bietet, erst in dem eigenen Schaffen, naturgemäß muß aber die nöthige Uebung nicht nur an guten Vorbildern erlernt, sondern auch durch das Studium derselben der Geschmack bis zu einem gewissen Grade entwickelt und geläutert sein.

Die praktische Ausübung in der bildenden Kunst soll gleichen Schritt mit theoretischen Studien und der Reife des artistischen Urtheils halten. Dilletanten pflegen häufig zu wenig selbstschöpferisch zu sein, so, daß sie trotz Befähigung und Willenskraft in der **Theorie des Wollens**, mit der **Praxis des Könnens** — in Conflikt gerathen. Wir wollen deshalb allen Jenen, welche es mit künstlerischem Streben ernst meinen, nur rathen, ihre freien Stunden möglichst praktischen Arbeiten nach der Natur zu widmen, wobei eine gute Anleitung so lange, bis nicht eine gewisse Selbstständigkeit erlangt ist, vor Irrwegen schützt und den Fortschritt wesentlich fördert.

Das Zimmer des Malers.

Die Wahl des Zimmers, in welchem der Maler arbeitet, ist nicht ohne Belang und kommt Verschiedenes dabei in Frage, wenn er bestrebt sein will, Tüchtiges zu leisten. Vor allen Dingen ist darauf zu sehen, daß das Zimmer gegen Norden liege, die Beurtheilung der Farbe also durch einfallendes Sonnenlicht oder gegenüber befindliche Reflexe wie z. B. von der Sonne hell erleuchtete Häuserfronten nicht gestört werden kann, und daß es nicht etwa von zwei Seiten Licht durch Fenster erhält. Nur in einem Zimmer, welches diesen Anforderungen entspricht, vermag man nicht nur seine Arbeit jederzeit richtig zu beurtheilen, sondern auch seinem Modell die nöthige und richtige Beleuchtung zu geben, und selbst, wenn der Künstler sich nur auf Copiren beschränken sollte, wird er um passende Aufstellung des Originals der eigenen Staffelei, so wie der für die Copie bestimmten, gespannten Leinwand nicht in Verlegenheit sein. Was das Malen nach der Natur (nach dem Modell) betrifft, was sich, sobald vom Zimmer die Rede ist, mit seltenen Ausnahmen nur auf Portraits ꝛc. beschränken kann, so untersuche man ja die Wirkung des einfallenden Lichts genau, da in der Nähe befindliche Gebäude oder Bäume mitunter darauf einwirken. In allen Fällen wird man einen guten Effect erzielen, wenn man das Licht mehr von oben einfallen läßt, die untere Hälfte des in der Nähe des Modells befindlichen Fensters also verdunkelt. Die Entfernung, in welcher es sich vom Maler befinden muß, hängt lediglich von dem physischen Auge des letztern ab, doch gilt hier die Regel: „so entfernt als möglich", nur dürfen ihm solche Details, die zur Erreichung größtmöglichster Aehnlichkeit unerläßlich sind, nicht entgehen.

Die wirksamste Beleuchtung für Arbeiten der bildenden Kunst bleibt unter allen Umständen die Anwendung des Ober= oder Plafonds=Lichtes, doch ist den Wenigsten ein solches zugängig, da solche Ateliers für solche Zwecke eigens errichtet sein müssen. Landschaften sowohl als figuralische Motive können in solcher Beleuchtung außerordentlich realistisch dargestellt werden und es sind die bedeutendsten Kunstwerke der Neuzeit notorisch unter dieser Lichteinwirkung entstanden.

Ein dunkler Anstrich der Zimmerwände ist einem helleren, kalten Tone vorzuziehen, das Modell tritt auf einem dunkeln Hintergrunde besser hervor, doch giebt es noch mancherlei Hülfsmittel, etwaigen Uebelständen abzuhelfen, deren Erörterung uns hier jedoch zu weit führen würde.

Ueber das Schleifen der Oelgemälde und Firnisse.

Hat man bei der Untermalung die Farben etwas zu dick aufgetragen, so wird dies oft hinderlich, besonders wenn Correcturen nöthig werden sollten; man kann sich dann eines Messers bedienen und das Hochstehende fortkratzen, wem das aber noch nicht genügt, der nehme Ossa Sepia, kratze erst die harte Schale davon ab und schleife nun so lange mit Wasser, bis ihm sein Bild glatt genug vorkommt; ebenso verfährt man auch bei einer zu scharf gekörnten Leinwand, bei kleinen sauber zu behandelnden Bildchen. Das Abschleifen pastös übermalter Oelbilder und deren erneuerte Ausführung in möglichst delicater Weise ist zwar mühsam, wird aber oft von Meistern ersten Ranges innegehalten. Mit diesem Verfahren kann man entschieden die zarteste Ausführung in den Details und unvergleichliche Feinheiten am Colorit hervorbringen, jedoch erfordert ein solches Verfahren vervollkommneter Malerei ebenso viele Geschicklichkeit als Geduld. Will man Firnisse lackiren, so nimmt man ganz fein geriebenes Bimsteinpulver auf ein Stückchen Handschuhleder, dann ganz feinen Trippel zum Abschleifen, ersteres wird mit Wasser, der andere mit Baumöl angefeuchtet; die letzte Politur giebt man mit einem trockenen, ganz feinen Handschuhleder. Alles was man schleifen will, muß vorher sehr trocken sein, ob Firniß oder Oelfarbe bleibt sich gleich.

Trockenmittel oder Siccative.

Das schönste Trockenmittel ist das sogenannte Siccativ de Harlem, welches von den Niederländern schon seit ein paar Jahrhunderten angewandt wird; dessen Bereitung aber noch bis heutigen Tages ein Geheimniß geblieben ist. Der jetzige Eigenthümer desselben ist Mr. A. M. Duroziez in Paris, rue Mr. le prince 58, und hat das alleinige Depot für Deutschland die Farbenhandlung von Schlegl in Berlin, Leipzigerstraße 76, die eine kleine Flasche davon für 1,25 Mark verkauft. Man kann dieses Siccativ, da es ganz klar ist, auch als Gemäldefirniß gebrauchen, muß es aber mit rectificirtem Terpentinöl verdünnen.

Außer diesem giebt es noch manche Trockenmittel, die auch gut zu verwenden sind:

1) Ganz altes und am Lichte gebleichtes **Mohnöl** oder **kalt gepreßtes Leinöl**, dasselbe muß aber immer zugekorkt bleiben, sonst wird es zu dick.

2) **Leinölfirniß**, das ist mit Silberglätte abgekochtes Leinöl. Auf 8 Theile Leinöl kommt 1 Theil feingepulverte Silberglätte, die man in einem neuen Topfe, der aber weit größer sein muß als der zu kochende Firniß ausfüllt (denn beim Sieden steigt das Oel in die Höhe und kocht leicht über), so lange kocht, bis sich Blasen bilden, wobei man mit einem Hölzchen fortwährend umrührt. Beim Kochen von allen Firnissen ist große Vorsicht nöthig, damit sie nicht beim Ueberkochen ins Feuer laufen können, wodurch leicht Feuersgefahr entsteht; man hält sich deshalb immer einen dicken nassen Lappen bereit, den man gleich auf den Topf decken kann.

Indessen ist es vorzuziehen, alle künstlichen Trockenmittel, selbst das beliebte Siccativ de Harlem, so viel als möglich beim Malen dunkler Parthien, die etwas schwieriger trocknen, zu meiden, da die Erfahrung lehrt, daß die Farbe nach Jahren rissig und brüchig wird und Gemälde solcher Art in nicht zu ferner Zeit so unscheinbar werden, daß sie Restaurationen unterzogen werden müssen.

Copaivbalsam und canadischer Balsam.

Da ein gutes Buch nicht allein belehrt, sondern auch warnt, so soll es hier vor diesen beiden Balsamen geschehen, weil ich aus Erfahrung weiß, wie gefährlich die Verwendung dieser von Malern so gepriesenen Trockenmittel ist. Wer sich seine Farben selbst reiben will, der kann sie mit ihnen von Hause aus versetzen und hat dann weiter nichts zu gewärtigen, als daß solche nach und nach zähe werden, daß sie gar nicht mehr zu verwenden sind, wenn man nicht so viel Technik besitzt, um sich über solche Uebelstände hinwegsetzen zu können. Der Vortheil dieser Bindemittel ist der, daß sie nie nachdunkeln, auch wenn man die Bilder immer dem Lichte entziehen wollte, was bei Oelfarben sehr verderblich wäre; deshalb kann man diese Balsame auch bei alten Bildern recht gut zum Restauriren defecter Stellen verwenden, man darf sich nur nicht vor dem Geruche scheuen, vor dem ich schon vorher warne. Der Uebelstand, der mit Copalbalsam versetzten Oelfarben ist der, daß sie nie ganz trocken werden, die Farbe bleibt immer geneigt, an der Wärme zu erweichen und bekommt dabei solche gefährliche tiefe und weitgehende Sprünge, wie reine Oelfarbe nie erhält.

Bleizucker

in allen Formen ist ebenfalls eines der schlimmsten Trockenmittel, die es giebt; er schießt nach einiger Zeit in grauen Krystallen aus und bedeckt die Oberfläche der Farben, was bei sehr dunkeln Farben diesen allen Lustre raubt und sie so trübe machen kann, daß man nichts mehr erkennt und sein Bild an solchen Stellen wieder übermalen muß.

Malbutter.

Der sogenannte Lucanusretouchirfirniß ist hier sehr gut zu gebrauchen und hat sich bis jetzt bewährt, er wird nach des Erfinders eigener Angabe so bereitet: auserlesenes recht fein gepulvertes Dammarharz wird in einem irdenen oder porcellanenen Gefäße mit Mohnöl oder Mohnölfirniß zu einem Brei angerührt und auf einem gelinden Feuer, z. B. über der Spirituslampe, so lange erhalten, bis alles aufgelöst und klar ist. Dann wird der Firniß noch warm durch doppelte Gaze geseiht und in Gläsern aufbewahrt.

Der Wiener Retouchirfirniß.

Man kocht Mohnöl und Mastixfirniß zusammen, gießt diese Masse in Wasser und reibt sie, nachdem sie 24 Stunden auf demselben gestanden hat und abgeschöpft ist, auf dem Reibsteine tüchtig durch. Statt des Mastix kann man auch Copal nehmen.

Kalt gepreßtes Leinöl.

Kalt gepreßtes Leinöl, welches im Gegensatz zu „warm" gepreßten sehr bald trocknet, ist das beste Verbindungsmittel zum Malen bei Oelfarben. Dasselbe kommt als gebleichtes Leinöl, welches wasserhell ist, und als ungebleichtes von licht= gelben Aussehen in den Handel. Dem Letzteren ist für Zwecke der Malerei entschieden der Vorzug zu geben, da wenn die Farbe momentan auch um eine Kleinigkeit getrübt wird, dieselbe nach erfolgter Vermischung sich unverändert verhält, während gebleichtes Leinöl erfahrungsgemäß mit der Farbe genau um so viel nachdunkelt, als es gebleicht wurde. —

Ueber die Anwendung des Mohnöls.

Dieses ist das einfachste und beste Retouchirmittel. Man befeuchtet seine Palette und gießt einige Propfen Mohnöl zu, dies reibt man mit dem Spachtel so lange, bis es sich zu einer weißen Salbe verbindet, mit der man die zu über= malende Stelle anreibt. So alt dies Mittel schon ist, so lange hat noch kein Maler, der es angewandt hat, über seine Unzweckmäßigkeit geklagt. Es versteht sich von selbst, daß man seine Palette vorher sauber gereinigt hat und nicht eben erst vom Tische aufgestanden ist, wenn man sich seine Malbutter auf diese Weise bereiten will. Ueber die An= wendung der Malbutter habe ich schon bei der Retouche gesprochen.

Die eigentlichen Retouchirfirnisse.

Wer nicht Lust hat seine Untermalung längere Zeit stehen zu lassen, ehe er übermalt, kann dieselbe mit einem Firniß überziehen; die Meisten bedienen sich hierzu des so= genannten französischen Firnisses, der in allen Kunsthandlungen käuflich ist. Man kann sich aber auch, wenn man viel davon gebraucht denselben selbst anfertigen und hat dazu verschiedene Recepte, z. B. nach Fernbach:

¼ Liter höchst rectificirten Spiritus,
100 Gramm Gummi-Sandarak (auserlesen reinen),
33   „   Mastixharz (auserlesen reinen) in
33   „   rectificirtes Terpentinöl,
 8   „   Copaivbalsam,
24   „   venetianischen Terpentin.

Der Sandarak wird zuerst im Spiritus aufgelöst bei gelinder Ofen- oder Sonnenwärme, darauf der Copaivbalsam, dann der Mastix und zuletzt der venetianische Terpentin; darauf schüttelt man die ganze Masse, indem man sie wieder der Wärme aussetzt, öfters um und läßt sie am Lichte klären, wobei sich meistens eine trübe Masse zu Boden setzt, die man durch Abgießen entfernt. Dieser Firniß ist so geschmeidig und dabei doch so schnell trocknend, daß er nie Sprünge bekommt.

Copalfirniß.

Dieses Recept fällt seiner eminenten Feuergefährlichkeit halber besser ganz aus und könnte höchstens im Freien oder chemischen Laboratorien versucht werden.

Durchsichtiges oder Paußpapier.

Für Kupferstiche ꝛc. nimmt man Seidenpapier, welches dicht, keineswegs aber löcherig sein darf und tränkt dasselbe mit Copaivbalsam; hängt hierauf das so getränkte Papier auf eine Leine zum Trocknen auf, wobei man es mit Stecknadeln am Rande ansteckt. Das so angefertigte Paußpapier ist zu seinem Zwecke das vortrefflichste, was mir bis jetzt vorgekommen ist; es liegen in meiner Mappe noch Proben davon, die vor zehn Jahren gemacht wurden und noch heute so weiß und durchsichtig sind, wie am Tage, wo ich sie anfertigte. Da aber kein Ding ohne Schattenseite ist, so will ich Jeden, der sich sein Paußpapier auf diese Weise selbst fertigt, davor warnen, dies in seinem Zimmer zu thun, denn der Copaivbalsam hat einen so intensiven Geruch, daß er schwer wieder zu vertreiben ist; indessen hat wohl ein Jeder einen luftigen Trockenboden im Hause, wo er dies Experiment vornehmen kann. Man thut wohl, den Copaivbalsam aus einer Droguerie zu beziehen, wenn ihn der Apotheker nicht zum Droguenpreise, nach welchem das Pfund 2 Mark kostet, ablassen will; man kann mit einem halben Pfunde eine ganz bedeutende Quantität Papier durchsichtig machen, es giebt aber auch Leute, die im Jahre eine Menge von Paußpapier zum Abzeichnen und Aufheben von Mustern ꝛc. gebrauchen und diese werden mir für die Mittheilung dieses Receptes Dank wissen.

Wenn man Oelgemälde durchzeichnen will, reicht dieses Papier blos dann hin, wenn die zu copirenden Bilder sehr hell gemalt sind, kann man das Oelgemälde aber mit Mohnöl anstreichen, so hilft es auch; wo dies nicht geht, bereitet man sich sogenanntes Glaspapier, indem man das Seidenpapier mit einer Mischung von 100 Gramm reinem weißen Dammarlack, 3 Gramm Copaivbalsam und 8 Gramm venetianischen Terpentin bestreicht.

Bei beiden Bereitungsarten bestreicht man das Papier so dick, daß es vollkommen durchscheinend wird, das Ueberflüssige wischt man mit einem seidenen Lappen weg (Leinwand läßt zu viele Fäserchen los). Zu dem ersteren Papier kann man jeden Bleistift anwenden, zum Glaspapier aber blos die weichsten Sorten. Soll eine Zeichnung von Paußpapier auf anderes Material übertragen werden, so legt man ein mit Röthel oder schwarzer Kreide bestrichenes (natürlich blos auf einer Seite) Seidenpapier unter und fährt jeden Strich mit einem spitz geschnittenen Hölzchen, etwa dem zugespitzten Ende eines dünnen Pinselstiels, nach.

Was ist die bildende Kunst?

Was die Kunst eigentlich sei, liegt dem denkenden

Geiste nah und ist so leicht zu beantworten, daß man kaum begreift, wie diejenigen, die sich künstlerischen Sinnes rühmen, sich darüber streiten und in dicken Folianten widerlegen konnten. Ist sie denn etwas Anderes, als die **sichtbare Darstellung** oder Verkörperung einer ästhetischen Idee in der annähernd höchsten Vollendung des **möglichen** oder **möglich** gedachten Daseins?

Die Zeichnenkunst

ist von überwiegendem Vortheil vor vielen Künsten und Kunstgewerben. Man denke sich Jemand, welcher unfähig ist, die Beschreibung eines besonderen Gegenstandes, eines Ereignisses, z. B. einer Schlacht, zu verstehen. Nun sieht man aber ein Bild, das diesen Gegenstand darstellt, und augenblicklich wird alles klar werden, was vorgeht, man gewinnt am Allgemeinen der Handlung Interesse und forscht begierig nach den Einzelheiten der dargestellten Scenen. Ein Beweis, daß die Kunst über jeden Gegenstand, der sich bildlich darstellen läßt, sowohl dem Gebildeten wie dem Ungebildeten Belehrung giebt. — Auf Reisen ist die Zeichnenkunst dadurch von besonders großem Nutzen, um Abzeichnung von merkwürdigen Gegenständen zu nehmen, dann aber auch, um in einem fremden Lande, in welchem man die Sprache nicht kennt, durch Zeichnung der fraglichen Gegenstände sich verständlich zu machen. —

Unmittelbar auf das praktische Leben angewandt ist die Zeichnenkunst für den Tagesbedarf von so unendlich verschiedenem Werthe im allgemeinen Geschäftsverkehre sowohl als auch im speciellen, bei Ausübung zahlreicher Kunstgewerbe, daß eine detaillirte Aufzählung der durch sie gebotenen Vortheile an dieser Stelle überflüssig erscheint. Es sei hier beispielsweise nur an die in den letzten Perioden überaus beliebt gewordenen illustrirten Musterkataloge erinnert, welche im Handel deshalb eine hervorragende Rolle spielen, weil sie die Schwierigkeit, Originalmuster mit sich zu führen, gänzlich beseitigen. —

Die Schöpfung der Kunst.

Jede künstlerische Schöpfung, welcher ein genialer Schönheitsgedanke, verbunden mit ästhetischer Darstellung und eine auf Moral basirte ethische Idee zu Grunde liegt, wird als anerkannt gutes Produkt menschlicher Kunstbestrebung vor der Mit- und Nachwelt gelten.

Augenblicke der Begeisterung.

Im Leben beinahe jedes Künstlers giebt es Augenblicke oder Stunden, in denen seine Seele von den Schauern erhabener Gefühle und Gedanken durchblitzt, plötzlich wie unter den unmittelbaren Einfluß und Schutz einer verborgenen Zauberwelt tritt, und wo er, wie der Dichter sagen kann:

„Was ich in jenem Augenblick empfunden,
Und was ich sang, vergebens sinn ich nach.
Ein neu Organ hatt' ich in mir gefunden,
Das meines Herzens heil'ge Regung sprach."

Dann erscheinen ihm seine Gebilde nicht mehr als Werke seines eigenen, sondern eines fremden höheren Genius von dem alle Kräfte ausströmen und zu dem sie, als nach dem eigenen Mittelpunkte, wieder zurückfließen.

Auf dem Wege zum Schönen.

Die Kunst geht bei ihren Darstellungen nicht allein nach den Geboten des Sittlichkeitsprinzipes, sondern ebenso auf dem Wege, welcher zum anerkannt Schönen führt. Der Eine ist vom Anderen nicht zu trennen, wenn künstlerische Erzeugnisse nicht leichtfertig nur dem Augenblicke des Sinnenreizes zu bienen bestimmt sind, sondern für alle Zeiten gleiche Theilnahme und Anerkennung finden sollen.

Der Kritiker.

Der Kritiker vermag an einem Kunstwerke nur das zu bemerken und anzuerkennen, was bei ihm selbst zum klaren Bewußtsein gelangt ist. Wir sehen daher, wenn wir uns ohne eigene Beschauung und Prüfung auf sein Urtheil verlassen, den Geist des Künstlers nur durch des Kritikers Auge d. h. sehen oft nichts, wie denn überhaupt Niemand sagen kann, daß er durch Anderer Urtheil Wahrheit sehe.

Kunsturtheile.

Wirkliche Kunsturtheile setzen Gediegenheit voraus, bedingen eine allseitig harmonische Ausbildung aller geistigen Kräfte des Menschen, eine warme, die äußere und innere Welt mit all' ihren Farben und Schattirungen lebendig treu abspiegelnde Einbildungskraft, — einen scharfen, die Oberfläche der Gegenstände durchdringenden Blick, einen so sichern, vom innigsten Gemüthe und hellsten Verstand berathenen angeborenen Geschmack, kurz, einen so zart angelegten, alle Töne der Empfindungen und Gefühle vibrirenden Seelenorganismus, daß sie uns in dem Munde und der Feder gewisser Kunstrichter oft befremdlich überraschen.

Gerechte und sachkundige Kunsturtheile können den bildenden Künsten nur von Nutzen und hauptsächlich dadurch förderlich sein, daß durch deren Beachtung einseitige Richtungen und Manirtheiten welche insbesondere auf dem Gebiete der Malerei gern Platz greifen, vermieden werden.

Unterricht in der Aquarellmalerei.

Die neueste Ausbildung der Aquarellmalerei ist in den letzten Decennien in der ergiebigsten Weise gefördert worden. Ohne Zweifel haben wir die beste Ausbildung derselben den Künstlern Englands zu verdanken, indessen sind die Productionen und Förderungen der Farben und vorzugsweise des Papiers erheblich.

In der Aquarellmalerei ist die Technik in sehr hohem Grade für die Darstellung geeignet z. B. im Landschaftlichen und in der Architectur und Blumenmalerei, weniger für Portraits, das Genre und Thierstücke. Zur Aquarellmalerei gehört eine total andere Manier, als zum Oelmalen und Malen mit Deckfarben, die vorzüglich darin besteht, daß man bei Anlage eines Bildes, besonders einer Landschaft, die hellsten Farbentöne, reich mit Wasser über die ganze Bildfläche lasirt und diese, nachdem sie trocken geworden, beim Ueberlasiren eines zweiten Farbentones, da stehen läßt, oder vielmehr ausspart, wo dem Bilde zur Anlage der Luft, der Ferne oder auch einzelner Dinge des Vordergrundes dient. Beim Ueberlasiren jedes folgenden Tones mache man es eben so, auf welche Weise man am leichtesten Harmonie der Farbentöne erzielen wird. Die hellsten Lichter wasche oder kratze man dann zuletzt heraus.

Nach neuen Erfahrungen verändert sich die Aquarellmalerei in ihren Farben nicht, wenn junge Künstler auf meine Principien genau achten.

Es ist vornehmlich die schwierige Handhabung an Woltenbildungen der Atmosphäre. Oeftere Waschungen mit dem Schwamm zerstören das Papier, man muß beim Lüftenmalen vorher die Arbeit gut überlegen.

Es giebt Künstler, als Foster und Birket, welche in Darstellung der Vordergründe Ausgezeichnetes geleistet haben.

Einem jeden jungen Künstler ist zu rathen, vor dem Malen erst eine correcte Zeichnung anzufertigen, sonst ist er nicht im Stande, ein gutes Bild zu malen; wenn das Colorit auch noch so harmonisch und zart ist, es fehlt aber eine vorherige richtige Vorzeichnung, so ist die ganze Arbeit vergebens.

Conturen, welche für Aquarellgemälde gezeichnet werden, sollen ebenso sorgfältig als zart ausgeführt sein, da Wasserfarben, selbst in den dunkelsten Tinten, nicht decken und stark gezeichnete Umrisse störend nach der Vollendung des Bildes durchschimmern.

Die Farben hängen von äußern Umständen, Verhältnissen ab. Wie so sehr verschieden sind die Farben des Waldesgrün je nach der Jahreszeit, so auch ein altes bemoostes Dach in braunen und grünen oder tiefbraunen Farben.

Alle Töne an diesen oben angeführten Gegenständen verändern sich mit der Zeit, es ist somit wesentlich, daß sich das Auge durch vielseitige Beachtung in der Natur und ihrer Harmonie belehre.

Ueber das Aquarelliren und die dazu gehörigen Geräthschaften.

Von äußerst großer Wichtigkeit ist es, das Material genau zu kennen; Mangel an Kenntniß oder Unsicherheit liefern unbefriedigende Resultate.

Das beste Papier soll nach Aussage englischer Künstler und soweit es erprobt ist, das Wathman'sche mit Wasserzeichen sein.

Nach Größe und Schwere der Bogen führen dieselben ihren Namen, die glatten Sorten empfehle ich nicht, indem dieselben größtentheils flache Bilder liefern, ich ziehe das halbrauhe, gerippte oder flach genarbte Papier vor, indem es genügende Textur besitzt, rathe dem Anfänger zu Halbrauh und Torchon, nachher zum Imperial und später nach seiner eigenen Ueberzeugung zu handeln.

Das rauhe Papier ist vortrefflich für flotte Skizzen, daher halte ich Imperial, welches sich für Luft- und Fernmalerei sehr gut eignet, für durchgearbeitete Bilder, besser als Royal.

Vor mehreren Jahren wurde aus der Londoner Fabrik Windsor und Newton, ein Aquarellpapier mit Namen „Griffin Antiquarian" in den Handel gebracht, welches von den englischen Malern bevorzugt wird. Die Firma Schönfeld u. Comp. in Düsseldorf und die Kunsthandlung von C. A. Prestel in Frankfurt a. M. führen englische Fabrikate.

Man beschaffe sich ein Reißbrett und ein Radirmesser, weißes Löschpapier, ein weiches Schwämmchen, etwas weiches Waschleder, mehrere große Näpfchen zum Mischen der Farben, eine Steingutpalette, Pinsel, Farben und Aquarellpapier.

Die besten Pinsel sind die englischen Sable brushes. Dieselben sind elastisch und behalten während ihres Farbeninhalts sehr feine Spitzen, sogenannte elastische. Deutsche Marderpinsel thun dieselben Dienste.

Aus der Handlung Schönfeld u. Comp. in Düsseldorf sind die in Blech gefaßten mit langen Stielen zu empfehlen, welche flach gebunden sind und sich für Gras- und Baumschlag bestens eignen.

Man schaffe sich die Pinsel von 1 bis 9 in runder und flacher Form, von den runden noch einige stärkere an.

Ueber die Aquarell-Farben.

Ich würde nur rathen, englische Farben zu verwenden

und zwar von Windsor u. Newton in London, und Robertson 99 Long Acre.

Es ist mir wohl bekannt, daß viele Künstler den Gebrauch von verschiedenen Arten Weiß machen, das praktisch anwendbarste ist das Permanent Chinese White, es kann mit Erfolg benutzt werden, z. B. in Luft, Wolken und Ferne als Zusatz zu der betreffenden Mischung, doch muß man große Vorsicht üben, denn Weiß auf weißem Papier als hellstes Licht gebraucht, erscheint oft schmutzig grau; weßhalb es besser ist, den Papierton als hellstes Licht zu benutzen.

Vor jedem Anderen unterscheidet man beim Malen mit Aquarellfarben wieder zwischen Deck- und Körperlosen, d. i. Lasurfarben so wie die Oelmalerei; nur besitzen die Körperfarben in Wasser verarbeitet nicht jenen Grad von Dichtigkeit, welcher in der Verbindung mit Oel ihnen eigen ist. Die flüssigen, in Staniolkapseln befindlichen Aquarellfarben aus England, sind in ihrer Wirkung durchgehends sehr brillant, in seltenen Fällen aber, namentlich aber in den Ofertönen und in den zahlreichen am Continent weniger bekannten Lasurfarben rein dargestellt und bedarf es bei deren anfänglicher Handhabung einer gewissen Vorsicht und Einübung.

Unentbehrlich ist der gelbe Oker, Jellow ochre, er bringt ein schönes Licht in das Bild, in einer Mischung mit Light Red, Brown Madder und Vermilion für Gebäude, Steine, Bäume, Berge, Wolken und Wasser.

Bei der Untermalung im Vordergrund giebt Jellow ochre mit Kobalt reichen Ersatz und für sonniges Gras ist er gut zu verwenden, untermischt mit Gamboge, French Blue, und für Schiffe und Vieh ꝛc. ist eine Mischung von Light Red, Burnt Sienna und Vermilion mit Jellow ochre geeignet.

Ebenso ist Gamboge (Gummigutt) als kaltes Licht zu empfehlen, man erhält sehr reine Töne durch Beimischung von Emerald Green für Vegetationen. Für Grün ist anwendbar eine Mischung von Gamboge, Burnt Sienna und French Blue, es eignet sich vortrefflich für Laubwerk jeder Jahreszeit.

Ein deckendes Gelb ist Citronengelb (Lemon Jellow)

welches blaß erscheint. Für Gebirge oder Wälder mit sanftem Sonnenschein beleuchtet, macht es einen guten Effect. Indian Jellow in sehr dünnen, weichen Tönen findet Aufnahme für Sonnenauf- und Untergang. Eine Mischung von Indian Jellow mit Burnt Sienna und French Blue giebt schöne Farbentöne für das Grün der Bäume. Eine Anwendung mit Indigo verlangt jedoch Vorsicht, damit die Mischung nicht zu schwarz ausfällt. Mischungen aus Burnt Umber oder Brown-Madder mit Indian Jellow geben tiefe Farbentöne für Drucker; denselben etwas French Blue beigemischt ergiebt ganz vorzügliche Schatten für Abhänge, erdige Ufer, Moos, Steine, tiefe Schatten.

Penley's Neutral Orange ist eine leuchtende Farbe, aus Cadmium, Crown Madder und Jellow Ochre zusammengesetzt. Es ist namentlich für die erste Anlage entfernter Gebirge anwendbar und erzeugt mit Rose Madder angenehme sonnige Farbentöne. Eine Mischung von Jellow Ochre und Brown Madder erzeugt brauchbare Farbentöne für Wege.

Sehr schöne glanzvolle Farbentöne für Abendhimmel, Wege und Felsen ergiebt Mars-Orange, dieselbe schließt sich mehr dem Roth als dem Grün an.

Für sandigen Vordergrund ist namentlich zu empfehlen Brown Ochre, welches allein oder in Mischung mit Brown Madder anwendbar ist.

French Blue mit Burnt Sienna gemischt eignet sich für dunkle Gründe.

Burnt Sienna ist überhaupt für Architekturmaler unentbehrlich, Chrimson Lake und French Blue zugemischt ist für Gebäude anwendbar.

Hauptsächliche Anwendungen für Fleischfarbentöne und Draperien findet Orange Vermilion mit Chinese White untermischt.

Bei Gebäuden, Draperien u. s. w. ist Light Red mit Vortheil zu gebrauchen, für Mittelgrund und ferne Gegend läßt es sich verwenden, Blue Blake und Brown Pink beigemischt, läßt sich auch im Vordergrund vermalen, indem dieser Farbenton ins Gelbliche schimmert.

Für fernes Gebirge und Regenwolken und bewölkte

Sonnenuntergänge eignet sich am besten Indian Red mit Indigo oder Cobalt.

Zur Darstellung glänzender Abendhimmel und ferner Wolken eignet sich am besten Vermilion gemischt mit Indian Jellow, Rose Madder u. s. w.

Als schöne Schattentöne empfehle ich Raw Sienna, Indigo, Purble Madder, welche Combinationen sich für alte verwitterte Strohdächer eignen.

Zu Vegetationen des Border- und Mittelgrundes, für Bäume, Felsen und Steine, eignet sich ganz vorzüglich French Blue, welches ins Graue spielt.

Um den Farbenton für Seegewässer zu gewinnen, bediene man sich Prussian Blue in geringer Menge, dieselbe erscheint ungemein durchsichtig und hat dabei einen grünlich scheinenden flüssigen Farbenton.

Für das Malen von Draperien und Gewändern ist wohl zu empfehlen Antwerp Blue sowie auch Smalt; letztere ist etwas theurer, dafür aber prachtvoll in ihrer Erscheinung.

Wiesen, Bäume und Gras in sonniger Beleuchtung sind mit Green Boyde of Chromium in Combination mit Jellow, Gamboge oder Indian, und in Mischung mit French Blue und Brown Pink für Kieferwaldungen wiederzugeben.

Zur Untermalung der lichten Seiten von Gebirgen, Ufern, Gebäuden, Wegen eignet sich am besten Raw Umber; es liefert eine citronengelbe Farbe, mit Rose Madder gemischt erhält man einen ruhigeren grauern Farbenton, dagegen mit Brown Madder und Kobalt liefert es schön graue, warme und kalte Farbentöne, welche sich für alle Schatten eignen. In der Architectur-Malerei giebt es noch mehrere Farbentöne. Vandyk Brown; in Bezug auf Schattenwirkung erhält man nichts besseres als Bistre.

Schöne Farbentöne für Herbstlaub werden erzielt aus Indian Jollow, einige intensivere Schattenfarben erhält man aus Beimischung von Brown Madder und Crimson Ladee. Felsen-, Architectur- und Mauertöne erhält man durch Mischung von French Blue und Rose Madder.

Um Farbentöne für dunkle Bäume und Blattwerk zu

erhalten, untermischt man French Blue, Gamboge und Burnt Umber.

Ein haltbares Braun ist die sogenannte kölnische Erde, Cologne Earth; viele Künstler verwerthen auch Sepia zur Anlage der ersten Schatten, dieselbe mit Rose Madder und Cobalt gemischt, ergiebt graue, zarte Farbentöne.

Sehr empfehlenswerthe, transparente, graue, weiche Farbentöe für Regen- und Gewitterwolken erzielt man aus Lamp Black mit French Blue, und durch etwas Zusatz mit Light Red erzeugt man bei Gewitterdarstellung effectvolle Erscheinungen.

In vielen Farbentönen ist das Blauschwarz (Blue Black) erwünscht; es ist dies eine blau-schwarze Farbe, ihre Verwendung ist eine ganz practische.

Es ist ferner zur Anlage der ersten Schatten Indigo, Sepia und Chrimson Lake, namentlich für Thiergruppen, anwendbar. Für andere Gegenstände, als Schiffe, Kähne ist eine Beimischung aus Burnt Sienna zu brauchen, um röthliche Uebergangstöne zu erzielen, mische man etwas Chrimson Lake, auch Brown Madder dazu.

Unentbehrlich ist die Neutral Tint, als Schattenfarbe zu empfehlen; für Malerei im Vordergrund untermischt mit Gamboge, auch Indian Jellow ergiebt sie ein schönes mild einwirkendes Grün.

Mit Hülfe dieser, in vorstehender Spezial-Anweisung, angeführten Wasserfarben lassen sich brillante Lüfte und leuchtende Lichter auf einem Aquarellbilde erzielen, so zwar, daß bei geübter Technik derartige Darstellungen markigen Oelgemälden an Kraft nur sehr wenig nachstehen dürften; die Behandlung der Ersteren als solche ist zum Theil auch mit geringeren Schwierigkeiten, als bei der Oelmalerei verknüpft, daher die englischen Wasserfarben in manchen Kreisen Vorzug finden.

Einiges über Beschaffung des Malkastens und seines Inhalts.

Was das Anschaffen des Malkastens betrifft, möchte ich

demjenigen, welcher viel zu malen gedenkt, rathen, einen mit ganzen und halben Näpfchen zum Malen im Freien zu kaufen, für das Malen im Zimmer ist zu empfehlen, einen dergleichen mit Täfelchen zu beschaffen. Man richte sich den Malkasten derartig ein, daß an 30 Stück verschiedene Farben theils in Tubes, theils in Näpfchen, die Palette und sonstige Malerutensilien, als Schwämmchen Gummi, und Kohle ꝛc., Aufnahme finden.

Eine Aufzählung der Farben für alle Zwecke der Landschaftsmalerei will ich hier folgen lassen.

Der aus Weißblech gearbeitete Malkasten, darf, um im Freien für Malerei Verwendung zu finden meiner langjährigen Erfahrung gemäß nur 20 Fächer für Farben enthalten, mit welchen ich stets ausreichte:

1. French Blue,
2. Cobalt,
3. Neutral Tint,
4. Indigo,
5. Crimson Lake,
6. Lamp Black,
7. Brown Madder,
8. Light Red,
9. Indian Yellow,
10. Jellow Ochre,
11. Raw Sienna,
12. Rosa Madder,
13. Vermilion,
14. Gamboge,
15. Chinese White,
16. Sepia Burnt,
17. Burnt Sienna,
18. Vandyk Brown,
19. Emerald Green,
20. Brown Pink.

Dann beschaffe man sich ein Wassergefäß in Köcherform zum Anhängen am Malkasten welches mit Wasser gefüllt sein muß.

Ich will gleichzeitig daran erinnern, daß das Reinhalten der Farben und Pinsel unbedingt nöthig ist; reine Waschungen von Tönen lassen sich nur durch reine Farben herstellen, sonst ist man nicht im Stande ein richtiges Colorit zu erzielen.

Um mit einer guten Manier die Farbenmischungen, welche jedem Anfänger sehr umständlich erscheint, vorzunehmen, und dabei sicher zu gehen, schlage ich vor, sich eine numerirte Anzahl von Papierblättchen in Octav-Größe zuzulegen, man liniire dieselben in 1 bis 2 Centimeter Größen und colorire sämmtliche später angegebenen Farbenmischun in diesen kleinen Quadraten.

Im ersten Quadrat male man einen Ton, worin Cobalt vorherrschend ist, im zweiten Quadrat halte man dieselben

Farben in gleichen Theilen, und im dritten Quantum sei der letztere Theil vorherrschend. Dieselbe Mischung bezieht sich auch auf die Farben als: Rose Madder, Cobalt und Jellow Ochre. Hierbei wende man dieselbe gleiche Mischungsmethode an.

Man unterscheidet also drei verschiedene Farbenzusammensetzungen, als: primäre, secundäre und tertiäre. Die drei primären Farben sind: Gelb, Roth und Blau. Dieselben sind prismatische oder Stamm-Farben und können nicht durch Mischungen erzielt werden.

Die drei secundären Farben sind gleichfalls prismatische, aber nur aus zwei primären gemischt. Als Orange: gemischt aus Gelb und Roth. Dann Grün: gemischt aus Gelb und Blau. Endlich Violett: gemischt aus Roth und Blau.

Dann die drei tertiären Farben sind nicht prismatisch: es sind gebrochene Farbentöne, gemischt aus zwei secundären oder drei primären. Z. B. Citronenfarbe: gemischt aus Orange und Grün. Dann Rothbraun: gemischt aus Orange und Violett. Dann Olivenfarbe, gemischt aus Grün und Violett.

Sämmtliche andere Nüancen, als: gebrochenes Grün, Braun, Grau und gebrochenes Roth werden alle nur von tertiären Farben gemischt.

Anfertigung einer schönen braunen Farbe.

Hierzu bediene man sich des Rußes von Holz oder von Torf; letzterer ist vorzuziehen, da er, einige Zeit im Wasser gesotten, die schönste braune Farbe liefert, die äußerst klar wird, wenn man sie eine oder zwei Wochen in einer Flasche mit weiter Oeffnung und ohne Stöpsel ruhen läßt, oder bis die Oberfläche sich mit einem dicken Schaum überzieht, der zuletzt zu Boden sinkt und alles Unreine mit sich niederschlägt. — Soll sie mit Tusche vermischt werden, so geschieht dies, sobald sie kalt geworden ist. Will man aber eine dunkle

Nüance erhalten, so gieße man einen Theil der Flüssigkeit in eine flache Schaale und stelle sie so lange an das Feuer, bis das Wasser verflüchtigt ist und eine feste Farbe zurückläßt. Ohne weitere Vorbereitung kann man dann mit ihr tuschen.

Einen schön gesättigt golden braunen Ton, welcher sich zur Untermalung von Vordergründen oder als Ergänzung von Sepienzeichnungen vorzüglich eignet, erhält man auch durch Malen mit reinem schwarzen Kaffee, wenn derselbe nicht gar zu dünn abgesotten worden ist. Diese Farbe dürfte der voran empfohlenen jedenfalls noch vorzuziehen sein.

Vom Aufspannen des Malpapiers.

Bei diesem Verfahren werden noch arge Fehler begangen; man muß das Papier vorher genau untersuchen, ob sich mangelhafte Stellen als: Knoten, Vertiefungen oder sonstige Unebenheiten darin befinden. Ferner prüfe man es nach der oberen und und unteren Seite, achte stets darauf, daß sich das Fabrikzeichen auf der oberen rechten Seite befindet; schreitet man dann zum Aufspannen, so feuchte man die Rückseit des Bogens mit einem Schwamme gut an, streiche mit aufgelöstem Gummi arabicum vor dem Anfeuchten die am Papier aufgebogenen vier Ränder und drücke dieselben gut auf dem Reißbrett an, dann wird nach dem Trocknen das Papier gut glatt aufliegen; man achte aber auf gleichmäßige Auflage der mit Gummi bestrichenen Ränder und dann auf das Trocknen bei ruhiger Luft.

Einiges über das Radiren.

Der Gebrauch des Radirmessers, welches gut scharf sein muß, ist vorzüglich zu empfehlen bei glanzvollen Reflexen im Wasser, dann bei Lichtern auf Baumstämmen mit rauer Rinde, schäumenden Wasserfällen, Grashalmen, sowie bei Geflügel, vor bedecktem Himmel. Man reibe nach dem Radiren die Stelle mit etwas reinem Gummi (Radirgummi) ab und glätte sie dann mit einem Agatstein oder Elfenbeinstiel, wonach das Papier dieselbe Glätte wieder erhält und Farben annimmt.

Die höchsten Lichter in eine Aquarelle zu radiren verlangt nicht allein eine sehr sichere Hand, sondern auch gewisse Virtuosität. Wer sich beides nicht zutraut, thut besser, davon abzustehen.

Ueber die Pinselführung.

Es muß wiederum an die Wichtigkeit der correcten Zeichnung erinnert werden, welche vor allen Dingen Hauptsache bleibt. Die ersten Farbentöne führe man recht kühn mit einem Zuge in der Zeichnung (sogenannten Umriß), nicht mit Vor- und Rückwärtsstrichen, aus. Man führe die Pinselstriche oder die Anlagen mit Farben auf dem Papiere stets horizontal oder auch in diagonaler Richtung, wenn es die Struktur des Letzteren so erheischt, aus. Ich muß noch erinnern: nach dem Aufspannen des Papiers und dessen Trockensein bereite man sich in einem nicht zu flachen Porzellannäpfchen einen flüssigen blassen Farbenton aus Indian Jellow und etwas Brown Madder: mit dieser hinreichenden Farbe übergehe man das Papier vermittelst eines flachen Pinsels in früher besprochener Manier, und halte das Brett etwas nach unten geneigt, daß die Farbe abwärts fließt. Diese Farbenanlage hat ihren bestimmten Zweck und dient für effectvolle Tagesbeleuchtung, während bei Abendbeleuchtungen eine Mischung zur Anlage aus Brown Madder zu rathen ist. Sind die Farben gut trocken geworden, so nehme man wiederum einen flachen Pinsel und reines Wasser und übergehe das Bild damit leicht, wodurch die Farben, welche nicht in das Papier gedrungen sind, sich entfernen.

Für Abendhimmel ist die vorherige Reinwaschung nicht nöthig, indem darin eine Orange-Beleuchtung vorherrschend sein kann.

Nur mit richtigen ausgebildeten Kenntnissen des zu Gebote stehenden Materials ist es möglich, ein guter Colorist zu werden, beim Aufmischen wirklich combinirter Farbentöne mache man es sich zur Regel, mit den vorherschenden Farben zu beginnen.

Eine Hauptschwierigkeit in der Pinselführung bei Aquarellfarben bleibt die gleichmäßige Anlage größerer Flächen in einem gegebenen Tone. Um dies zu erzielen, muß die Farbenmischung anfänglich schwach aufgetragen und dies nach jedesmaligen Eintrocknen mehrmals wiederholt werden. Später kann dann der Ton in verstärktem Maaße Wiederholung finden. Zu diesem Behufe muß eine Quantität dünner Farbe in einem Näpfchen angerieben bereit stehen, der hierzu entsprechend große Pinsel eingetaucht und am Rande des Napfes leicht abgestrichen werden, damit er nicht zu viele Flüssigkeit auf das Papier bringe. Jene Fläche, welche übergangen werden soll, wird auf der schmalen Seite durch einen gleichmäßigen Aufstrich in Angriff genommen. und unter einen rechten Winkel in Zoll langen, parallel neben einander laufenden Pinselstrichen, unter zeitweiliger Erneuerung der Farbe, jene Stelle übergangen, bis sie dem Auge gleichmäßig gefärbt erscheint.

Vom Malen der Luft und der Gewölke.

Die passendsten Farben für den Horizont sind Ockergelb, gebrannte Siena, Hellocker gebrannt und (pinchmadder) rother Krapplack. Zuerst nimmt man gelben Ocker in den Pinsel, und bestreicht den Horizont von unten nach oben so, daß die Farbe nach und nach da lichter wird, wo die Luft anfangen soll. Wenn das Gelbe trocken ist (was übrigens in der Regel der Fall sein muß, ehe man eine andere darüber legt), so überziehe man den ganzen Himmel mit einer leichten

Waschung von gebrannter Siena, und dann von rothem Krapplack vom obern Theile des Horizonts an, so weit der gelbe Ton reicht. Ehe blau aufgetragen wird, befeuchte man das Papier schwach wie zuvor, mit dem flachen Pinsel, und erst in diesem Zustande wird es mit Kobalt und einer Beimischung von etwas rothem Krapplack übermalt.

Man hüte sich, den warmen Ton nicht zu roth werden zu lassen, sondern halte ihn lieber gelb oder golden, was die angenehmste Farbe ist; und um ihm endlich mehr Glanz zu verleihen, gebe man ihm noch einen leichten Ueberzug von indischem Gelb. Die lichten Wolken werden bei dieser Methode nicht mit Blau gebildet, oder ausgelassen, sondern nachdem das Bild trocken ist, auf verschiedene Art dargestellt. Man nimmt den Pinsel voll mit reinem Wasser und bezeichnet damit die Formen der leichten Wolken, die sodann, um das überflüssige Wasser wegzunehmen, ganz sanft mit einem weichen Schwamm gedrückt werden, und unmittelbar darauf wird die erreichte blaue Farbe mit altgebackenem Brode abgelöst. Bei größeren Luftflächen oder wenn vielfach zerrissenes Gewölk dargestellt werden soll, ist die Bearbeitung mittelst Schwamm der Pinselführung vorzuziehen. Wartet man länger, so wird sie zu trocken, um weggenommen werden zu können. Sollte dieser Fall dennoch eintreten, so muß man das Verfahren wiederholen, bis die Wolken hinreichend sich ausdrücken. Auch können die Wolken, wenn die Stellen befeuchtet sind, mit einem Schwamm allein, oder mit Gummi elastikum (Kautschuk) abgelöst werden. Wenn übrigens diese Arbeit nicht mit Geschicklichkeit geschieht, so wird das Papier wund und die Formen unbestimmt. Man berühre deshalb das Papier anfangs ganz leicht, und erhöhe den Druck nur nach und nach, bis es ganz weiß wird, und die Formen bestimmt hervortreten. Will man einen blauen oder grauen Himmel mit nur wenigen leichten Wolken malen, so male man sie mit in Wasser aufgelöster Pfeifenerde (pipe clay) aus, ehe die blaue Farbe aufgetragen wird. Sobald die Fläche trocken ist, und das Blau sorgfältig und vorsichtig darüber aufgetragen wird, verwischt sie sich nicht, und kann später mit der Krume von altbackenem Brode völlig weggenommen werden.

Nachdem der Himmel fertig ist, geht der Malende an den Hintergrund. Ist er sehr tief und mit entfernt liegenden Bergen begrenzt, so ist die beste Farbe dafür ein wenig rother Krapplack mit Kobalt gemischt. Dies giebt, wenn man sie auf den warmen Ton des Himmels bringt, eine weiche, luftige Färbung. Die nächste Abstufung, die mehr ins Graue geht, wird besser durch indischen oder gebrannten Hellocker, als durch rothen (Krapplack) dargestellt. Für die Theile und Gegenstände, die sich mehr dem Mittelgrunde nähern, verstärke man das Grau durch einen Zusatz von braunem Krapplack und Kobalt, sollten diese Farben aber zu sehr an den Purpur streifen, dann wird eine kleine Beimischung von Gelb sie leicht richtig stimmen.

Bei der Anlage großer Lüfte mit Wasserfarben ist die Anwendung von Wasch=Schwämmen mit großen Vortheilen verknüpft, weil sich damit Weichheiten in der Zeichnung des Gewölkes erzielen lassen, welche durch keine andere Methode zu erreichen sind. Die Schwämme, beiläufig nußgroß, sind in solchen Fällen, je nach Bedarf, theils mit Farbe, theils mit Wasser zu tränken und geschieht deren Handhabung analog derjenigen großer Pinsel.

Anleitung Bäume zu malen.

Alle Farben der Stämme hängen von den Bäumen ab, die man darstellen will. Die der Birken zum Beispiel sind besonders malerisch durch die Mannigfaltigkeit der Tinten, die an ihnen zu sehen sind. Das purpurröthliche Grau, namentlich am rechten Orte mit lichten, silbernen Tönen untermischt, macht im Gegensatz zu dem sammtähnlichen Moose, das gewöhnlich und häufig in größeren Partieen auf ihnen wächst, einen schönen, angenehmen Effect. Um einen solchen Stamm nachzubilden, mische man Kobalt mit (brown madder) braunem Krapplack und ein wenig Vandykbraun. Diese Mischung giebt das röthliche Grau, und eine Zugabe von Kobalt die kälteren Tinten. Einzelne Stellen sollten beinahe ganz weiß gelassen werden. Ehe man den Stamm zu malen anfängt, netze man ihn etwas mit reinem Wasser und bringe in diesem Zustande die Farben darauf, die sich alsobald, ohne die Beihülfe des Pinsels, vermischen werden. Alle Schatten, so wie die kräftiger zu haltenden Theile können später mit einer Mischung Indigo, (braunen Krapplacks) und ein wenig Vandykbraun aufgetragen werden. Die feinen horizontalen eigenthümlichen Streifen werden mit derselben, nur etwas heller genommenen Farbe, ausgeführt. Sollte der Stamm im Allgemeinen zu kalt erscheinen, so wird eine leichte Lasirung von gelbem Oker und gebrannter Siena einen weicheren Ton geben.

Die Moosfarbe besteht aus Stil de Grain oder Vandykbraun und Gummigutt, je nach Erforderniß mit etwas Indigo vermischt.

Der Stamm der Buche und des Ahorns, dann der Weißtanne, der weißen Pappel oder der Espe ist wegen eleganter Form und Farbe beachtenswerth. Ein lichtes warmes Grau, das theilweise mit hellen Punkten unterbrochen wird und von noch lichteren Streifen durchzogen ist, dann einige dunkle Striche röthlich-braun, bezeichnen ihn; nur der dem Boden nächste, oder einige Fuß davon entfernte Theil ist völig grau oder bemoost. Ein wenig brauner (Krapplack) und gelber Oker mit einer geringen Quantität Kobalt giebt die richtige Farbe für solche Stämme. Die lichten Streifen werden dann, wenn die Farbe trocken, mit Wasser befeuchtet und mit Leinwand ausgewaschen. Auf diese Art können überhaupt noch mehr Verschönerungen zur Vervollkommnung des Bildes angebracht werden. Als Farbe der dunkeln Stellen nimmt man Indigo, braunen Krapplack und Vandykbraun.

Die Trauerbirke ist durch die schöne Farbe ihres Stammes und graziöse Umrisse überhaupt außerordentlich malerisch und besonders dann, wenn sie einen rieselnden Bach überschattet, und mit andern Bäumen contrastirt. Der Stamm der Birke ist der Rahmfarbe ziemlich ähnlich und einige Stellen sind sogar vom zartesten Weiß, das, wenn die Rinde abfällt, (an manchen Theilen) sehr gefällige Abwechslungen zeigt. Diese Farben sind horizontal aufzutragen. Auch sieht man bei den Birken ähnliche dunkle Streifen, wie die der weißen Pappeln (Silberpappeln). Jene Farbe, die man für den Stamm der Silberpappel nimmt, wendet man auch für den der Birke, nur mit dem Unterschiede, an, daß sie bedeutend leichter gehalten wird, ausgenommen für die Schattenseite, Blau weggelassen wird. Auch die Esche stellt sich sowohl durch den Character ihres Laubwerks, als durch die Farben ihres Stammes, die noch erhöht und characteristischer werden, wenn sie am Ufer eines schnellfließenden Flusses oder im Innern eines Waldes wächst, bei ländlichen Scenen malerisch dar. An solchen Stellen erscheint der Stamm im Allgemeinen hellgrau, was unter Umständen noch durch zartes Moos häufig von reicher grüner und brauner Farbe verschönert wird; die oben angegebene Farbe mit Hinweglassung von einigem Vandykbraun, wird auch hiezu genommen. Uebrigens ist der Stamm der jungen Esche, in Beziehung auf die Farben, von dem der alten dadurch verschieden, daß er grünlich-grau ist, zu seiner Darstellung braucht man nur Kobalt mit etwas Vandykbraun, oder gebrannter Siena. Bedarf es eines höheren Grades von Kraft, so wird Indigo wirksamer sein, als Kobalt. Eiche und Ulme kommen so häufig vor, daß ich eine Beschreibung derselben für unnöthig halte. Dagegen verdienen die Steinfichte und die schottische Tanne Erwähnung, da das tiefe feierliche Dunkel ihrer Aeste und die warme Farbe ihrer Stämme sehr geeignet sind, einen Gegensatz zur Luft zu bilden, und ihn weit zurücktreten zu lassen. In Bezug auf Farbe sind sie wenig von einander verschieden. Indigo, rohe Siena, Vandyk-Braun, grüner Zinnober, werden dazu verwendet. Die Conturen zieht man mit roher Siena, die nicht schnell trocknet; allein da diese Farbe zur Vollendung zu schwach ist, so muß ihr durch Beimischung von Indigo, Gummigutt und Braun-Roth (brown pink) noch einiger Glanz gegeben werden. Der Stamm wird durch gebrannte Siena, ein wenig gelben Oker und etwas Kobalt dargestellt. Je nach Umständen ist es oft nöthig, die Farben zu nüanciren, und hierzu ist brauner Krapplack (brown madder) oder Indisch-

8

Roth tauglich. Indigo mit braunem Krapplack, auf die erste Anlage aufgetragen, giebt die richtige Tinte für Schattenseiten. Der untere Theil dieser Stämme ist in der Regel grau.

Was im Vorstehenden bezüglich des Malens von Baumstämmen gesagt wurde, gilt im Allgemeinen auch für Aeste und Zweige. Diese Letzteren pflegen mehr dunkelfarbig zu sein und können, da sie zart gemalt werden müssen, mittelst heller Nüancirung nicht hergestellt werden. So verschieden wie die Bäume in unserer Natur, im Aeußern ihres Holzwerks, sich dem Auge darstellen, ebenso groß ist der Unterschied in der Laub= und Nadelparthie. Für die practische Ausführung des unendlich variirenden Baumschlags, giebt es kaum eine theoretische Anleitung. Hier müssen die verschiedensten Mittel zum Ziele führen. Als Norm mag gelten, daß alle Baumschlagparthieen aus dem Dunkel in das Helle zu arbeiten sind, so, daß die höchsten Lichter bis zuletzt ausgespart werden. Auf diese Weise erhält jegliches Laubwerk eine plastische Modellirung, besonders dann: wenn Schatten und Halbschatten dünn und durchsichtig mittelst Lasurfarben angelegt werden.

Von dem Grün der Natur.

Nachdem ich allgemeine Winke in Beziehung auf den Charakter und die Farbe der Bäume gegeben habe, die zur Schönheit einer Landschaft beitragen, muß ich auch Einiges in Betreff jener grünen Farben bemerken, mit denen sich überhaupt die Natur bekleidet, doch will ich meine Betrachtungen nur auf den Vordergrund beschränken, für welchen die nachbenannten Töne bei richtiger, mit einigem Geschmack vorgenommener Mischung, jede gewünschte Mannigfaltigkeit hervorbringen werden. Grüner Zinnober, Indigo, gebrannte Siena, Braunroth (pink), ungebrannte Siena, Judischgelb, nach Umständen gelber Oker, und manchmal Vandykbraun sind zu nehmen. Ich muß jedoch bemerken, daß das Grün, aus einer Mischung von Indigo und Indischgelb allein, nur sparsam angebracht werden darf, da es, vorherrschend einen grellen Effekt macht. Dagegen mag es bei andern Pflanzen, die den Vordergrund zieren und bereichern, mit Vortheil angewendet werden. Man erhöht in diesem Falle Frische und Mannigfaltigkeit, die dem Auge im Gegensatze zu den weicheren Tönen, die sie gewöhnlich umgeben, wohlthuend sind.

Wie bereits an einer anderen Stelle angedeutet wurde, darf leuchtendes Grün in der Landschaft nur höchst sparsam Verwendung finden. Selbst Bilder, in denen Baumschlag und üppig prangende Fluren vorherrschen, sollen auf den Beschauer durch warm rothgelbe Lokaltöne, denen ein Gegensatz in violetten und grauen Schatten entgegensteht, einen wohlthuend harmonischen Eindruck hervorrufen.

Erde, Felsen, Wege zu malen.

Da diese Anweisungen über grüne Farben für das Weiterschreiten hinreichend sein werden, so gehe ich zur Mischung derjenigen Farben über, die zur Darstellung der Erde, von Felsen und Gebäuden nöthig sind. Die Erde ist je nach der Natur des Bodens, sehr verschieden an Farbe. Hier bewundern wir den glänzenden Ton des Kieses, dort die verschiedenen Farben des Lehms und Sandes, und dann wieder ein erdiges Ufer vom tiefsten Braun, dem manchmal ein röthliches Grau beigemischt ist. Sind sie vom üppigen Laubwerk überhangen, so macht der harmonische Contrast der Farbe einen sehr angenehmen Eindruck, der noch durch den tiefen Schatten unter den Aesten und auf dem Ufer, das häufig wilde Blumen, Farrnkraut und andere Pflanzen zieren, erhöht wird.

Ich bemerke hier, daß eine ans Rothe oder an Purpur streifende Farbe, im Contraste mit reichem Grün, sehr angenehm sich dem Auge darstellt. Die für Wege zu mischenden

Farben sind gelber Ofer, leicht Roth, Vandyk=Braun, Cölner oder Cassler Braun und sollte eine kältere Abstufung nöthig sein, so gebe man etwas Kobalt oder Indigo zu.

Jede Mannigfaltigkeit der Farben für Wege kann durch die benannten im Allgemeinen hervorgebracht werden, mit Ausnahme einiger Localtöne, die mehr in's Purpurroth fallen. Für diese nehme man Indisch=Roth statt gebranntem Hellofer, und erhöhe das Blau um einige Grade. Erdufer von reicher brauner Farbe stellt man durch Vandykbraun, gebrannte Siena, Gummigutti oder rohe Siena dar; soll der Ton noch reicher gehalten sein, dann nehme man Braunroth statt Vandyk=Braun. Für Felsen, deren Färbung häufig vom Röthlichen in's Braune oder Purpurbraune und Violettgraue übergeht, und für solche, welche die verschiedensten Verwitterungsfarben zur Schau tragen, giebt ein richtiges Verhältniß folgender Farben jede mögliche Nüance: brauner Krapplack, gebrannter Hellofer, Vandykbraun, Brown Pink, Kobalt und Indigo; die verschiedenen Töne aus der Verbindung derselben können nach Bedarf und zur letzten Vollendung durch helle Tinten lichter gemacht werden. Die Farbe der architektonischen Gebäude hängt insbesondere von der Art des Baumaterials ab; entweder sind es Steine und Verputz von verschiedenen Farben, oder ist es Marmor diverser Art. Waren sie ein und mehrere Jahrhunderte der Einwirkung der Atmosphäre ausgesetzt, so nehmen sie eigenthümliche Farben an, die, von den Strahlen der Sonne beleuchtet, einen herrlichen Effect machen, wie man manchan alt verwitterten Bauten sehen kann.

In diesem Falle bedarf es der getreuen Nachahmung, welche die meist vielfarbigen Details zeigen. Die bei altem Mauerwerk zu Tage stehenden dunklen Steine heben sich von den lichtgrauen Fugen kenntlich ab, dazwischen treten häufig malerische Unregelmäßigkeiten unterbrechend ein. Auch hier gilt genaues Naturstudium als bester Führer zur Wiedergabe des Originals.

Ueber die Darstellung des Wassers.

Das Wasser ist seiner natürlichen Beschaffenheit nach ein flüssiger, durchsichtiger Körper ohne Form und Farbe, Geschmack und Geruch, erhält aber letztere Eigenschaften unter gewissen Bedingungen und Einflüssen. Die Formen entstehen je nach dem Zustande größerer und geringerer Bewegung, in welchem es sich befindet; Farbe, Geschmack und Geruch erhält es durch Boden, Umgebung und Beimischung fremder Bestandtheile. So gleicht in Ansehung der Formen ein ruhiges, klares Wasser einem glänzenden Spiegel, dagegen das Wogen des stürmischen Meeres oder größerer Seen den zerrissenen Massen der Gletscher oder zackigen Gebirgsformationen. In Betreff der Farbe zeigt ein seichtes, klares Wasser die Farbe des Bodens, über den es hinfließt, oder die Farbe der Luft und seiner Ufer, die sich darin spiegeln. Manche Wassermassen haben indessen eine eigenthümliche besondere Färbung, wie verschiedene Meere, Seen und Flüsse: die Nordsee und der Ocean sind intensiv grün, das Mittelmeer blau, der Genfersee silberfarben, der See von Nemi schwarzblau, der Königssee smaragdfarbig, der Rheinstrom hat eine tiefgrüne, die Donau eine blaue, die Tiber und der Main eine gelbe, Neckar und Isar graue Farbe. Geruch und Geschmack nimmt das Wasser durch in demselben aufgelöste Theile anderer Körper an, wie das Meerwasser, die Salzseen, die mineralischen Schwefel- und Sauerbrunnen.

In der Natur erscheint dieses Element unter zwei verschiedenen Hauptgestalten, entweder als lebendiges bewegtes, oder todtes unbewegtes. Meere, Flüsse, Quellen sind in beständiger sichtbarer Bewegung, erstere entweder durch Stürme oder durch Ebbe und Fluth, letztere durch das Gesetz des natürlichen Falles — des hydrostatischen Druckes —, indem sie von höher gelegenen Gegenden nach tiefern zufließen.

Bei der Darstellung des Wassers, nach Form und Farbe, mögen die folgenden Andeutungen im Allgemeinen als Richtschnur dienen.

Wie Luft und Wolken hat auch das Wasser seine Linien- und Luftperspectiven, die genau beobachtet sein sollen. Befindet sich eine Wassermasse, ein See, ein Fluß, im Hinter- oder Mittelgrunde des Bildes, so wird dieselbe mit den Farben der Luft und nach gleichen Regeln gemalt; bildet das Meer den Horizont, so wird es wie eine Bergkette in äußersten Formen sich darstellen und eben so behandelt, nur daß eine ebene wagerechte Linie die Grenze mit der Luft bildet. Ultramarin, Kobalt und Pariser Blau sind unter den Aquarellfarben für die Behandlung des Wassers in Hinter- und Mittelgründen anwendbar. Befindet sich die Wassermasse im Vordergrunde oder in der Nähe desselben, so legt man sie mit ihrem Lokalton und der Farbe der Gegenstände, die sich darin spiegeln, zugleich und mit diesen an. Ein ruhiges Wasser, ein See oder sanftfließender Strom, zeigt zuweilen mitten auf glänzendem Spiegel eine trübe Stelle von dunklerer Färbung, welche entweder von unteren Strömungen oder von einem Luftzuge herrühren; sie sind sehr geeignet, die eigenthümliche Natur dieses Elements zu characterisiren und in einem Bilde, schicklich angebracht, von Wirkung. Diese Stellen lassen sich mit Berlinerblau oder Indigo angelegt und mit chinesischer Tusche, so wie ganz vorne hie und da mit Saftbraun überarbeitet, sehr gut wiedergeben.

Zeigen sich auf der Oberfläche bei mäßig bewegten Wasserparthien kleine Wellen, so haben sie auf ihrer beleuchteten Seite die Luftfarbe mit da und dort glänzenden Lichtblicken und schattiren sich bei trüber Witterung graubläulich, oder bei schönem heitern Himmel mit transparentem grünlichem oder gelbbräunlichem Tone.

Die Strömung eines Flusses oder Baches ist schwierig darzustellen. Sie ist in der Mitte stärker sichtbar als an den Ufern, welche sie aufhalten. Es ziehen sich glänzende oder dunklere Streifen von mehr oder weniger parabolischen Einbiegungen von den Ufern nach der Mitte zu stromabwärts. Bei heftig reißenden Flüssen und Bächen oder solchen, die über ungleichen, felsigen Boden hinfließen, bilden sich Massen von Schaum, der sich mit dem Wasser hinabzieht und in seinen Formen den mehr oder weniger raschen Lauf der Strömung ausspricht.

Von den Ufern oder den daraus hervorragenden Gegenständen ist eine mäßig bewegte Wasserfläche stets durch einen glänzenden Streifen getrennt, der entweder ausgespart, abgehoben oder durch Radiren vermittelst einiger sparsambreisten Züge dargestellt wird.

Von der Abspielung der über oder um die Wasserfläche befindlichen Gegenstände sei gesagt, daß man den Wiederschein zugleich mit dem Gegenstand anlegt, der ihn hervorbringt, dann: daß der Wiederschein am kräftigsten, wo er dem abspiegelnden Gegenstande am nächsten ist, und daß ein sehr reines Wasser den Gegenstand meist in einem etwas tiefern Tone, ein unreines aber matter abspiegelt.

Die Wogen einer durch Sturm heftig aufgeregten großen Wassermasse, namentlich des Meeres oder eines bedeutenderen Sees, zeigen, wie schon berührt, in ihren Formen viele Aehnlichkeit mit den Bildungen der Gletscher oder wilder zackiger Felsgebirge. Entweder sie stellen lange gleichlaufende Furchen dar, deren Basis unter der aufgestiegenen Woge fortrollt, weshalb diese, wenn sie ihre Höhe erreicht hat, nach rückwärts schäumend überschlägt, während die heftige Gewalt des Windes die Schärfe des Kammes nach vorwärts wegfegt; oder sie bilden zwei Reihen sich durchschneidender Furchen, auf welchen die Wellen als isolirt stehende Felszacken erscheinen, die abwechselnd aufsteigen und dann in sich selbst wieder zusammenstürzen. Der Localton ist derjenige des Himmels und der Wolken; nur haben die Schatten mehr Transparenz und einen bräunlich-grünlichen Ton mit gelblichen Reflexen, und die Schlagschatten, da sie von einer durchsichtigen Masse herrühren, sind sehr schwach. Für die blitzenden Lichtblicke, die scharfen Kanten und das Flockige des spritzenden oder strudelnden Schaumes leistet das Radirmesser treffliche Dienste; ebenso ein in Form eines Zeichenstifts zugeraspeltes und in eine Reißfeder eingespanntes Stückchen Bimstein, womit diese Stellen herausgeschliffen werden. Namentlich das Wollige, Flockenartige des Schaumes läßt sich auf letztere Weise täuschend nachahmen.

Bei großen Caskaden; dem Rheinfalle bei Schaffhausen, den Caskaden von Tivoli, dem Staubbach u. A. bildet das herabstürzende zerrissene Wasser eine Masse von Schaum oder Regen in größeren oder kleineren Partieen, durch horizontale in der Mitte unterwärts eingesenkte sackförmige Linien zertrennt und erhält es ein undurchsichtiges milchartiges Ansehen. Ist die Luft rein und scheint die Sonne, so gestalten sich durch die Brechung der Lichtstrahlen in dem aufsteigenden Wassernebel die mannigfaltigsten Farbenspiele und prachtvollsten Erscheinungen des Regenbogens, welche sich durch malerische Technik nicht nachbilden lassen. Hierbei dürfte übrigens noch die Bemerkung eine Stelle finden, daß Darstellungen von Wassermassen dieser Kategorie, ganz im Vordergrunde eines Bildes angebracht, selten von befriedigender Wirkung sind; mehr, wenn sie nach der Mitte oder noch weiter nach hinten gerückt placirt erscheinen, wo in der Natur selbst die heftigste Bewegung mehr total und fixirt dem Auge des Beschauers sich darstellt und einen ruhiger einheitlichen Eindruck hervorbringt.

Bei der Darstellung des Wassers verhält es sich, in Bezug auf die Wahl der Mittel, wie bei der Wiedergabe von Lüften. Sorgfältige Untermalungen und Lasiren mittelst entsprechender Lokaltöne kann diesem Theile Naturtreue und da, wo es erforderlich ist, bei Tiefe, volle Durchsichtigkeit verleihen. Die höchsten Lichte mit Weiß aufzusetzen, bleibt unstatthaft, da auch solche Farbe bedingen.

Ueber die Haltbarkeit der Gemälde.

Um einen Begriff über die Haltbarkeit des Gemäldes zu haben, ist es vorerst nothwendig zu erfahren, wie die Farbe ursprünglich erzeugt wird, und dann, warum sie in einzelnen Fällen vergänglich und in andern vollkommen dauerhaft ist, ich schicke deshalb voraus, daß ich die Farben als in den Strahlen des Lichtes, und nicht in der Materie, die so genannt wird, existirend betrachte, sowie daß diese Strahlen nur die drei Urfarben Blau, Roth und Gelb enthalten.

Aus diesen entstehen alle Nüancen in der Natur, aber keine dieser drei Urfarben kann aus irgend einer Mischung der andern hervorgebracht werden. Wird dieser Grundsatz als richtig anerkannt, so folgt daraus, daß die Oberfläche irgend eines bemalten Stoffes die Eigenschaft haben muß, die darauffallenden Strahlen des Lichtes zu trennen oder zu theilen, wodurch Farbe entsteht. Die Eigenthümlichkeit der Färbung hängt natürlich von der Eigenschaft der Oberfläche, und ihre Dauerhaftigkeit von der Qualität oder Masse des aufgetragenen Materials ab. Ist daher das, was man Farbe nennt, nur dünn aufgelegt, so wird diese schwache Farbenschicht im Laufe der Zeit durch die Einwirkung des Lichtes oder andere Ursachen so verändert werden, daß sie die Kraft verliert, die gefärbten Strahlen ins Auge zurückzuwerfen, und dann sagt man: die Farbe ist verflüchtigt oder das Bild ist verblichen. Darin mag der Grund der Vergänglichkeit mancher Bilder liegen, die nach der alten Methode mit Tusche und zuweilen einer Beimischung von etwas Indigo oder Neutraltinte angelegt und, wenn sie fertig sind, wie ein leicht colorirter Kupferstich aussehen. Die sparsamen Mittel, durch die diese Tinten erzeugt werden, sind dem Verderben ausgesetzt und verlieren bald die Farbe. Deshalb glauben auch viele, daß Wasserfarben nicht dauerhaft seien. Sie sind aber im Gegentheil vollkommen dauerhaft, sobald das Material nicht gespart und alle Vorbereitung durch Grau unterlassen wird. Um diese Behauptung zu beweisen, kann ich mehrere Studien vorzeigen, die vor mehr als 70 Jahren unmittelbar nach der Natur mit Wasserfarben gemalt wurden, und noch so frisch aussehen, als wenn sie erst gestern gefertigt wären. Auch bemerke ich, das Raphaels Cartons über dreihundert Jahre existirt haben, ohne daß besondere Sorgfalt auf ihre Erhaltung verwendet wurde; und diese Cartons sind, wie man weiß, mit Wasserfarben gemalt. Alte illuminirte Manuscripte beweisen gleichfalls die Dauerhaftigkeit der Wasserfarben, wofern nur diese in hinlänglicher Masse aufgetragen und hauptsächlich vor der Zerstörung durch Sonnenlicht geschützt sind.

Weit näher liegt in unserem Zeitalter die Zerstörung

der Aquarellen durch die geringe Dauerhaftigkeit des Papiers, welches in Folge von chemischer Bleiche schon vom ersten Beginn ab den Keim der Zerstörung in sich trägt. Man achte deshalb bei der Erwerbung von Zeichnen- und Malbogen hauptsächlich darauf, daß solches chlorfrei sei, eine Gewißheit, welche man beim echten **Wathmannpapier** stets haben kann.

Vom Studium nach der Natur.

Der Vortheil, der durch das Studium der Natur erreicht werden sollte, wird meistens dadurch verringert, daß Viele die ganze Zeit mit flüchtigen Skizzen-Entwerfen vertündeln, von denen sie später nur wenig benutzen können; statt dessen sollte der junge Künstler, wenn er aufs Land kommt, vor Allem die **Kenntniß der Farben unmittelbar von der Natur** sich anzueignen trachten, zu diesem Behufe sich einen Theil oder das Ganze eines malerischen Vorbergrundes für seinen ersten Versuch aussuchen und zur Vollendung desselben sich gehörige Zeit gönnen.

Beim Malen oder Skizziren nach der Natur ist es erforderlich, speciell auf die Verschiedenheit der Beleuchtung während des Vor- und Nachmittags zu achten, weil, wenn die Sonne im Zenith gestanden, d. h. wenn in Praxis Mittag gewesen ist, Licht und Schatten in der Landschaft einen völligen Wechsel vollziehen; daher auch solche Naturstudien, wenn sie nicht an **einem Vor- oder einem Nachmittag** zu fertigen sind, erst an den entsprechenden Zeitabschnitten der folgenden Tage vollendet werden können. Solche Contraste zwischen Licht- und Schattenconstruktion müssen besonders dann genau vorher erwogen werden, wenn es sich um die Composition einer Landschaft aus der Zusammensetzung verschiedener Studien handelt, da außerdem nur zu leicht Widersprüche in der Beleuchtung derselben entstehen.

Der Mittag eignet sich hauptsächlich dazu, einen richtigen

Umriß von einer Scene mit weiter Aussicht zu zeichnen. Auch rathe ich dem Schüler, jede Gelegenheit zu benutzen, nicht allein die allgemeine Erscheinung der Natur, sondern auch die mannigfaltigen Veränderungen, sowohl in Beziehung auf Farbe als Effect während der verschiedenen Jahreszeiten, sich einzuprägen, sowie auch die häufigen, oft plötzlich eintretenden Witterungswechsel nicht unbeachtet zu lassen. Hat er Talent zur Beobachtung, so wird es ihm höchst wahrscheinlich gelingen, zu Hause eine Landschaft nach seinen Umrissen zu fertigen. Um aus dieser Methode Nutzen zu ziehen, müssen Geist und Gemüth ganz frei sein, seine Mappe liegt neben ihm, und sein Bleistift wird nur ergriffen um Notizen für spätere Tage aufzunehmen. Ich verwerfe die Umrisse, um eine Partie von Ansichten zu sammeln gar nicht, wenn man sich die Zeit nimmt, einen Theil davon zu coloriren. Nach Rückkehr vom Lande wird er nicht mehr wissen, was er mit seinen Skizzen in Beziehung auf Farbe und Effect machen soll; und da er der Aufgabe, aus ihnen ein Gemälde zu fertigen, nicht gewachsen ist, so wird sein einziger Ausweg der sein, daß er die Gemälde-Gallerie häufig besucht und sieht, wie andere gearbeitet haben. Indem er dann ein Stück von einem und so viel er kann, von einem andern entlehnt, und das Resultat auf sein eigenes Gemälde überträgt, entsteht aus dem Ganzen möglicherweise doch nur ein Stückwerk.

Die ersten nach der Natur gemalten Studien sollen nur einfache Gegenstände, einen Baum, Busch, eine Felsenparthie, welche bis in kleine Details auszuführen sind, enthalten. Nach erlangter Uebung bleibt es dann dem Maler vorbehalten, umfangreiche Studien anzufertigen, welche den Werth fertiger Landschaftsgemälde erlangen können und sich durch die Wiedergabe unmittelbarer Naturanschauung vortheilhaft auszeichnen werden.

Die Malerei mit Deckfarben

ist ganz dieselbe wie die Dekorationsmalerei, nur meistens im kleinen Format; sie eignet sich am besten für Dioramen, Panoramen und ist in neuester Zeit zum Malen von Blumen, Albumblättern u. s. w. unter dem Namen „Gouachemalerei" sehr in Mode gekommen.

Man benutzt zu letzerer ein gutes, graues Cartonpapier und feuchte Wasserfarbe, welche in England bei Winsor und Newton's 38 Rathbone Place, London, und in Düsseldorf bei Dtr. Fr. Schönfeld u. Co. bereitet und in kleinen Porzellankästchen verabreicht wird, die, um das Trocknen zu hindern, mit Steinöl umhüllt sind.

Vor Gebrauch derselben feuchte man jede Farbe durch einen Tropfen reinen Wassers an, nehme 2 gute nicht allzufeine Marderpinsel, fülle den einen mit dem dunkelsten Tone der zu malenden Blume und den andern mit dem hellsten, male zuerst die Tiefen und schnell, ehe die nur wenig nasse Farbe trocknet, die hellsten Töne, und erziele den Mittelton durch weiches Ineinandermalen. Gelingt es nicht sogleich, den rechten Farbenton zu finden, so verschärfe man durch Aufsetzen der hellsten Farben die Lichter und durch Lasiren mit dunkler Lasirfarbe, die Tiefen. Roth, z. B., untermalt man am besten mit Saturnroth oder Vermillon, nach Bedürfniß mit Neapelgelb und Weiß gemischt, und lasirt dann die tiefen Schatten mit Krapplack und zuweilen auch etwas Neutraltinte, die aber sehr vorsichtig zu gebrauchen ist, weil sie leicht kalt und stumpf macht.

Alle von den Dekorations- und Stubenmalern gebrauchten Farben, mit Ausnahme derjenigen, die das Sonnenlicht nicht vertragen, können zur Deckfarbenmalerei verwandt werden, müssen aber nicht blos fein geschlemmt, sondern auch noch tüchtig gerieben werden. Man hat in der Dekorationsmalerei Farben, die eine famose Wirkung hervorbringen und brillanter sind als Oelfarben, wie z. B. das Bremerblau eine ganz herrlich leuchtende Farbe zu Lüften ist, auch der trockene Zinnober leuchtet viel mehr, als der mit Oel angeriebene. Was bei der Malerei mit

Deckfarben seine Schwierigkeiten hat, ist das weiche Vermahlen des einenen Farbentons in den andern und das Berechnen derselben, da alle Farben naß anders aussehen als trocken; hier muß man immer probiren, indem man sich ein Stück dickes weißes Löschpapier hinlegt und den gemischten Ton darauf trocknen läßt, ehe man ihn verwendet. Das Papier worauf man malen will, wird auf einen Blendrahmen gespannt, und wenn man größere Flächen aufträgt, von hinten naß gemacht, wodurch die aufgetragene Farbe länger vom Trocknen abgehalten wird, das Bindemittel für Deckfarben ist Gummi arabicum in Wasser aufgelöst. Vor Bleiweiß und Crennitzerweiß nehme man sich in Acht, weil dasselbe schwarz wird, Zinkweiß ist besser, Schlemmkreide entschieden am besten, aber etwas schwierig zu behandeln. Auch ist Permanentweiß als gut zu empfehlen.

Transparente zu malen.

Diese werden bei Lichtbeleuchtung gemalt. Sollen sie groß sein, so nimmt man dazu Leinwand oder leichtes Baumwollenzeug, bei kleinen Bildern aber Papier und spannt dasselbe auf einen Blendrahmen, ersteres mit Nägeln, Papier mit Leim.

Das betreffende Papier braucht man nicht zu ölen, sondern leimt es vorher und fertigt nur solche Stellen, an welchen eine Fackel, ein Licht oder der Mond dargestellt werden soll, von rückwärts durch Oel transparent an; ebenso verfährt man mit den Abspielungen, d. i. den Reflexen dieser Lichter im Wasser.

Man bedient sich hierzu noch besser eines fettigen Lackes, soll sich aber um solches Licht ein weit strahlender Lichtkreis bilden, dann kann man auch Oel nehmen. Die Transparente auf Leinwand oder Baumwolle werden mit Oelfarbe gemalt, das Weiß wirkt dabei immer als Schatten, sonst verwendet man Lasurfarben, von denen man vorher versucht, welche am brillantesten sind; auf Papier kann man aber auch mit Tuschfarben malen, die Wirkung ist die nämliche wie mit Oelfarben.

Das Zeichnen mit farbigen Stiften.

Die Zeiten der Pastellmalerei sind vorbei, nur noch einige Epigonen der alten Schulen geben sich damit ab, denn in Kunsthandlungen mit vielen hundert Bildern sieht man kaum noch ein Pastellgemälde; das Vertrauen zu diesen Farben ist erschüttert; sie sind zu empfindlich gegen Licht, Feuchtigkeit, und leiden bei der geringsten Veranlassung Schaden. Wenn nun aber auch die Pastellmalerei nicht mehr im Schwunge ist, so hat sie uns doch eine Nachfolgerin gelassen, welche bezüglich des Portraitirens Aufmerksamkeit verdient, weil sie den Vortheil gewährt, daß das Bild schneller vollendet werden kann, als bei der Oelmalerei; allerdings bleibt es weniger dauerhaft. Man hat in den letzten Jahren die Pastellstifte dünner fabrizirt und durch einen stärkern Zusatz von Gummi ihnen die Härte gegeben, welche schwarze Kreide hat. Man kann sich diese Stifte mit der Hand selbst rollen und bedient sich hierzu aller zur Oelmalerei verwendbaren Farben, indem man sie statt mit Oel mit äußerst dünnem Gummiwasser anrührt, aber man lasse sich nicht verdrießen, wenn man einen und denselben Stoff mehrmals wieder zusammenkneten muß. Wer sich dem nicht aussetzen will, kaufe lieber seine Stifte, wobei er überhaupt billiger wegkommt. Alle helleren Nüancen werden durch Zusatz von Schlemmkreide gebildet, Bleiweiß oder Cremnitzerweiß taugt hierzu nichts.

Die bunten Stiftzeichnungen werden erst mit einem Korkwischer oder dem Finger unterwischt, wobei man mit den brillantesten Farben anfängt, ganz entgegengesetzt von allen andern Malweisen. Nachdem man sich seine Anlagen unterwischt hat, gebraucht man die zugespitzten Stifte wie die schwarze Kreide, die man auch als Schwarz sparsam verwendet. Solche Zeichnungen lassen sich nur unter Glas aufheben, das Papier dazu wählt man etwas scharf gekörnt und licht farbig, gelblich oder grau. Die selbstgefertigten Stifte müssen im Schatten und möglichst langsam getrocknet werden.

Malerei auf Seide.

Sie wird sehr häufig bei Fahnen angewandt, und hat keine Schwiergkeiten mehr, wenn sie gut ausgeführt werden soll. Die Seide wird erst auf einem Blendrahmen gespannt und da man besonders auf heller Seide nicht viel zeichnen kann, so hilft man sich dadurch, daß man die Zeichnung erst auf Papier fertigt und mit einer Stecknadel alle Striche durchpunktirt. Hierauf legt man das Papier auf die ausgespannte Seide auf und betüpft alle durchpunktirten Striche mit einem leinenen Beutelchen, was mit feinem Kohlenstaub gefüllt ist; es ist gut, wenn der Stoff zu dem Beutelchen nicht zu dicht ist, sonst geht wenig hindurch; zu dem gemischten Kohlenstaub thut schwarzes Zahnpulver gute Dienste. Die hier angeführte Manier durchzupaußen kann man auch bei Decorationsmalereien auf Wänden anwenden.

Zur Seidenmalerei dürfen blos Saft und Tinkturfarben gewählt werden, weil Erdfarben den Glanz des seidenen Zeuges sehr verdecken würden, auch darf kein anderer Gummi als Gummi Tragant angewendet werden, und dieser muß noch von der weißesten Sorte sein; er verhindert nicht nur das Auslaufen der Farben, sondern er erhöht sie noch, da gewöhnlicher Gummi sie dunkel und schmutzig macht. Dieser Gummi Tragant wird aber in so viel Wasser aufgelöst, bis er beiläufig die Consistenz des Baumöls hat. Flußwasser durch Fließpapier filtrirt, um es von seinen Unreinigkeiten zu befreien, ist das beste zu diesem Zwecke.

Die Probe eines guten Wassers ist, wenn man Seife darin zergehen läßt und selbige nicht untersinkt. Um viele

Farben zu erhöhen nehme man weißen Kandis, des wenigen Alkalis wegen, das manchen Farben schadet, den Carmin z. B. in Purpurroth verwandelt, — doch nicht zu viel, weil sonst die Farbe Feuchtigkeit an sich ziehen kann und der Leckerei der Fliegen ausgesetzt ist. Der Citronensaft, der ebenfalls zur Erhöhung der Farben beiträgt, muß geläutert und abgeklärt oder noch besser, an der Sonne destilirt sein. Je feiner die Farben sind, um desto schöner ist ihre Wirkung.

Malerei auf Holz

für Nachbildungen von eingelegten Kunsttischlerarbeiten sowie für allgemeine künstlerische Verzierungen,
unter Berücksichtigung aller Vor- und Nebenarbeiten.

Die Malerei auf Holz läßt sich in zweierlei Weise behandeln, indem man entweder die Malerei ganz allgemein als Verschönerungsmittel anwendet, d. h. die Oberflächen von hölzernen Gebrauchs- oder Kunstgegenständen mit Bildwerken, Blumen, Genrebildern oder dergleichen schmückt, ganz analog wie man Porcellan durch Malerei verschönt, oder indem man die Flachornamentik der eingelegten Arbeiten der Kunsttischlerei durch Zeichnung und entsprechende Farbentönung nachahmt.

Beide Manieren benutzen dasselbe Material, Holz als Zeichengrund, Aquarell- oder Deckfarben*) zum Malen. Die Nachahmung der eingelegten Arbeit ist aber bei weitem leichter und bei gewissenhafter und aufmerksamer Sorgfalt des Arbeitenden auch von einem Anfänger und künstlerisch nicht Begabten, mit befriedigendem Erfolg auszuüben, während die erstere Methode bereits volle Fertigkeit im Zeichnen und Malen an sich voraussetzt. Dem Anfänger ist daher sehr zu empfehlen, sich zunächst jedenfalls auf die Nachahmungen der eingelegten Kunsttischlerarbeit zu beschränken, um nicht durch Mißerfolge enttäuscht zu werden, und nur wer sonst

---

*) Man verwende die Ackermannschen, englischen, oder die französischen Farben von Chenal, auch sind die feuchten Wasserfarben in Blechtuben von Schönfeld in Düsseldorf oder die englischen (moist colours) von Windsor & Newton empfehlenswerth.

bereits im Zeichnen und Malen geübt ist, sollte versuchen die allgemeine Kunst auf Holz zu übertragen, da ohnehin dieses Material der Arbeit manche Schwierigkeiten entgegensetzt, weil es einen schwieriger zu behandelnden Malgrund darbietet. Ferner ist von vornherein darauf aufmerksam zu machen, daß alle gekrümmten Flächen der Zeichnung selbstverständlich größere Schwierigkeiten darbieten als ebene, oder wenigstens nur schwach gekrümmte, daß sich demnach vorzugsweise nur solche Holzgegenstände zur Verzierung durch Malerei eignen, welche mindestens eine oder hauptsächlich gerade Flächen darbieten, wie Kasten aller Art, für Handschuhe, Cigarren, Taback, Thee, Zucker, Spielmarken, Briefmarken, Geld- und Schmuck-Kassetten, Uhrgehäuse, ferner Deckel für Notizbücher, Photographiealbums 2c., Lampenteller, Tischplatten u. s. w. Bei runden Dosen, Schalen und dergleichen sind nur die ebenen Deckel, resp. Bodenflächen mit Zeichnungen zu schmücken, die stark gekrümmten dagegen am besten nur mit einem Farbenton zu überdecken, falls man es überhaupt vorzieht, statt der Farbe des Naturholzes die eines anderen zu imitiren.

Die Holzgegenstände selbst sollten nur von Tischlern, die saubere Arbeit liefern, womöglich von solchen, die speciell für Malzwecke arbeiten, deren es jetzt in vielen größeren Städten einen oder mehrere giebt und die auch mit dem Poliren zuverlässig Bescheid wissen, bezogen werden. Empfehlenswerthe Bezugsquellen sind: G. Weber & Co. und R. Friedel & Comp. in Eßlingen, Hoftischlermeister Scheidemantel in Weimar, Zeichnenutensilienhandlungen von Spielhagen und von Adolph Heß in Berlin, ferner del Vecchio in Leipzig, sowie Tischlermeister Wünsche ebendaselbst Schulstraße 1 und Kunsthandlung von Emil Richter in Dresden, auch sind von der Kunsthandlung von Mey & Widmeyer in München speciell Holztafeln und Tischplatten in jeder Größe zu beziehen.

Wahl der Holzart und Vorbereitung des Holzes zum Malen.

Von allen Holzarten ist Ahorn am geeignetsten, demnächst Lindenholz. Diese haben neben gleichmäßiger Textur den Vorzug sehr hellfarbig zu sein und die aufgetragenen Aquarellfarben erscheinen daher, selbst in dünner Schicht aufgetragen, in ihrem eigenthümlichen Colorit. Kastanien und Erlenholz ist an sich bereits weniger zum Zeichnen geeignet und beeinflußt die aufgetragenen Farben durch ihre eigene röthliche Färbung. Das dunkele Birnbaumholz ist, wenn man nicht die Färbung desselben als Grundton benutzen will, nur bei Deckfarben zu benutzen, ebenso das in Südfrankreich und Italien vielfach benutzte Olivenholz.

Erstes Erforderniß ist, daß alle Oberflächen vollkommen glatt sind. Rauhe Stellen müssen daher entweder durch den Tischler beseitigt werden, oder man muß dieselben selbst mit feinstem weißen Sand- oder Glaspapier glätten. Sodann bedarf jedes Holz einer sorglichen, besonderen Vorbereitung, um das Auslaufen der Farben zu verhindern und es zum Zeichnen und Malen vollkommen tauglich zu machen.

Selbst bei Gegenständen, die aus guten Quellen bezogen sind, ist man der erforderlichen Vorbereitung nicht immer sicher und empfiehlt es sich daher, dieselbe stets noch selbst vorzunehmen, zumal das Verfahren sehr einfach ist. Man kaufe in einer Droguenhandlung 40 Gramm feinsten Mastix, zerkleinere denselben und schütte ihn in 100 Gramm absoluten Alkohol. Nach längerem Stehen und häufigerem Umschütteln erhält man dann eine gesättigte Lösung, die klar abgegossen, in einen wohlverkorktem Medizinglase zum ferneren Gebrauch aufbewahrt wird. Mit dieser Lösung tränke man ein mehrfach, nach Art einer kleinen Compresse zusammengelegtes, reines, weiches Leinwandläppchen und überstreiche alsdann damit möglichst gleichmäßig alle Flächen, welche mit Farbe oder Zeichnung bedeckt werden sollen. Dabei ist zu vermeiden, bereits angefeuchtete Stellen nochmals zu überfahren, oder den ganzen Lack überhaupt zu dick aufzutragen. Ist der so erzeugte Lacküberzug vollständig getrocknet, wozu es einiger Zeit bedarf, so reibe man vorsichtig alle präparirten Oberflächen mit feinem weißen Sand- oder Glanzpapier soweit ab, daß der aufgetragene Lack wesentlich nur in den Poren haften bleibt und bearbeite schließlich die Flächen mit Schlemmkreide. Mann nimmt hierzu einen Polirballen, den man dadurch bildet, daß man ein Häufchen zusammengedrückter Watte auf einen doppelt zusammengelegten reinen, alten Leinwandlappen legt und nun durch Aufnehmen und Zusammenlegen der Zipfel des Lappens einen Ballen herstellt, und verreibe mit diesem allenthalben sorgsam Schlemmkreide, als wolle man die Flächen poliren, bis jegliche Rauhigkeit verschwunden ist. Durch diese Operation erzeugt man bei sorgsamer Ausführung einen vorzüglichen Zeichnengrund, auf dem es sich mit Bleistift, Feder und Pinsel gleich gut und sicher arbeiten läßt.

Vorbereitungen für die Aufzeichnungen auf Holz.

Da Reiben mit Gummi und Radiren den nach Vorstehendem präparirten Zeichengrund beschädigt und die künstlich verstopften Holzporen wieder freilegt, so muß man möglichst darauf bedacht sein, die Zeichnungen in sicheren, unabänderlichen Umrissen auf das Holz zu übertragen. Es empfiehlt sich daher bringend, und ist selbst dem geübten Zeichner zu empfehlen, die Zeichnung nicht direct auf das Holz zu entwerfen, sondern mittelst einer Pause auf dasselbe zu übertragen. Die Pause wird hergestellt, indem man eine Vorlage, oder einen eigenen, zuvor auf Zeichenpapier hergestellten Entwurf mit Pauspapier, d. i. Oelpapier, überdeckt und auf diesem mit einem mittelharten Bleistift die durchscheinenden Conturen sauber nachzieht. Bei symmetrischen Flachornamenten kann man die so erhaltene Pauscopie direct auf das Holz übertragen, indem man sie mit der Seite, auf welcher sich die Bleistiftconturen befinden, auf das Holz legt und durch Nachfahren der Linien auf der Rückseite die Zeichnung auf das Holz abdrückt. Bei nicht symmetrisch wiederkehrenden Figuren, wie bei Genrebildern, Monogrammen ꝛc.

muß man die Rückseite der Pause mit Bleistiftpulver schwärzen und nachdem die Pause mit dieser Seite auf das Holz gelegt ist, durch abermaliges Nachfahren der Conturen auf der Oberseite dieselben auf das Holz abdrücken, da die erste einfachere Methode hier ein umgekehrtes Bild geben würde. In beiden Fällen verwende man zum Nachdrücken einen harten, wohlgespitzten Bleistift, oder die untere Ecke eines kleinen Stahlhäkelhakens; der ausgeübte Druck darf aber nur so gering sein, daß nur die Zeichnung auf das Holz übertragen wird, ohne daß dieses selbst Eindrücke erhielte. Hierzu mache der Anfänger einige Versuche.

Die Pause hält man auf dem Holz am besten dadurch fest, daß man sie an mehreren Stellen außerhalb der Zeichnung durch ein wenig zwischen den Fingern erwärmtes Wachs festklebt. Sollten hiervon Spuren auf dem Holz zurückbleiben, so entferne man dieselben sorgfältig durch Fortschaben, wobei das Messer möglichst senkrecht zur Fläche, ohne Druck in der Richtung der Fasern zu führen ist. Ein schließliches Ueberreiben der Stellen mit Sandpapier ist empfehlenswerth. Die auf das Holz übertragenen Conturen bessere man, wenn nothwendig, sauber mit dem Bleistift nach, um überall volle Deutlichkeit zu erzielen.

Holzmalerei zur Nachahmung von eingelegter Kunsttischler-Arbeit.

Für die Zeichnungen der Malereien dieser Art sind nur die Muster der Flachornamentik verwendbar. Die Figuren, seien es stylvolle Linienornamente oder zu Arabesken stylisirte Blumenranken ꝛc., werden nur in den Conturen angegeben und die durch diese Conturen abgegrenzten Flächen ohne Schattirung in sich mit dem Farbenton des Materials, welches man nachahmen will, angelegt. Bei all diesen Arbeiten ist die Sauberkeit in der Ausführung der Conturen von allergrößter Wichtigkeit und hierauf großer Fleiß und Sorgfalt zu verwenden. Die Conturen werden mit chinesischer Tusche in sauberem gleichmäßig starkem Strich ausgeführt. Da sich in den Conturen der Flachornamente vielfach Linienzüge mathematischer Figuren finden, so bedarf es zur Ausführung derselben auch mathematischer Zeichen=instrumente, als rechtwinkelige Dreiecke, eine kleine Reißschiene oder Lineal, Zirkel und Ziehfeder. Alle geraden Linien sind mit der Ziehfeder an der Schiene oder dem Lineal zu ziehen, zu einer geraden, rechtwinklige gerade, sind mit Hülfe der Zeichnendreiecke auszuführen, Kreise mit dem Zirkel, geschwungene Linien mit einer feinen Zeichenfeder den vorgezeichneten Conturen nachzuziehen, und ist dabei wohl darauf zu achten, daß die mit der Feder vorgezeichneten Conturen dieselbe gleichmäßige Feinheit zeigen, wie die mit den mathematischen Instrumenten erzeugten. Die Ziehfedern geben nur dann einen saubern Strich, wenn die Feder nicht schief, sondern senkrecht zur Zeichenfläche gehalten wird, was bei'm Gebrauch der Ziehfeder im Zirkel meist versehen wird. Der Zirkel ist überhaupt sehr vorsichtig zu handhaben und nur so leise aufzusetzen, daß er kein Loch im Holz zurück=läßt. Am besten verwendet man aus diesem Grunde Zirkel mit einem sogenannten Nadelfuß oder eine Mittelpunktsplatte aus Horn, die mit ihren feinen Spitzen da in das Holz eingedrückt wird, wo Kreismittelpunkte liegen, und dann zum Aufsetzen der Zirkelspitze dient, wodurch das Holz selbst geschützt wird. Die Tusche muß intensiv schwarz eingerieben werden, doch leichtflüssig genug, um gut aus den Federn auszufließen. Uebrigens ist besonders zu empfehlen, da wo mathematische Instrumente für die exacte Ausführung der Zeichnung nothwendig erscheinen, dieselben auch bereits bei der Herstellung von Entwürfen auf Papier und Pausen mit Blei zu benutzen, damit die Vorzeichung von vornherein so sauber und scharf ausfalle, wie es von der fertigen Zeichnung verlangt wird. Auch ist des Falles Erwähnung zu thun, daß bei größeren Zeichnungen Kreise vorkommen, für die der Handzirkel nicht ausreicht. Wer keinen Stockzirkel besitzt, kann sich dann nur dadurch helfen, daß er den Kreis mit Hülfe eines Streifens starken Kartonpapiers schlägt, durch den man in einem Ende eine Nadel steckt, um den

Kreismittelpunkt zu fixiren, und dann durch ein zweites Loch Bleistift oder Ziehfeder zur Vorzeichnung des Umfanges im Kreise um den Mittelpunkt führt. Auch kann statt des Papierstreifens ein Faden benutzt werden.

Der Anfänger und die noch nicht zu selbstständigen Compositionen Befähigten finden vorzügliche Muster für die in Rede stehenden Malereien in: „Zahns Musterbuch für häusliche Kunstarbeiten, Schreibers Flachmalerei, Zschimmers Vorlagen für Holzmalerei, Schröders Holzmosaik, auch ist hier Müllers Sammlung von Monogrammen zu erwähnen. Der Anfänger wird direct Gegebenes nach den Vorlagen copiren. Das setzt voraus, daß er den Einkauf oder die Bestellung des hölzernen Gegenstandes, der bemalt werden soll, nach der Größe der ihm vorliegenden Zeichnung bestimmt, damit die Zeichnung der damit zu schmückenden Fläche wohl angepaßt sei. Auch wähle der Anfänger selbstverständlich aus seinem Musterschatz nur einfache Ornamente mit möglichst bestimmten Linienzügen. Der weiter Fortgeschrittene wird ein gegebenes Muster, das seinem Zweck zu dienen scheint, leicht durch Umzeichnung für annähernd ähnliche Dimensionen fertig stellen können und ist dadurch bereits bedeutend freier in seiner Wahl. Noch weiter ausgebildet wird man befähigt sein, verschiedene Mustertheile zusammenzusetzen, hier ein Mittelstück, dort Ecken und Kanten aus den Vorlagen auszuwählen und zu einem neuen Ganzen zusammenzustellen.

So wird schließlich der Weg zur eigenen freien Composition gefunden. Dazu kommt die freie Wahl der Farbentönung und man sieht, ein wie anregendes Gebiet zu nachahmender und selbstschaffender Thätigkeit hier aufgeschlossen liegt. Nochmals sei aber hier darauf aufmerksam gemacht, daß keine Aenderung oder kein freier Entwurf direct auf das Holz aufgezeichnet werden soll, sondern das Ganze zunächst am besten auf Zeichenpapier auf einem Reißbret ausgeführt wird und erst nachdem alles nach Wunsch, die Uebertragung durch Pausen erfolge. Der Anfänger beachte auch sorgsam, daß die Pause richtig auf die Holzfläche aufgelegt werde, nicht schief oder einseitig verschoben, und ist dazu das Vorzeichnen zu einander rechtwinkliger Mittellinien in Blei, sowohl auf der Holzfläche, als in der Pause, sehr zu empfehlen. Beim Auflegen der Pause müssen sich dann die correspondirenden Mittellinien decken. Entwirft man neue Ornamentformen in symmetrischer Anordnung, so zeichne man zunächst nur ein Viertel, oder wenn nöthig die Hälfte, und copire schon im Entwurf das übrige nach dem ersten durch Abpausen, um möglichste Gleichförmigkeit zu erzielen, da das Auge Ungenauigkeiten in der Wiederkehr derselben Formen bei der Flachmalerei sehr leicht entdeckt.

Was die Wahl der zu imitirenden Materialien betrifft, so gelingt ohne besondere Uebung in malerischer Farbencomponirung am besten, und täuschend in der Wirkung, die Nachahmung von Ebenholz, Elfenbein, Gold und Silber, welche vier auch äußerst effectvolle Zusammenstellungen gestatten. Um Ebenholz nachzuahmen ist Elfenbeinschwarz (ivory black — noir d'ivoire) der chinesischen Tusche bedeutend vorzuziehen, da dasselbe besser deckt und auch noch ein tieferes Schwarz erzeugt, das unter der Politur einen vorzüglichen Glanz annimmt. Für Elfenbein verwendet man Deckweiß, indem man dasselbe so dick aufträgt, daß es getrocknet das Holz nicht mehr durchscheinen läßt. Für Gold und Silber verwendet man das in Farbenhandlungen käufliche Muschelgold und Silber oder entsprechende Broncepulver. Beiderlei kann man echt und unecht verwenden, wobei mit dem bedeutend geringeren Preise der unechten Materialien freilich auch die Wirkung eine wesentlich geringere ist. Empfehlenswerth ist das rothe Muschelgold Nr. 1 und das gelbe Nr. 2 aus der Farbenhandlung von Schönfeld & Co. in Düsseldorf. Das Gold und Silber in Muscheln wird mit einem feuchten Pinsel aus denselben aufgenommen und auf die Holzflächen aufgetragen. Bei Verwendung der entsprechenden Broncepulver kann man in zweierlei Weise verfahren. Entweder rührt man die Bronce in einem Tuschnapf mit einigen Tropfen einer ganz hellen, noch dünnflüssigen Lösung von Gummi arabicum in Wasser an und malt hiermit, oder man untermalt die anzulegenden Flächen sorgfältig mit einer schwachen Lösung von Zucker in Wasser, läßt dieselben wieder trocknen, haucht sie alsdann an, um sie wieder klebrig zu machen und trägt nun das Broncepulver äußerst vorsichtig mittelst eines Baumwollbällchens auf. Hierbei empfiehlt sich für Goldbronce noch als erste Grundlage eine Untermalung mit einem rothgelben Farbenton, beispielsweise mit Orange, um bei der dünnen Broncedecke das Durchscheinen des weißen Holzgrundes zu vermeiden. Braune Holzarten lassen sich in den verschiedensten Abstufungen vom Dunkeln zum Hellen mit Sepia und vanDyckbraun darstellen, je nachdem man die Farben selbst hell oder dunkel verwendet, d. h. mit mehr oder weniger Wasser. Van Dyckbraun giebt lebhaftere Farbentöne, die durch Mischung mit gebrannter Terra Sienna beliebig in's Röthliche übergeführt werden können. Mit diesen drei Farben lassen sich Polysander, Mahagoni und Cedernholz imitiren, auch gelingt mit einer Mischung von van Dyckbraun und etwas Sepia, wenn man die Farbe dick und unegal aufträgt die Nachahmung des wolkigen dunkelrothbräunlichen Schildpotts. Helles Holz wird am besten gar nicht durch besondere Tönung markirt, sondern begnügt man sich damit, an den betreffenden Stellen das Naturholz unberührt zur Geltung zu bringen. Die Verwendung anderer Farben vermeide der Anfänger gänzlich, vorzüglich sei er vor der Zusammenstellung von grellem Roth, Grün und Blau gewarnt, die keinen Materialien entsprechen, die für die eingelegten Arbeiten der Kunsttischlerei Eingang gefunden haben und an sich keine gute Wirkung geben. Auch hier gilt wie überall in der Kunst der Satz, alles unnatürliche ist zugleich unschön. Geübte Maler seien auf den Farbenreichthum der eingelegten französischen Holzarbeiten hingewiesen, in denen Blätter und Blumen, ähnlich der Florentiner Steinmosaik, durch die verschiedenartigsten fremdländischen und gebeizten Hölzer von zarten grünen und rothen Tönen dargestellt sind, wo durch die mosaikartige Zusammenfügung sich alle denkbaren feinen Farbenübergänge Licht und Schatten hervorrufen lassen. Eine Anleitung zur Nachahmung derartiger Kunstleistungen läßt sich nicht durch Bücher, sondern nur durch directe Vermittlung zwischen Meister und Schüler geben. Indeß haben wir hier noch einige practische Winke den bisher ertheilten Rathschlägen anzureihen.

Zum Malen gehören ein paar feine Pinsel für die Detailfiguren und ein großer zum Anlegen großer Flächen. Beim Einkauf derselben nehme man nicht billige, schlechte Waare, mit der auch der Geschickteste nicht sauber arbeiten kann, und überzeuge sich vor allem durch Probiren der in Wasser angefeuchteten Pinsel auf rauhem Löschpapier, daß dieselben eine gute ungetheilte Spitze haben und diese Form bei der Tuschbewegung bewahren. Die Spitze muß eher gedrungen als langschwänzig sein, da sie im letzteren Falle zu leicht ausweicht und die Pinselführung unsicher macht. Hatten wir früher als erstes Erforderniß der in Rede stehenden Malart die sorgsamste Ausführung in Contouren anempfohlen, so ist es selbstverständlich, daß diese auch beim Ausmalen der Flächen peinlich erhalten bleiben müssen, denn die scharfe Abgrenzung der Flächen von einander liegt in der Natur der eingelegten Arbeiten und jede Nachahmung soll der Wirklichkeit so nahe wie möglich zu kommen suchen. Bei der Wahl der einzelnen Farbentönungen achte man auch darauf, die Wahrheit und nicht das Unwahrscheinliche darzustellen. So werden zarte Blüthenstiele, Ranken u. s. w. sich in Wirklichkeit nur aus Metall, etwas stärkere Formen aus Elfenbein einlegen lassen, während das zerbrechlichere Holz wohl zur Bettung solcher zarten Verzierungen, nicht aber für diese selbst benutzt werden kann. Man male daher nicht eine schwache Weinranke als Holz, und das Blatt als Metall, sondern umgekehrt, mit der Berücksichtigung, daß Metall und Elfenbein freilich auch für größere eingelegte Flächen statthaft ist, Holz aber eben nur für diese. Sehr beliebt und geeignet ist die Anbringung eines Monogramms im Mittelfeld der Zeichnung. Diese Namenszüge sind stets zart und eignet sich hierfür besonders Elfenbein- oder Metallimitation. Einer geschickten Hand ist zur Nachbildung sehr feiner Monogrammzüge oder Wappenzeichnungen zu empfehlen, das Feld, in welchem diese Zeichnung angebracht werden soll, zunächst in ziemlich starker Schicht mit Gold- oder Silberbronce, die mit Gummi arabicum-Lösung angerührt ist, zu überdecken. Nachdem diese Schicht getrocknet, drücke man die Zeichnung unter Anwendung einer ungeschwärzten Pause mittelst der unteren Ecke eines Häkelhakens durch, wobei der Druck soweit verstärkt werden muß, daß im Broncegrunde vollständige Vertiefungen entstehen und das Ganze nach Entfernung der Pause wie eine Gravirung erscheint. Schließlich fülle man die so vertieft ausgeführten Zeichnungen mit dick eingeriebenem Elfenbeinschwarz, oder dito Preußisch Blau, sorgsam durch einen feinen Pinsel aus und man wird dadurch sehr täuschend den Eindruck von Emailarbeit in Gold- oder Silbergrund erzielen.

Da schließlich bei aller Sorgfalt durch Mißgeschick oder sonst wie Fehler und Flecke in die Zeichnung oder Malerei kommen können, so sei hier darauf hingewiesen, daß man kleine Fehlstellen am besten durch vorsichtiges Schaben mit dem Radirmesser entfernt, dasselbe, wie bereits früher angeführt, möglichst senkrecht zur Holzfläche nur in der Richtung der Holzfasern ohne Druck anwendend. Größere Fehlstellen säubert man zunächst am besten durch Abreiben mit feinem Sandpapier, von dem man einen schmalen Streifen über einen runden Bleistiftknopf oder dergleichen biegt und im Kreise schleifend auf der zu bearbeitenden Stelle bewegt. Die so gereinigte und von der Farbe und Zeichnung entkleidete Stelle tränkt man vorsichtig mit dem oben erwähnten Mastixlack, und ist die Stelle einigermaßen groß, so präparirt man sie durch abermaliges Ueberreiben mit Sandpapier und Bearbeiten mit Schlemmkreide genau so wie ursprünglich. Um hierbei die benachbarten Stellen zu schützen, überdecke man die ganze Zeichnung mit starkem Cartonpapier, in dem man durch Ausschnitt nur den zu bearbeitenden Fleck freilegt. Bisweilen kommt es auch vor, daß die Farbe an einzelnen Stellen gar nicht vom Holz angenommen wird, alsdann setze man einige Tropfen präparirter Ochsengalle — in Droguengeschäften käuflich — der Farbe im Tuschnapf zu, und der erwähnte Uebelstand wird sofort beseitigt.

Schließlich sei noch erwähnt, daß manche Gegenstände durch ihre Höhe sehr eine sichere Auflage der zeichnenden oder malenden Hand erschweren, welche unerläßlich erscheint. In solchen Fällen kann man sich am besten dadurch helfen, daß man vor dem Arbeitsstück auf dem Tisch Bücher bis zu gleicher Höhe mit der zu malenden Fläche aufpackt und diesen Aufbau als Unterlage für die arbeitende Hand benutzt. Beim Bemalen von Kastendeckeln kann man noch leichter und besser die Charnierschrauben lösen und so den flachen Deckel für die Malarbeit vom hohen Unterkasten trennen.

Poliren der Holzmalereien.

Ist die Malarbeit beendet und die Arbeit gut getrocknet, so muß sie durch eine saubere Politur geschützt werden, da die Farben nur schwach auf dem Holz haften und der geringsten Feuchtigkeit gar keinen Widerstand leisten. Auch erhält die Arbeit durch den Politurglanz erst ihre volle Wirkung.

Von der Güte dieser Politur hängt für das gute Aussehen und die Dauerhaftigkeit im Gebrauch sehr viel ab, und ist es dringend zu empfehlen, die Arbeiten zu diesem Zweck einem guten Polirtischler zu übergeben, der mit dergleichen vertraut ist, da ein unkundiger Arbeiter leicht die ganze Malerei beim Poliren zerstört oder verwischt. Will man die Arbeit selbst unternehmen, so überziehe man zunächst die Malerei mit einer dünnen Schutzdecke von weißem Copallack. Das Auftragen dieses Lacküberzuges erfordert große Vorsicht, um nicht beim Ueberstreichen des Lacks die Malerei zu verwischen. Man benutzt einen breiten weichen Lackpinsel, tränkt denselben mäßig mit dem Copallack und führt ihn Strich bei Strich, ohne eine berührte Stelle nochmals zu benetzen, über die Fläche, wobei darauf zu achten, daß immer noch so viel Lack im Pinsel ist, um jeden Strich sauber ohne Fehlstellen zu Ende zu führen, ohne daß andererseits ein Ueberschuß von Lack ausfließt. Am nächsten Tage wiederhole man den Lacküberzug in derselben Weise. Ist der Lacküberzug vollendet und vollständig getrocknet und erhärtet, so schleift man wie bei der ersten Vorbereitung des Holzes die Oberflächen mit Schlemmkreide sorgfältig glatt und säubert dieselben alsdann von dem Kreidestaub. Hierauf beginnt die eigentliche Polirarbeit.

zu dieser benutzt man einen neuen, dem früher beschriebenen ganz gleichen Polirballen nur mit anderen Polirmitteln. Die Watte im Polirballen, wird nämlich, bevor sie in den Leinwandlappen geschlagen wird, zunächst mit Holzpolitur genetzt. Hierzu empfiehlt sich die käufliche weiße Copalpolitur oder man bereitet sich eine solche aus 50 Gramm weißem reinstem Schellack, welchen man in 200 Gramm starken Weingeist auflöst, wodurch eine trübe, ohne weitere Filtration zu brauchende Flüssigkeit entsteht. Den genetzten Baumwoll- oder Watteballen schlägt man in seinen Leinwandlappen, zieht das Ganze fest zusammen und giebt nun außen auf die Unterseite des Ballens einige Tropfen Baum- oder Leinöl. So vorbereitet führt man den Ballen in ständiger Bewegung bald in geraden, bald in kreisförmigen oder Spiralzügen unter mäßigem Druck über die zu polirende Fläche, alle Stellen derselben möglichst gleichartig bearbeitend. Sobald der Ballen Neigung zum Ankleben zeigt, ist er durch einige neue Tropfen Oel wieder schlüpfrig zu machen. Die Arbeit ist mit großer Geduld, unter Umständen, je nach der Größe der Flächen, stundenlang fortzusetzen und dabei nach Bedürfniß die Tränkung der Watte mit Politur zu erneuern, bis schließlich die Fläche den bezweckten Politurglanz erhält. Ist dies erreicht, so muß mit dem Poliren noch so lange fortgefahren werden bis Holz und Polirballen beide trocken geblieben sind, alsdann polire man zur Erhöhung des Glanzes nur noch mit einem mit etwas Oel und reinem Weingeist genetzten Polirballen nach, abermals bis zur vollkommenen Trockenheit. Alle diese Arbeiten sind in einem warmen Zimmer vorzunehmen.

Zu beachten ist, daß die Politur erst nach acht bis vierzehn Tagen vollständig erhärtet ist und die Gegenstände demnach so lange vollständig unberührt bleiben müssen, weder versandt noch in Gebrauch genommen werden dürfen, ohne Gefahr häßliche Flecke zu bekommen.

Holzmalerei für allgemeine künstlerische Verzierung.

Was in den früheren Abschnitten über die Vorbereitung des Holzes zum Aufzeichnen und Malen, und die Vorbereitung der Aufzeichnung, bei der Besprechung der Nachahmung eingelegter Arbeiten gesagt ist, gilt selbstverständlich auch, wenn die Malerei nicht zu jenem speciellen Zweck, sondern in freierer Anwendung, lediglich als Malschmuck dienen soll. Sind die Contouren auf das Holz übertragen, so behandelt man die Zeichnung und Malerei ganz, als arbeite man auf Papier. Genrebilder oder Blumenstücke werden meist die Objecte dieser Arbeiten bilden. Die Genrebilder werden am besten nur in braunen Tönen, am schönsten mit van Dyckbraun gemalt und können in eine in gleichem Ton gehaltene Arabeskeneinrahmung eingeschlossen werden. Die Contouren sind fein mit der Zeichnenfeder in demselben braunen Ton auszuführen, den man für die ganze Malerei benutzt, niemals in Schwarz, wenn man nicht die ganze Zeichnung in Schwarz ausführt, was weniger empfehlenswerth ist. Alle Formen sind wie sonst in der Malerei körperlich zu behandeln und daher Licht und Schatten, überhaupt alle Beleuchtungseffecte anzuwenden und mittelst Pinsel auszuführen. Die hellsten Lichter sollten nur durch Stehenlassen des natürlichen Holztons erzeugt werden, weshalb nur hellfarbige Hölzer als Malgrund verwendbar erscheinen.

Weniger wirkungsvoll als die eigentliche Malerei ist die Manier der Federzeichnung, wenn auch die Feder bei kleinen Details, wie Händen rc., den Pinsel passend unterstützt. Der Pinsel ist vorzüglich für feinere Striche möglichst trocken zu gebrauchen. Sehr hübsche Motive für diese Arbeiten findet man in den bekannten durch Holzschnitte veröffentlichten Kinderbildern von Pletsch und Illustrationen von Richter. Schwieriger als das Zeichnen nach Holzschnitten ist das nach Photographien, darin aber freilich ein unendlicher Schatz von Vorbildern geboten. Die Genrebildzeichnung läßt sich auch direct durch eine Photographie ersetzen, die ohne vorher auf Cartonpapier aufgezogen zu sein, direct passend ausgeschnitten auf das Holz an Stelle einer Zeichnung geklebt wird.

Blumenmalereien werden fast ausschließlich unter voller Nachahmung der natürlichen Farben ausgeführt, entweder in Aquarell- oder Deckfarben. In beiden Fällen dienen die Bleistiftconturen nur als Vorzeichnung, die bei der Ausführung der Malerei vollständig verschwinden müssen, indem die Abgrenzungen lediglich durch die Farbentöne selbst bestimmt werden. Abweichend von der früher angedeuteten Manier der Farbenschattirungen der Blumen und Blätter durch mosaikförmiges Aneinanderreihen verschiedenfarbiger, in sich eintöniger Flächen, wechselt man hier mit Farben und Beleuchtung in sanften Uebergängen, ganz wie bei der Malerei auf Papier, nur die Natur nachahmend. Besonders verbreitet ist die Blumenmalerei mit Deckfarben, die im Großen besonders für Decoration von Damenfächern betrieben wird, die so ausgestattet einen nicht unbedeutenden Handelsartikel bilden. Die Deckfarben werden zu diesem Zweck mit einer weißen klaren, noch dünnflüssigen Gummiarabicum-Lösung angerührt und aufgetragen. Da hier auch die Lichter in Deckfarben aufgesetzt werden, so ist die Farbe des Malgrundes ohne Bedeutung und auch farbige Hölzer verwendbar, wie andererseits hellfarbige durch Auftragen eines deckenden Localtones, auf dem dann erst die eigentliche Detailmalerei ausgeführt wird, absichtlich dunkel grundirt werden. Im letzteren Fall ist übrigens selbstverständlich die Bleivorzeichnung erst auf die Grundirung, nicht direct auf das Holz zu übertragen, um für die Detailmalerei sichtbar zu bleiben.

Für die Blumenmalerei, eine Lieblingsbeschäftigung der Damen, giebt es zahlreiche Vorlagewerke, vor Allem bietet aber die Natur selbst leicht zu copirende Originale in Fülle, die in Form und Farbe so bestimmt sind, daß ihre Nachahmung nicht schwieriger, als die nach einem gedruckten Bilde. Die weibliche Hand wird auch leicht die Blumen geschmackvoll zu ordnen wissen und hat so einen reichen Schatz ihre Phantasie in Zeichnung und Malerei niederzulegen. Am lohnendsten erscheinen im Ganzen die zarten Feldblumen und sei nur vor Ueberfüllung der Malfläche und vor der Zahl zu großer Blumen gewarnt, damit das Ganze zierlich und nicht massig erscheine.

Zum Schluß sei noch bemerkt, daß die mit Aquarell= farben ausgeführten Holzmalereien von Genrebildern und Blumen, wie die früher besprochenen Arbeiten regelrecht polirt werden, dagegen Blumenmalereien mit Deckfarbe nur einen Schutz durch Copallack zulassen, weil die stark aufgetragene Detailmalerei für das Poliren zu große Unebenheiten darbietet.

Fresco-Malerei.

Al fresco, das heißt: ganz frisch! darum sagte einer der größten Künstler, (Michael Angelo Buonarotti, geboren 1484 zu Chiusi, in dem Gebiete der Florentinischen Stadt Arezzo, gestorben zu Rom im 80. Jahr: 1564): Die Fresco-Malerei ist die Kunst kräftiger, rascher Männer.

Technik der Fresco-Malerei.

Zuerst muß die Wand, worauf gemalt werden soll, glatt und eben sein, damit solche den frischen Kalkanwurf annimmt. Alle Wände, worin etwas Fachwerk ist, müssen mit Drahtgittern, weitläufig aber sorgfältig mit kleinen Nägeln geheftet, versehen und dann mit Kalk überworfen werden. — Will man Fresco malen, so muß für jeden Tag nur so viel frischer Kalk aufgetragen werden, als man glaubt in entsprechenden Stunden zu übermalen und zu vollenden, was nicht fertig wird muß wieder abgeschlagen und am folgenden Tag frisch aufgetragen werden; denn nur die Malerei und der Pinsel-Strich haftet dauernd, der sich mit dem frischen Anwurf verbindet und damit zugleich verhärtet. Zum Anwurf auf die Wand gehört möglichst frisch gebrannter Kalk, derselbe darf eher etwas mager (dünn) als fett (stark aufgetragen) sein, denn der zu fette reißt später.

Die feststehenden, aus früher Zeit her bekannten Farben sind: Kreide, Kalk, Licht-Oker, lichtgebrannter Oker, Gold-Oker, Dunkel-Oker, Terra di Siena, (gebrannt und ungebrannt) englisch-Roth, Blau-Ultramarin und alle Schwarze, die durchs Feuer gewonnen werden, als: Ruß, Kohlschwarz, Kernschwarz und Elfenbeinschwarz. Diese Farben werden, nachdem sie pulverisirt und fein gerieben, nur mit reinem Wasser angerührt, in Töpfchen gethan und sind zum Gebrauch fertig.

Nothwendig ist aber, eine größere Auswahl von kleinen Gefäßen bei der Hand zu haben, in welchen, jedes einzeln, die verschiedenen Töne (Farben-Tinten) gemischt werden, denn die verschiedenen Nüancen der Töne darf man auf der Wand nur in fein gewählter Stufenfolge neben einander setzen, ohne vertreiben zu wollen, deshalb müssen die Pinselstriche mit Freiheit und Sicherheit gezogen werden, weil das einmal verfehlte schwer zu verbessern ist, da die Farbe sofort sich in die Mauer einzieht.

Wenn das Bild auf der Wand fertig ist und an einigen Stellen retouchirt werden muß, so verwendet man dazu Tempera-Farben, d. h. man nimmt unter die Erdfarben Eigelb als Bindemittel. — Schließlich wäre noch zu erinnern, daß, da sich auf der Wand schwer zeichnen (Conturen) läßt, immer erst eine Zeichnung — Karton — (wenn auch nur Umriß) in der Größe des auszuführenden Bildes gefertigt und diese dann durchgepaußt auf die Wand übertragen wird.

Das Auftragen der Farben geschieht mit großem und kleinem Lackpinsel. Feine Zeichnung wird mit Haarpinseln hineingesetzt.

In neuester Zeit soll man sich bei der Fresco-Malerei der Anwendung des Wasserglases zur Befestigung der Farben bedienen, um die Malerei vor Verderben zu schützen. Auch nimmt man in neuester Zeit, um die Farben intensiver zu machen, eine Wachsmasse zu Oelfarben hinzu und ahmt hiermit die Frescomalerei nach). — Fertige Wachsmasse bekommt man bei Mewes, Berlin, Steglitzerstraße.

In diesem Falle wird die Farbe anstatt mit Wasser mit flüssigem Wasserglas angerührt, welches diese Verbindung leicht eingeht. Kaliwasserglas, zwar etwas theurer als

Natronwasserglas, ist hierzu besser zu verwenden, doch wird die Mischung beider in Erdfarben, mit keinerlei Schwierigkeit verknüpft sein.

Tempera-Farben

sind dieselben wie bei der Fresco-Malerei, nur wird, wie oben schon gesagt, als Bindemittel zu den helleren Farben Eiweiß, zu den dunkleren Eigelb, auch aufgelöste Hausenblase, und werden die auf diese Art zubereiteten Hauptfarben in Töpfe gethan, woraus dann die übrigen Töne gemischt werden (es kann auch sehr gut auf trocknem Kalk gemalt werden), wie die mit hoher Meisterschaft ausgeführten Gemälde im Museum zu Berlin von W. v. Kaulbach beweisen.

Die Malerei in Temperafarben läßt größere Feinheiten und weichere Uebergänge als bei Frescobildern zu, daher sie auch mit entschiedenem Erfolge zur Darstellung von Landschaften auf Wänden, Anwendung findet. Dioramen und Panoramen werden ausschließlich nur in dieser Manier ausgeführt, da derartige Gemälde bei künstlicher Beleuchtung exponirt, kein Farbentiefen vertragen und in solchem Falle auch bei flächerer Behandlung, noch ausreichende Plastik zeigen.

Harzmalerei.

Diese Malerei ist leichter und bequemer als die vorher erwähnten, man kann dazu jede alte Wand, die sicher und glatt ist, gebrauchen. Man nimmt auf 10 Theile Copaiv-Balsam, 1 Theil gelbes Wachs, warm geschmolzen, dann wie Oelfarben behandelt. Diese Art Malerei findet man häufig in Süd-Deutschland, wo über die Hausthüren Heilige auf Kalk gemalt sind, angewandt.

Miniatur-Malerei.

Die Miniaturmalerei ist die Art und Weise, mit sehr fein geriebenen Wasserfarben auf Elfenbeinplättchen kleine Gemälde zu verfertigen. Es wird mit dem Pinsel gearbeitet, aber nicht durch Striche, sondern durch Punkte; deshalb bestehen die zarten Partien aus einem so gefertigten Bildchen aus feinen an einander gesetzten Punkten. Dies Punktiren bezieht sich hauptsächlich auf Fleischpartieen (beim Portrait, Gewand und Nebensachen werden auch häufig ebenso, wie bei der Wasserfarben-Malerei (Aquarell und Gouasche) durch Pinselstriche und Vertreibung der Farben in einander zusammengebracht.

Diese Malerei dient, wie schon gesagt, nur für ganz kleine Gemälde, die jedesmal nach der Vollendung unter Glas gebracht werden müssen. Insgemein lassen sie mehr die Geduld und den Fleiß des Künstlers, als sein Talent bewundern. Die Photographie kleinerer Portraits, welche in Schmuckgegenstände gefaßt werden, hat in der Neuzeit die Malerei von Miniaturportraits beinahe ganz verdrängt, da sich in so kleinem Maaßstabe aus freier Hand die Aehnlichkeit nicht so prägnant herstellen läßt, wie dies auf mechanisch-optischem Wege möglich ist. Im vergangenen Jahrhundert war diese Malerei im Flor, man gebrauchte sie, um kleine Bildchen zu verfertigen, welche in Ringe, Uhren und andere Geschmeide eingesetzt wurden. Im 11. und 12. Jahrhundert wurde diese Malerei fleißig betrieben, von den Mönchen in den Klöstern, um in kostbare Evangelienbücher Initialen zu malen.

Aber auch in jüngster Zeit haben Künstler danach gestrebt, die Miniaturmalerei auf eine höhere Stufe künstlerischer Vollendung zu bringen, es ist dies auch durch fleißiges Studium geglückt, und ein Künstler unserer Zeit (Holder in Stuttgart) hat namentlich das Verdienst, die Miniaturmalerei auf die Stufe hoher Kunst erhoben zu haben.

Das gänzlich neue Verfahren der jetzigen Malerei ist nun folgendes:

Um beim Aufzeichnen und Malen (Portraits) in so verkleinertem Maßstabe der Proportionen richtig zu treffen, hat man nur folgendes zu beobachten, damit die Arbeit leichter werde: Die Entfernung des Auges bis zur Malerei soll circa 8 Zoll betragen, in eben dieser Entfernung stellt man ein Rähmchen in der Größe, welche das Bild erhalten soll, aufrecht hin und suche darin das zurücksitzende Modell, welches bald so placirt sein wird, daß es vom Auge aus als Miniatur das Rähmchen ausfüllt. So lange man malt, sieht man das Original als Bild in gleicher Größe und gleicher Entfernung des zu malenden Bildes und braucht nur einfach in scheinbar gleicher Größe zu copiren. Um das Bild dem Original frappant ähnlich zu machen, bedient man sich eines Vergrößerungs-Spiegels, mittelst dessen läßt man dasselbe, wenn man es vollendet glaubt, in Lebensgröße neben dem Original erscheinen, findet sich dann nichts mehr abzuändern und gleichen sich Bild und Original, so ist im verkleinerten Bilde nichts mehr zu corrigiren und kann solches als vollendet angesehen werden.

Präparirung der Elfenbeinplatten.

Die kleinen Elfenbeinplatten sind in der Regel weiß, solche dürfen nur abgeschliffen und auf weißes Papier aufgeklebt werden, und sind dann so zum Malen vorbereitet.

Ein anderes ist's mit den großen Elfenbeinplatten, die meistens krumm, gelb und unklar sind, daher in diesem Zustande für ein helles Kolorit nicht taugen. Solche hänge man etwa 24 Stunden in einem Schwefelkasten, bis sie bleich werden; wird dadurch der Zweck nicht ganz erreicht, so bestreiche man dieselben mit Pfeifenthon, welcher nach einiger Zeit genügend herauszieht. Dann lege man die Platte, die in den meisten Fällen unbiegsam ist, so lange ins Wasser, bis sie weich genug ist, um auf ein dickes Glas geschmeidig aufgelegt werden zu können. Nun gebe man eine Lage von feingeschlemmtem Bimsteinmehl darauf und schleife mittelst eines Glasreibers das Elfenbein so lange, bis alle Unebenheiten verschwunden sind. Hierauf muß die Platte mittelst Gummi arabicum auf eine weiße, ebene Unterlage gezogen werden. Würde dies im nassen Zustande geschehen, so würde sie, wenn sie trocken wird, zerspringen oder die Unterlage krumm ziehen. Da aber die Platte während des Malens ganz eben sein und auch so bleiben muß, so hat man Folgendes zu beobachten:

Man lasse sich von ganz abgelagertem Ahornholz, welches am meisten im Ein- und Ausgehen mit dem Elfenbein gleiche Bedingungen einhält, Brettchen schneiden, etwas größer als die Bilder, von 1 bis 2 Ctm. Dicke. Wenn dieselben krumm werden, so müssen sie leicht durch das Glas im Zaum gehalten werden.

Denn befeuchte man ein ziemlich starkes weißes Papier, bestreiche das Brettchen mit starkem Gummi, nehme vermittelst des Fingers den Ueberfluß ab, lege das Papier darauf, und bringe das Ganze auf einige Stunden unter eine Presse, bis es gut getrocknet ist: hierauf nehme man das getrocknete Elfenbein, bestreiche es auf der ungeschliffenen Seite mit starkem Gummi, lege es auf das aufgezogene Papier und bringe es wieder unter die Presse, so lange bis es gut getrocknet ist. Das mit dem Elfenbein vereinigte Brettchen bestreiche man unten an der Seite wieder mit Gummi, und leime es auf ein dickeres Zeichnungsbrett, damit das Ganze schwer genug ist, um während der Arbeit fest aufzuliegen.

Ist das Bild fertig und wird vom untern Brettchen losgetrennt, nach dem Glas zugeschnitten, an dasselbe befestigt und in den Rahmen gelegt, so wird man nicht mehr durch Wechseln von Kälte und Wärme eine Aenderung zu befürchten haben.

Die Pariser Malerei mit Wasserfarben

(auch Lithochromie genannt).

In allen Kunsthandlungen sieht man Bilder aushängen, die sich eben sowohl durch Glanz, Pracht und Frische der Farben, als sanfte Verschmelzung und Feinheit des Colorits auszeichnen, und mit denen ein bedeutender Umsatz gemacht wird. Die Schule dieser, wie fast aller neueren Malereien, ist Paris, und man hat es darin selbst zu einem hohen Grade von Vollkommenheit gebracht. Einer meiner in Paris lebenden Freunde, ein gründlich gebildeter Maler, hat mir das Verfahren derselben auf meine Bitte so mitgetheilt, wie es gegenwärtig daselbst ausgeübt wird, und nach einigen angestellten Versuchen sah ich mich von der Leichtigkeit der Erlernung und von dem überraschenden und glücklichen Erfolge belohnt.

Wir haben pag. 192 die Lithochromie oder die Kunst, Kupferstiche, Lithographien und Zeichnungen in Oelgemälde zu verwandeln, so wie pag. 160 die englische Malerei auf Glas, zu lehren versucht, und die dazu nöthigen Vorbereitungen, sowie besten Farben angegeben. Diese neue Pariser Lithochromie unterscheidet sich von der pag. 192 angegebenen dadurch, daß 1) die zu colorirenden Bilder nicht mit Oel-, sondern mit Wasserfarben, und 2) nicht auf der Rück-, sondern auf der Vorderseite ausgemalt werden.

Freilich gehören zu dieser Malerei schon mehr Kenntnisse in der Wahl und Verbindung der Farben, weil hier und da durch Auftragen derselben der Stich und mit ihm die Richtschnur verloren geht; auf der anderen Seite jedoch wird einige Uebung und Geschmack die noch fehlende Kunstfertigkeit erlernen helfen, und das Vergnügen, sich schöne Bilder herzustellen, die darauf gewandte Mühe vergelten.

So bestechend indeß auch derartige Bilder für das Auge des Laien sein mögen, so entbehren dieselben doch des künstlerischen Werthes. Selbst bei sorgfältiger Ausführung kann denselben kein anderer Werth, als derjenige von Dekorationsstücken beigemessen werden.

Der Vorwurf, welchen man den auf der Rückseite mit Oelfarbe gemalten Bildern macht, daß nämlich alle Farben matt und ohne Ausdruck wären, und daß das Papier durch das Transparentmachen seine ursprüngliche schöne Frische und Weiße verliere und gelblichbraun würde, — weshalb die zarteren Farben als: Blau zur Luft und zu Gewändern Weiß zur Wäsche u. s. f. ein dunkles, schmutziges Aussehen erhielten, — ist allerdings begründet, und der etwas Geübtere kann diesem Nachtheil nur dadurch abhelfen, daß er auf der Vorderseite mit verdünnter Oelfarbe die matten Stellen übermalt (lasirt). Zu diesem Verfahren gehört aber Behutsamkeit; denn wird dieses Lasiren nicht zart ausgeführt und kunstgemäß vertrieben, so erscheint der Abstand von der vorn aufgetragenen Farbe zu derjenigen, die auf der Rückseite gemalt ist, zu hart und grell; das Bild bekommt ein unangenehmes Aussehen, oder es kommt, wie der technische Ausdruck des Malers ist, „aus der Ruhe".

Diese Schwierigkeit umgeht man durch das Coloriren mit Wasserfarben auf der Vorderseite des Bildes, nach welchem alle Farben kräftiger und frischer erscheinen, weil sie nicht erst, wie bei der Oelmanier, das Papier zu durchscheinen haben. Da nun alle Kupferstiche und Lithographien auf ungeleimtes Papier gedruckt werden, so müssen dieselben, ehe man sie zum Malen fertig bringt, zuvor planirt werden. Zur Bereitung des dazu nöthigen **Planirwassers** nehme man:

33 Gramm hellen oder am besten weißen Leim und
33 Gramm rothen Alaun,

koche beide Substanzen in ungefähr 6 Liter Wasser so lange, bis kein Bodensatz mehr vorhanden ist, und tränke mit diesem Planirwasser beide Seiten des Papiers vermittelst eines Schwammes. Doch darf man bei dem Kochen häufiges Umrühren mit einem Holze oder Lineale nicht vergessen, weil sonst der Alaun leicht zum Topfe hinausläuft. Hat man eine flache Schüssel zur Hand, so ist dies noch besser, das Planirwasser in sie zu gießen und das Bild hineinzulegen, weil sich hierdurch das Leimwasser besser in das Bild zieht und einer möglichen Reibung und Beschädigung desselben durch den Schwamm vorgebeugt wird. Nachdem man es eine Minute darin hat liegen lassen, nehme man dasselbe wieder heraus und trockne es durch Aufhängen auf einem Bindfadenleinchen.

Ist das Bild trocken geworden, so befeuchtet man dasselbe auf der Rückseite mittelst eines Schwammes und reinem Wasser, bestreicht es hierauf an den äußern vier Rändern etwa einen halben Zoll breit mit Kleister oder Leim, und spannt es so auf ein Zeichenbrett. Wieder trocken geworden, was man daran erkennt, daß keine Falten mehr vorhanden sind, fängt man mit Coloriren an. In diesem Falle ist zu überlegen, welche Farben mit und auf einander harmoniren, alles Grelle und Effekt machende ist zu meiden, man wähle stets sanfte, einen guten Uebergang bildende Farben. Denn hierdurch unterscheiden sich die Pariser Bilder von der gewöhnlichen Bilderbogen-Malerei der deutschen Coloristen. Man beginne mit dem Hintergrunde und arbeite allmälig auf den Vordergrund zu, hüte sich aber, mit zu dunklen Farben zu malen, denn sie werden streifig und lassen sich selten gut vertreiben oder in andere verschmelzen, sondern übergehe lieber eine Stelle mehrere Male. Der Stich diene ferner stets zur Richtschnur der Farben. Je nachdem er heller oder schwärzer gedruckt ist, folge man mit Auftragung entsprechender Farben und man wird gewahren, daß diese Manier ein bestehendes Colorit hervorbringt. Versuche und Uebung wirken viel, und einige in diesem Genre gemalte französische Bilder helfen, als Muster genommen, die verschiedenen Mischungen der Farben leicht kennen zu lernen.

Die vorzüglichsten Wasserfarben und deren Mischungen sind folgende:

Fleischfarben.

Carmin und Oker: bei älteren Personen setzt man etwas Terra di Siena hinzu. Die Schattirung des Fleisches geschieht mit einer Mischung von Pariser Blau und Carmin, bisweilen auch mit Pariser Blau und Oker.

Haarfarben.

Man überfährt beim Malen des Gesichts zugleich die Haare, mit Ausnahme der grauen und weißen mit Fleischfarbe. Will man schwarzes Haar darstellen, so übergehe man es mit schwarzer chinesischer Tusche und verstärke mit derselben Farbe alle Schattenpartien; — braunes mit schwarzer und brauner Farbe; blondes mit Oker und wenig Casseler Braun, auch Kölnischer Erde oder Lakritzensaft, die Lichtstellen werden mit Oker und Weiß gedeckt; — rothes mit Braun und Mennige; — weißes Haar in den Schattenpartien mit dünner, blonder Haarfarbe und tiefste Schatten mit Braunschwarz.

Grün zu Bäumen und anderen Gegenständen

erhält man durch eine größere oder kleinere Mischung von Gummi guttae und Pariser Blau. Saftgrün durch Gummi guttae und Schweinfurter (Pariser, römisch) Grün. Die Schattenstellen übergehe man mit dünnem Pariser Blau, auch Stil de Grain.

Farben zu Baumstämmen.

Alle Baumstämme, mit Ausnahme der Birken und Buchen, Ahorn, Platanen, Eschen, Weißtannen ꝛc. überfährt man mit einer Mischung von Gummi guttae, Pariser Blau und Schwarzbraun und schattirt sie mit einem Dunkelbraun; die Lichter der Buchen und Birken bleiben weiß

sehen, doch giebt man ihnen hier und da einen leichten
röthlichen Schein von Rosa Krapplack.

Farben zu Wegen, Erdboden und Felsen der Landschaften.

Die lichten Stellen mit dünnem Oker, Schatten mit
einer Mischung von Gummi guttae, Braun und Pariser
Blau bisweilen auch mit Braun (Terra di Siena) hervorgehoben; der Vordergrund dunkel gehalten; die im Wege
liegenden Steine, so wie Felsen mit denselben Farben, zu
denen man noch bisweilen ein wenig Roth hinzugesetzt.

Gold-Farbe.

Cadmium und Zinnober; die Lichtstellen werden dicht
bedeckt mit Weiß und Gummi guttae.

Silber-Farbe.

Die Lichtstellen entweder ganz weiß gelassen, oder mit
einer Mischung aus Weiß und Oker gedeckt. Die Schattenpartieen hebt man durch Mischung von Grau, das aus
Cobaltblau, Carmin und lichten Oker besteht.

Graue Farbe.

Eine Mischung von vielem Weiß mit ein Wenig Schwarz;
doch setzt man ihr, um sie brillanter zu machen theils Neu-
tral-Tinte, theils ein wenig Carmin, oder auch beides zusammen hinzu. Nach Befinden bei einigen Schattirungen
auch ein wenig Gelb, das einen sanften Uebergang auf
weißes Licht bewirkt.

Rosa.

Verdünnter Carmin. Soll es als Deckfarbe gebraucht
werden, so mische man Carmin mit Weiß zusammen und
setze noch ein wenig Zinnober hinzu. Die dunklern Stellen
schattire man mit reinem Carmin, die tiefsten Schatten mit
Braun.

Violet und Lilla.

besteht aus Carmin und Pariser oder Cobaltblau. Bei erste-

rem kommt mehr Blau, bei letzterm mehr Carmin zur Mi[schung]
schung. Als Deckfarbe wird Weiß beigemischt.

Orange.

Gummi guttae und Zinnober zu gleichen Theilen. Di[e]
Schattirung ist eine Mischung aus Gelbbraun und die tief[-]
sten Schatten Dunkelbraun.

Sammet-Farben.

Die Gegenstände, die durch den Grabstichel als Sam[-]
met angedeutet werden, müssen durch öfteres Uebermalen die
gehörige Höhe und Tiefe bekommen und die Lichtstellen be[-]
sonders hervorgehoben werden. Die Farbe des zu malenden
Stückes macht keinen Unterschied; sei sie purpurroth, grün
oder blau, man erhöhe die höchsten Lichter mit starker Deck[-]
farbe und vertiefe die tiefsten Schatten mit der dunkelsten
Schattenfarbe, die man anwenden kann.

Purpurnen Sammet malt man mit einer Mischung
von Zinnober und Carmin, die Lichtstellen durch Zinnober
oder Krapplack, die Schattirungen durch Braun und Violet.

Blauen: angelegt mit Pariser Blau, die Lichter star[k]
gedeckt mit Cobalt- oder Bergblau; das Ganze wieder mit
ersterm oder Ultramarinblau überlegt.

Grünen: mit einer Mischung von Gummi guttae und
Pariser Blau angelegt, die Lichter mit Schweinfurter Grün;
das Ganze wieder mit ersterm Grün überlegt.

Braunen: mit einer Mischung aus Carmin und
Braun angelegt, die Lichter mit Deckfarbe aus Braun,
Carmin und Weiß, das Ganze hierauf nochmals überfahren.

Violetten und lilla: die Mischung wie früher
angegeben.

Schwarzen: angelegt mit chin. Tusche, der man ein
wenig Carmin beimischt; bei den Lichtstellen setzt man viel
Weiß hinzu, und übergeht das Ganze noch einmal mit der
früheren Tusche oder besser mit noir Chenal.

Bei Gegenständen, die Atlas oder Seidenzeuge vorstellen
sollen, wendet man dieselben Farben an, nur hebt man d[ie]
Lichtstellen oder Schattenpartieen nicht so stark hervor, weil

der Natur des Zeuges, als eines leichtern, dünnern Stoffes, [ni]cht angemessen wäre.

Darin besteht ein großer Theil der Kunst des Colorirens; [da]ß man Dinge, die leicht, flüssig, flockig, ätherisch sind, [m]it leichten, dünnen Farben und wiederum Gegenstände, die [m]assiv, dicht und compact sind, mit starken, saftigen und [dic]ken Farben colorire, je nachdem es die Eigenthümlichkeiten [de]rselben verlangen. Ist man mit der Ausführung des [C]olorirens fertig und hat an keiner Stelle mehr Verbesserungen [an]zubringen, so nimmt man ein eben so großes Stück baum= [w]ollenes Zeug oder Leinwand, spannt dieses durch Einschlagen [ei]niger Nägel an den Seiten straff auf ein glatt gehobeltes [B]rett, bestreicht die Rückseite des Bildes mit reinem, guten [K]leister und drückt es mit einem Tuche fest auf die gespannte [L]einwand. Ist es trocken geworden, so zieht man die Nägel [he]raus, legt dasselbe auf einen vom Tischler passend gemachten [B]lendrahmen, biegt es um die Seiten desselben und schneidet [da]nn das Ueberflüssige, so wie die abstehenden Ecken weg. [Z]ur bessern Handhabung befeuchtet man die Rückseite der [L]einwand, und klebt sie hierauf mit nicht zu dünnem Leim [au]f den Blendrahmen. Um das Leinwandbild recht straff [zu] bringen, spannt man es während des Trocknens mit den [F]ingern nach, indem man dasselbe unten, oben und an beiden [S]eiten mit dem Daumen zurückschiebt, und dadurch die [F]alten zu zertheilen sucht, wenn einige entstehen sollten.

Ist das so aufgeklebte Bild trocken geworden so sistirt [m]an es, d. h. man bestreicht es vermittelst eines weichen, [fe]inhaarigen Pinsels mit einer in Wasser aufgelösten Masse [vo]n Gummi arabicum oder Hausenblase, die die Dicke von [ge]reinigtem Brennöl, oder auch des Liqueurs hat. Hierzu [is]t große Behutsamkeit nöthig. Denn ist die Gummiauflösung [zu] dünn, so verwischt man die aufgetragen Farben, war sie [zu] dick, so springt solche und blättert sich in unzählige Risse. [D]as Auftragen selbst muß schnell geschehen, und man enthalte [sic]h, eine Stelle zweimal zu gummiren. Dies ganze Verfahren [dien]t um zu verhindern, daß der darauf erfolgende Ueberzug [de]s Dammar=Firnisses sich nicht in das Papier hineinzieht, [w]eil es sonst fleckig wird.

Schließlich sei wiederholt die Bemerkung hinzugefügt, daß die Lithochromie oder sogenannte Pariser Malerei keine reellen Kunsterzeugnisse zu schaffen vermag und selbst bei geschickter Durchführung als nichts weiter, wie eine unterhaltende Spielerei angesehen werden muß'

Hebung und Verschönerung der Lithochromien durch Oelfarben.

Allen colorirten Bildern, mögen sie nun Kupferstiche, Lithographien oder Zeichnungen jeder Art und Manier sein, steht die Schwärze des Drucks, des Bleistifts oder der Feder störend entgegen, und man muß deshalb bedacht sein, diese Einwirkungen durch einen stärkern Auftrag der Farbe zu mildern, oder ganz zu entfernen. Diesem Mangel sind Oelgemälde weniger ausgesetzt, weil sie durch die Kraft der Farbe den Kupferdruck bedecken. Wenn es dem Geübtern wünschenswerth ist, eine Lithographie oder einen Kupferstich in Oel auszumalen, so muß man doch den Anfänger davon abrathen, weil eben durch diese Deckfarbe jede Richtschnur und Zeichnung verloren geht, und das Bild, aus Mangel an hinreichender Kenntniß der freien Bearbeitung und Vertreibung der Farben, verloren geht. Hat man aber, entweder durch Unterricht im Oelmalen, oder durch mehrfältige Versuche, Gewandtheit und Sicherheit in der Führung des Pinsels erlangt, so kann man sich eher an die Veränderung der aquarellen Lithochromien durch Oelfarben wagen.

Obgleich man mit Wasserfarben recht hübsch colorirt, so giebt es doch Gegenstände, die leichter mit Oelfarben gemalt werden können und viel schöner ausfallen. Hierzu sind zu zählen: Luftpartieen, der Hintergrund für Portraits, die Lichter, und besonders die höchsten, auf glänzenden Sachen, als: Gold, Silber ꝛc. Als nothwendiger Apparat sind folgende Geräthe erforderlich:
1) eine Staffelei,
2) ein Farbenkasten mit verschiedenen kleinern und größern Fächern,

in die man 10 Oelfarben in Blasen gebunden, die man schon zubereitet in jeder Kunsthandlung kaufen kann, bequem zu legen im Stande ist. Diese Farben sind: Kremnitzer Weiß, gebrannter Oker, heller Oker, Casseler Braun, Bein= schwarz, Neapelgelb, Pariser Blau, Cobalt oder Ultramarin und Bleizucker; letzteren braucht man nur deshalb, um eine jede Farbe zu versetzen, wodurch das Trocknen beschleunigt wird. Nächst diesen schon präparirten Farben gebraucht man noch 4 Fläschchen mit trockenen Farben, als: Carmin, Zinnober, Chromgelb und eine rothe Lackfarbe, die man, weil sie stets nur in geringer Quantität gebraucht wird, jedesmal auf der Palette mit dem Spachtel in Nußöl reibt. Ferner sind nöthig 4 Fläschchen mit Oelen, als: Nußöl, rohes Leinöl, gekochtes Leinöl und Terpentinöl; dann eine Palette, ein Spachtel von Horn, ein kleiner Farbenstein mit einem Läufer, mehrere Pinsel von verschiedener Größe und endlich ein Ver= treiber, worunter ein feinhaariger Pinsel verstanden wird, mittelst dessen jede aufgetragene Farbe leise überstrichen wird, bis man keine Pinselstriche mehr sieht.

Ist man im Besitze des vorher beschriebenen Geräthes, und hat man mit Oelfarbe gemalt, so wasche man jeden Abend die Pinsel sorgfältig mit Kernseife aus.

Das Reinwaschen der Pinsel greift dieselben mehr an, als das Arbeiten mit denselben selbst und soll deshalb mit Vorsicht geschehen, indem man den einzelnen Pinsel in Wasser getaucht und in der Richtung, wie die Haare gebunden sind, auf der Seife hin und her bewegt, welche sich dann mit der Farbe verbindet und diese beim Ausdrücken entfernt. Hat man sich überzeugt, daß der Pinsel nicht nur von Außen, sondern auch im Innern rein ist, so wird derselbe in Wasser ausgespült. In kühler Jahreszeit und wenn man von früh bis zum Abend malt, kann man die in Arbeit befindlichen Pinsel auch durch Auswischen und reichliches Eintauchen in Leinöl conserviren und am nächsten Tage wieder verwenden, doch darf die Reinigung mit Seife nicht über 2—3 Tage verschoben werden. In Farbe eingetrocknete und hart gewordene Pinsel taucht man in Spiritus ein und wenn dies gelinde Mittel nichts helfen sollte, in Schwefeläther, welcher die

Farbe augenblicklich entfernt, aber auch die Haare der feinen Pinsel und Vertreiber angreift.

Will man also die bereits mit Wasserfarben colorirten Lithochromien zur Aufnahme der Oelfarben brauchbar machen so gummire man sie, wie gewöhnlich, und lackire sie hierauf einmal mit dem früher erwähnten Dammarfirniß. Ist dies geschehen, und der Lack trocken, so kann man ohne Furcht, daß die Oelfarbe durchschlage, beginnen.

Die Mischungen der Oelfarben sind mit geringer Ausnahme ganz dieselben, wie bei den Wasserfarben, und da schon oben davon die Rede gewesen ist, so wird es genügen, nur einige Vortheile noch anzuführen.

Da bei den Landschaften die Luft stets eine große Rolle spielt, die Wahl und das gute Vertreiben oder Verschmelzen der dazu gebräuchlichen Farben aber Hauptsache dabei ist, so muß man auf diesen Fleiß verwenden.

Das Blau zur Luft besteht aus Cobalt oder Ultramarin Blau und Cremnitzer Weiß. Man beginnt oben mit einem etwas tiefen Blau und setzt allmälig mehr und mehr Weiß hinzu, je näher man dem Horizonte kommt, vertreibt aber die Mischung gut untereinander, so daß man keine Streifen bemerkt. Eine Morgen- oder Abendluft erhält man dadurch, daß man den Theil der Luft, der den Horizont bildet, mit einer Mischung von Cremnitzer Weiß, dunklem Oker und sehr wenig rothem Zinnober, den mittleren mit Cremnitzer Weiß, hellem Oker, auch Neapelgelb, den obern mit Weiß, Cobalt-Blau und etwas Carmin malt. Zur Bildung von Wolken gebraucht man theils Blau, theils Gelb und Roth welches erstere man aus Cremnitzer Weiß, Schwarz, Blau und rothem Lack, und das letztere von Cremnitzer Weiß, hellem Oker und Kraplack erhält.

Die Lichttheile eines im Wasser colorirten Bildes hebt man durch Oelfarbe hervor. Die hauptsächlichsten sind:

Lichter auf Carnation oder Fleischfarbe.

Von der Zusammenstellung von Cremnitzer Weiß, Neapelgelb, Gold-Oker und Zinnober erhält man jede Nüance, je nachdem man mehr oder weniger diese Farben zur Mischung anwendet.

Lichter um Gold- und Silbertöne zu ersetzen,

mischt man eben so, wie bei den vorher erwähnten Wasserfarben; überhaupt unterscheiden sich alle Oelfarben-Mischungen von den Wasserfarben dadurch, daß erstere mit Oel, letztere mit Wasser angerieben werden, nur hat man bei den Oelfarben den Vortheil, daß man sie besser vertreiben kann als letztere, welche immer zu schnell trocknen und deshalb streifig werden.

Den Hintergrund zu Portraits bildet man aus einer Mischung von Casseler Braun, dunklem Oker und Bleiweiß, theils auch durch hellen Oker, Cölner Erde, Pariser Blau, Zinnober und Bleiweiß, und setzt mehr oder weniger Weiß hinzu, je dunkler oder heller man denselben darzustellen wünscht.

Die Farben zu einem Hintergrunde, wie auch zu großen flachen Stellen, die man dunkel halten will, verdünnt man mit gekochtem Leinöl; man hat dann nicht nöthig, Bleizucker hinzuzusetzen, weil das kalt gepreßte Leinöl die Eigenschaft hat, das Trocknen der Farben zu befördern und zu beschleunigen.

Zum Schlusse lackirt man das trockene Bild noch einmal mit dem mehrmals erwähnten Dammarfirniß.

Hat man alle diese Vortheile und Winke gehörig benutzt, so wird der Erfolg bestimmt alle Erwartungen übertreffen; und so wie diese Malerei eine Quelle vielfachen Vergnügens ist, so kann sie auch für Manchen die Ursache eines nicht unbedeutenden pecuniären Vortheils sein.

Englische Malerei auf Glas.

Wiewohl alle Kupferstiche zu dieser sich gut ausnehmenden Malerei genommen werden können, so eignen sich doch diejenigen, die weniger dunkeln Schatten haben, am besten dazu, vorzüglich aber die geätzten Stücke der sogenannten schwarzen Kunst oder Aquatinta, die wie getuscht aussehen.

Man lasse sich ein reines weißes Glas so groß schneiden, als die Höhe und Breite der Platte beträgt, welche den Kupferstich in warmem Wasser ein, welches mit etwas Vitriol vermischt ist, und trockne denselben wieder, nachdem er ungefähr ¼ Stunde im Wasser gelegen hat, zwischen einem zusammengelegten leinenen Tuche oder mit dem Schwamme, rein von aller Feuchtigkeit ab. Mit Kreide und einem Läppchen putze man das Glas von allem etwaigen Schmutze, halte es dann in die Wärme, gleichviel, ob an den Ofen oder an Kohlfeuer, bestreiche das so erwärmte Glas mittelst eines festgebundenen Pinsels mit klarem, zuvor etwas erwärmten venetianischen Terpentin dünn und gleichförmig und suche zu vermeiden, daß weder ein Haar vom Pinsel, noch sonst etwas Unreines darauf kommt. Jetzt wende man das Glas um und halte es mit der bestrichenen Seite über das Kohlenfeuer, damit der Terpentin überall recht flüssig werde, lege das Glas schnell auf den Kupferstich, wende es geschwind um und drücke mit einem weichen leinenen Lappen das Papier recht gleichmäßig an, wende abermals um und sehe nach, ob Stellen vorhanden sind, an welchen das Papier sich noch nicht an das Glas angelegt hat. Findet man solche, so drücke man diese mit dem Lappen stärker darauf, damit es überall gleichförmig anliege. Geht man hierbei nicht vorsichtig zu Werke, so kann das Bild leicht verdorben werden. Liegt nämlich das Papier nicht überall fest an dem Glase an, so entstehen Blasen, oder ist sonst der Kupferstich nicht deutlich durch das Glas zu sehen, so ist es verdorben. Die Fehler entstehen entweder, wenn das Papier zu naß, oder wenn an einigen Orten sich Wasser befindet, oder auch, wenn Beide zu kalt geworden sind. Es ist daher gut, wenn man den Kupferstich so spät wie möglich aus dem warmen Wasser nimmt, oder das Tuch, worauf man ihn legt, zuvor etwas erwärmt. Wenn kein Wasser darauf bleiben soll, so muß man überall mit dem Schwamme recht gleichförmig abtrocknen. Denn der Terpentin vereiniget sich nicht mit dem Wasser und die Kälte macht ihn bald so hart, daß sich das Papier nicht fest mit ihm vereinigen kann. Eben deshalb hält man die Glastafel zuletzt, ehe man sie auflegt, noch einmal über das Feuer, macht den Terpentin recht fließend und das Glas warm. Sobald das Papier gehörig auf der Glastafel aufliegt, nimmt man das Glas in die linke Hand und mit den Fingern der rechten Hand fängt man an, daß weiße Papier abzureiben, welches leicht geschieht, wenn das Papier noch feucht ist. Wird es aber bald zu trocken, so hält man warmes Wasser, worin etwas Vitriolöl ist, bereit, benetzt die trockenen Stellen ein wenig mit einem Schwamme und läßt das Bild, ehe man es abreibt, durchziehen.

Bei diesem Abreiben muß man große Behutsamkeit anwenden, um den Kupferstich nicht zu beschädigen oder mit abzureiben, weil bei weniger Vorsicht ebenfalls das Bild verdorben werden kann. Es geschieht dies aber leicht bei solchen Stellen, wo viel Licht auf dem Bilde ist, oder an den Orten, welche wenig und schwache Striche enthalten. Man muß es daher gegen das Licht halten, wenn man abreibt und bei solchen Lichtstellen sehr behutsam reiben, so daß nur ein zartes Häutchen von Papier bleibt, und nicht verletzt wird. Auf Stellen, wo der Kupferstich viele Striche oder Schatten hat, muß man stärker reiben.

Ist dieses Verfahren mit gutem Erfolge angewandt worden, so putzt man dies Papier sauber ab und läßt es trocknen; hierauf nimmt man Kien- oder Terpentinöl und bestreicht das Papier vermittelst eines Haarpinsels so damit, daß es dadurch recht hell und durchsichtig wird. Nachdem es trocken geworden ist, kann gemalt werden. Dies geschieht so: das Glas wird erst in seinen Rahmen gesetzt und befestigt und dann stellt man die Farben zurecht.

Die weiße Farbe wird von dem besten Bleiweiß oder sonst einem reinen Weiß mit Firniß von Nußöl, welcher nicht braun sein darf und worunter man etwas Terpentinöl gießt, fein abgerieben. Bleiweiß mit Kreide vermischt, darf man nicht nehmen, sonst wird das Weiß bald gelb und die andern Farben häßlich und matt.

Zu Roth nimmt man Mennige, Zinnober, Carmin, Florentiner Lack, Röthel und feine Erde, oder gebrannten gelben Oker, welcher durch Brennen Roth wird. Zu Braun geschlemmte und feine Erde oder Umbra. Zu Blau Bergblau, Berlinerblau und blauen Carmin. Zu Gelb Königsgelb, Oker, Casselergelb und dergleichen. Zu Grün entweder Blau und Gelb oder Grünspan. Zu Schwarz Frankfurter Schwarz oder Lampenruß.

Alle diese Farben werden mit Nußölfirniß abgerieben und man kann durch ihre Mischung sehr verschiedene Schattirungen hervorbringen.

Man schafft sich eine genügsame Anzahl feiner und stärkerer Haarpinsel an und eine Tabulatur, worauf man die Farben legt und vermischt. Ferner ein Gestell, gleich einem Notenpult, dieses stellt man gegen das Licht auf einen Tisch und befestigt darauf das Bild, welches gemalt werden soll. Man stellt also das Bild so gegen das Licht, daß man gut hindurchsehen kann; so ist dann die Zeichnung mit Licht und Schatten schon sichtbar. Nun trägt man die Farben gehörig auf, die dann so durchschlagen müssen, daß ein solches Bild das Ansehen erhält, als wäre es von einem Maler gemalt.

Eine Hauptregel ist, daß man nicht mit vollen, satten oder dunkeln Farben male, außer da, wo es unumgänglich nothwendig ist. Man muß die Farben stark mit Bleiweiß vermischen und die hellsten Farben auftragen.

Zuerst werden die hellsten Stellen mit den hellsten Farben gemalt. So wie der Schatten auf den Kupferstichen angezeigt ist, so muß man ihn auch schwächer oder stärker mit etwas dunklern Farben anlegen, denn dadurch erhält das Bild rechte Schönheit. Viele Liebhaber dieser Malerei, die darin Versuche gemacht haben, begingen den Fehler, daß sie zur Mischung der Farben schlechtes Bleiweiß nahmen, über Licht und Schatten einerlei Farbe legten, weil sie glaubten, daß der Schatten bereits auf dem Kupferstiche genugsam angezeigt wäre; allein diese Arbeiten können nur zu den mißlungenen Versuchen gerechnet werden. Wenn der ganze Kupferstich nach dem vorgeschriebenen Verfahren völlig mit Farbe bemalt ist, so befestigt man ein dünnes Brettchen oder ein Stück Pappe dahinter, bevor man dasselbe mit einem Rahmen umfaßt. Diese Bilder halten sich lange Zeit gut und können vermittelst eines Schwammes, welcher in Seifenwasser eingetaucht wird, von dem Schmutze, der sich auf der äußern Fläche des Glases bildet, gereinigt und mit Kreide wieder hell und klar werden.

Kurze Uebersicht der Mischung von Farben.

Es entsteht:
1) Fleischfarbe durch Mennige und Bleiweiß.
2) Feuerfarbe durch Mennige, Bleigelb und Auripigment.
3) Nägelbraun durch Grün, Schwarz und Mennige.
4) Lichte Aschfarbe durch Schwarz und Bleiweiß.
5) Lichtgrün durch Liliengrün und Bleiweiß.
6) Schwarzgrün durch Saftgrün.
7) Rindengrün durch Umbra oder kölnische Erde und Grünspan.
8) Grasgrün durch destillirten Grünspan und Schieferweiß.
9) Meergrün ebenso.
10) Dunkelgrün durch Saftgrün mit Indigo, oder Indigo mit wenig gelbem Oker.
11) Bleigrün durch Schieferweiß oder feines Bleiweiß und Saftgrün.
12) Blaugrün durch Grünspan und Indigo.
13) Schwarzgrün durch Saftgrün und mehr Indigo.
14) Himmelblau durch destillirten Grünspan und Berlinerblau.
15) Lichtblau durch Berliner= oder Cobaltblau und Bleiweiß.
16) Dunkelblau durch Indigo und Berlinerblau.
17) Schwarzblau durch Indigo und Schwarz.
18) Veilchenblau durch Lackmus und Bleiweiß.
19) Dunkelviolett durch Indigo und Lack.
20) Schwarzvioleit durch Lacknuß und Schwarz.
21) Schwarzbraun durch Lack und Grünschwarz.
22) Schwarznägelbraun durch kölnische Erde und Schwarz.
23) Rosa durch Krapplack und Weiß.
24) Purpur durch Carmin.
25) Kastanienbraun durch Lack, kölnische Erde, Saftgrün und Schwarz.
26) Halbroth durch Zinnober und Schieferweiß.

27) Lichtroth durch Zinnober und Bleiweiß.
28) Lichtziegelfarbe durch Weiß, Mennige und Lack.
29) Ziegelfarbe durch Mennige und Braunroth.
30) Schwarze Steinfarbe durch kölnische Erde, armenischen Bolus, Bleiweiß und Indigo.
31) Sandfarbe durch Umbra, Mennige und Weiß.
32) Wasserfarbe durch Indigo oder Berlinerblau, Blauweiß und destillirten Grünspan.
33) Messingfarbe durch Saftgrün, Rauschgelb, Auripigment und Schwarz.
34) Eisenfarbe durch Grün, Schwarz und Indigo.
35) Olivenfarbe durch Schwarz, Bleigelb und Auripigment.
36) Kupferfarbe durch armenischen Bolus, Zinnober und kölnische Erde.
37) Grau durch Umbra Weiß, und Schwarz.
38) Schwarze Blutfarbe durch Lack und kölnische Erde.
39) Orange durch Zinnober, Mennige und Gelb.
40) Holzfarbe durch Umbra und Schwarz.

Der zu dieser Malerei nothwendige Nußölfirniß wird so bereitet:

Man nimmt zu 1 Pfund klarem Nußöle ein glasirtes Geschirr, läßt ersteres über einem Kohlenfeuer gelinde sieden, giebt dann hinzu:

    3 Loth gestoßene Silberglätte,
    3 „ calcinirten Vitriol,
    3 „ gebrannten Alaun,
    3 „ gestoßenes venetian. Glas,

und läßt alles zusammen ungefähr eine Stunde sieden, bis die Mischung dick genug ist. Dies ist zu erkennen, wenn man einen Tropfen davon auf ein Brett fallen läßt, ihn mit dem Finger zieht und daraus ein Faden entsteht. Wenn das Ganze gesotten ist, so wird es heiß durch ein leinenes, vorher mit Terpentinöl genetztes Tuch geseihet und in einem glasirten Geschirre aufbewahrt. Beim Gebrauch kann man etwas Terpentinöl dazu gießen, damit es noch heller und weißer wird, und schneller trocknet. Wenn der Firniß im Sieden ist und man etliche Tropfen Brunnenwasser hineinfallen läßt so giebt er einen Rauch von sich, wodurch er sich läutert. Will er im Sieden überlaufen, so darf man nur mit dem Blasebalg hineinblasen. Man kocht den Firniß auch lieber an einem hellen als trüben Tage.

Von dem Anlegen und Schattiren der Farben.

Vor allen Dingen muß man sich die verschiedenen Farben, welche man zum Coloriren eines Bildes nöthig zu haben glaubt, zur Hand legen und mit dem Hintergrunde beginnen. Hierzu ist nothwendig, daß man die aufzutragenden Farben mit so viel Wasser als zweckmäßig verdünnt und dem Bilde lieber durch mehrmaliges Auftragen derselben ein stärkeres Colorit giebt, je nachdem man es kräftiger und frischer oder schwächer zu halten beabsichtigt. Das Auftragen von dicken Farben taugt in keinem Falle etwas und giebt Veranlassung zu Streifen und Flecken, wodurch das Bild in der Regel gleich vom Grunde aus, wenn auch nicht verdorben wird, so doch einen schlechten Eindruck auf den Beschauenden hervorbringt. Nachdem der Hintergrund aufgetragen ist, nähert man sich nach und nach dem Vordergrunde, wobei jedoch hinsichtlich der Farben dieselben Rücksichten zu nehmen sind, so daß man stets den Stich im Auge behalten muß. Denn je heller auf einer Lithographie, Kupferstich ɾc. die Schattirungen angegeben sind, desto hellere oder dunklere Farben müssen auch auf das zu colorirende Bild aufgetragen werden, wodurch nur ein schönes Colorit erzielt werden kann.

Betrachten wir z. B. einen Kupferstich, so sehen wir, daß die feinen Striche, Punkte oder Linien bald näher, bald entfernt, ja bisweilen ganz dicht, und gar nicht von einander zu unterscheiden sind; dies ist nur deshalb geschehen, um eben das Licht, die Halb- und tiefsten Schatten hervorzuheben.

Ein solches Verfahren ist auch beim Coloriren im Auge zu behalten, und müssen verschiedene Schatten, vom hellsten Lichte bis zum tiefsten Schatten, durch wenige, oder mehrmalige Uebermalungen, gerade wie das Bild zeigt, hervorgebracht werden. Bei so verschiedenen Uebergängen vom Licht zum Schatten kann man am deutlichsten zeigen, daß man mit der Harmonie der Farben umzugehen weiß, wenn dieselben in den sanftesten Tönen zu bewerkstelligen gesucht werden, welches am besten durch's Verwaschen oder Vertreiben geschieht. Ein zu greller Uebergang von einer Farbe zur andern hat stets gewisse Härte des Colorits zur Folge, entgegengesetzten Falls durch zweckmäßiges Verwaschen das Bild bedeutend an Weichheit und Wohlgefälligkeit für das Auge gewinnt.

Besonders wende man die dünnen Farben bei Darstellungen von Blumen, seidenen Stoffen, als Atlas, und andern feinen Kleidern an, dann ferner bei Gegenständen, die leichter, flüssig, luftiger Natur sind; dicke, saftige und unverdünnte Farben hingegen dürfen für die Wiedergabe solcher Naturgegenstände benutzt werden, die eine compacte Masse bilden, als Felsen, Steine, Holz ꝛc.

Ferner muß man bei den lichteren Schatten immer nur Saftfarben in hinreichender Verdünnung anwenden, damit der Stich noch etwas hindurchscheinen kann; wendet man hierzu Mineralfarben an, so geht der Stich verloren, indem er durch dieselben verdeckt wird, und das Bild erhält ein schwerfälliges Colorit.

Die in allen Fällen passendste Wahl der Farben läßt sich zwar nicht für jeden einzelnen vorkommenden Fall angeben, jedoch wollen wir uns bemühen, Einiges hier über die Schattenlehre anzuführen, wonach es nicht schwer fallen wird, die Wahl der Farben zu den verschiedenen Anlegungen zu treffen.

Fangen wir daher mit dem hellsten Lichte oder der

Schattirung auf Weiß

an. Die hellsten Stellen werden an und für sich auf dem Bilde durch das Papier selbst dargestellt; will man aber auf dunklem Untergrund malen, so trägt man auf demselben reines Weiß auf, übergeht dann die Halbschatten mit Grau und die ganz tiefen Schatten mit Schwarzgrau. Außer diesen angegebenen Farben kann man bei dieser Schattirung je nach dem Gegenstande, welchen man coloriren will,

Schwarzgelb, Blau, Violett und dergleichen anbringen, jedoch immer nur gehörig verdünnt, damit sie nicht grell hervortreten.

Schattirung auf Gold.

Zur Anlage dieser Schattirung wendet man am besten Gummigutti oder ein feines Chromgelb an; die Halbschatten übergeht man mit einer aus Gelb und Braun zusammengesetzten Mischung, die etwas tieferen mit Braun, und die ganz tiefen mit Dunkelbraun.

Schattirung auf Roth.

Die reine Mennige, oder ein Gemisch aus Zinnober und Mennige bilden die Anlage, worauf die Halbschatten mit einer Mischung aus Carmin und Zinnober folgen. Die dunkleren Stellen werden mit reinem Carmin, die dunkelsten mit Carmin und Braun aufgetragen.

Geschieht die Anlage mit Carmin, so ändern sich die folgenden Schattirungen in der Art, daß die erste Schattirung aus Carmin und gebrannter Terra di Siena zu gleichen Theilen, die zweite aus Carmin und van Dyk-Braun bestehend aufgetragen wird.

Schattirung auf Grün.

Je heller die Farbe ist, welche man zur Anlage von Grün verwendet, um so heller müssen auch die darauffolgenden Schattirungen sein. Zu den tiefsten Schattirungen wendet man Braun und Blau vermischt an. Den röthlichen Schein bei herbstlichen Blättern stellt man am besten durch ein wenig Zinnober auf vorgängiger gelblicher Anlage dar.

Schattirung auf Blau.

Die Anlage geschieht mit Ultramarin, worauf die erste Schattirung von Lichtblau und Dunkelblau zu gleichen Theilen folgt, und die zweite dann von reinem Dunkelblau. Zu den tiefsten Schatten nimmt man ebenfalls Dunkelblau, setzt jedoch Carmin hinzu. Oefters erhält eine Stelle ein sehr schönes Ansehen, wenn man auf Blau einer violetten Schattirung anbringt.

Schattirung auf Violett.

Wenn die Anlage mit Lilla bewirkt ist, so folgt als erste Schattirung Violett, und als zweite Violett und Schwarz zu gleichen Theilen. Geschah dagegen die Anlage mit Violett, so trägt man späterhin Dunkelblau und Schwarz darauf.

Schattirung auf Hellbraun.

Die erste Schattirung auf Hellbraun besteht aus Dunkelbraun, nnd die zweite aus Dunkelbraun mit Schwarz.

Ausdrücklich sei jedoch hier bemerkt, daß sich alle diese Farbenschattirungen nur auf die von pag. 151 ab beginnenden Anweisungen — also von Pariser Malerei ab — beziehen, und mit der Lehre von der Oel- und Aquarellmalerei nichts gemein haben!

Malerei mit sympathetischen Farben.

Man hat in neuerer Zeit Versuche gemacht, uncolorirte Bilder, Lithographien oder auch Zeichnungen, mit sympathetischen Farben zu coloriren und sind hierbei überraschende Erscheinungen zu Tage gefördert worden. Solche colorirte Bilder haben das Ansehen jeder uncolorirten Lithographie, bringt man dieselben jedoch in die Nähe des Ofens, dann erscheinen die Farben nach und nach, und es tritt ein reges Leben auf dem ganzen Bilde ein, gleichsam, als ob sich die Natur vor unsern Augen entfalte.

Die Herstellung dieser Bilder ist sehr einfach und das Verfahren leicht auszuführen.

Zu diesem Ende nimmt man eine Lithographie, oder man entwirft in nur ganz flüchtigen Umrissen eine Landschaft, und schattirt die verschiedenen darauf befindlichen Gegenstände mit einer sehr dünnen Auflösung von schwarzer

Tusche, so daß sie das Ansehen einer schneebedeckten Winterlandschaft annimmt.

Um das Wasser, die Luft, überhaupt alle diejenigen Gegenstände, welchen man eine blaue Farbe zu geben beabsichtigt, anzulegen, bedient man sich der salzsauren oder salpetersauren Cobalt-Auflösung, welche man je nach den verschiedenen Nüancen, ob dunkler oder heller, mit mehr oder weniger Wasser verdünnt; diese Verdünnung wendet man auch bei Fernansichten und namentlich zur Schattirung der Wolken an. Die grün zu haltenden Gegenstände, als Bäume, Wiesen, Berge u. s. w. werden mit derselben Cobalt-Auflösung, welche jedoch vorher einige Zeit mit reinen Eisenfeilspähnen, oder noch besser mit feinem Eisenpulver in Berührung gestanden haben müssen, angelegt; so wie endlich die gelb anzulegenden Gegenstände mit einer verdünnten salzsauren Kupferauflösung.

Alle hierzu nöthigen Auflösungen kann man billig sich in jeder Apotheke anfertigen lassen.

Ist die Zeichnung trocken und dem Lichte nahe gebracht, so entfaltet sich durch die Wärme ein reges Leben; der Winter fängt an zu verschwinden, der Frühling erwacht, man sieht die Bäume und Wiesen sich nach und nach entfalten, das Laub und Gras entwickelt sich sichtbar vor unsern Augen, und prangt das Ganze zuletzt in der herrlichsten Sommerlandschaft; vom Lichte entfernt treten die entgegengesetzten Erscheinungen ein; es wird nach und nach Herbst, bis zuletzt der harte Mann, der Winter, die vorher so schöne Landschaft mit seinen eisigen Armen umstrickt. Eine Versinnlichung der verschiedenen Jahreszeiten.

Lieblich nehmen sich die Bilder zu Licht- und Ofenschirmen aus.

Indeß kann bei diesem die Jugend belustigenden Verfahren von einer artistischen Leistung keine Rede sein. Vorstehende Anleitungen werden deshalb auch nur für diejenigen Leser gegeben, welche sich mit demselben ein Vergnügen zu bereiten gedenken.

Chinesische Malerei.

Wer kennt nicht die orientalische Malerei, die vor längeren Jahren Aufsehen erregte, so viele Bewunderer und Nachahmer fand, da sie bei gehöriger Behandlung Vorzüge in sich vereinigt, die im Wege der gewöhnlichen Malerei kaum, oder nur durch besondere Vortheile zu erreichen sind. Das Verfahren ist wie folgt:

Man legt die Chalke (Schablone) [bei denjenigen, die aus freier Hand zeichnen können, ist der Gebrauch nicht nöthig] auf schwarz lackirtes Holz, Kaffeebretter, Kästchen ꝛc. und bestreiche den auszufüllenden Raum mit Copalfirniß, oder besser noch mit Beinsteinfirniß, welcher die Eigenschaft haben muß, daß er schnell trocknet und nicht zu flüssig ist, ganz dünn und gleichförmig, nimmt dann die Chalke weg, legt auf die mit Firniß bestrichene Stelle Gold- und Silberstaub, oder Gold- oder Silberschnitzel, die man bei jedem Goldschläger billig kauft, und läßt den Firniß ungefähr 24 Stunden trocknen; wischt mit einem zarten Pinsel das Ueberflüssige des Goldes hinweg und die chalkirte Figur kommt rein zum Vorschein. Man polirt sie hierauf, indem man ein Blatt feines Briefpapier darüber legt, mit einem Achatstein, und kann dann noch einige Schattirungen und Hauptzüge mit einem feinen Haarpinsel und den zweckmäßigsten Farben anbringen.

Zubereitung der Farben.

Rothe Farbe. Man reibt Cochenille auf einem Reibsteine klar, gießt filtrirtes Flußwasser daran, setzt etwas Borax hinzu, und läßt es ¼ Stunde stehen, wodurch die schönste Farbe entsteht, die, obwohl sie etwas dunkel ausfällt, doch mit Wasser sich verdünnen läßt. Gießt man destillirten Citronensaft hinzu, so entsteht ein schönes Rosenroth; — setzt man aber etliche Tropfen Vitriol-Spiritus zu dem Cochenillen-Aufguß, so hat man Scharlachroth, welches mit Gummi-Tragant versetzt werden muß. Carmin läßt sich auch gebrauchen.

Aus Fernambuck kann gleichfalls eine schöne rothe Farbe gewonnen werden. Man muß die Späne in einen neuen Topf legen, halb Wasser und halb Weinessig darauf gießen, so daß der Inhalt 2 Finger hoch über das Wasser hinweggeht, und so zugedeckt beim Feuer stark kochen kann. Wenn es genug gekocht hat, so giebt man etwas pulversirten Alaun dazu und läßt es noch einmal aufwallen. Man darf aber nicht zu viel Alaun nehmen, sonst fällt die Farbe zu sehr in's Bläuliche, und wenn man den Schaum wohl abgenommen hat, dann stellt man die Farbe mit Gummi-Tragant zurecht. Sollte sie zu sehr in Carmoisinroth fallen, so setzt man etwas zerriebene Cochenille hinzu, der Ton wird dann verschönert werden.

Violett wird aus Blauspänen auf eben diese Art gefertigt, wie die vorige Farbe aus dem Fernambuck, nämlich durch Kochen in Essig und Wasser mit Alaun. Da diese Farbe sehr dunkel ist, so kann man sie mit aufgelöster Cochenille erhellen. Doch muß auch hier das rechte Maß getroffen werden, wenn die Mischung ein schönes Violett werden soll. Will man aber die reine Cochenille mit Potasche oder Weinsalz kochen, so bekommt man ein herrliches Violett, das aber nur theuer und nicht dauerhaft ist.

Blaue Farbe. Man nehme den feinsten (Guatemala-) Indigo, reibe ihn fein, schütte ihn in eine Tasse, gieße auf einen Theil Indigo 4 Theile Vitriolöl und lasse den Aufguß eine Nacht stehen, alsdann gieße man man noch Wasser hinzu, bis das Gemenge die Dicke der Tinte hat. Diese Farbe kann man in einer Flasche lange verwahren und wenn sie gebraucht wird, nur mit ein wenig Gummi-Tragant zubereiten. Will man sich aber mehr Mühe mit dem Indigo geben, so kann man eine der schönsten blauen Farben erhalten, die sich nur immer denken läßt, wenn man folgende Vorschriften befolgt:

Man gießt auf ganz fein geriebenen Indigo Weingeist, der eine braune Farbe herauszieht. Dieser Weingeist wird ab- und so lange frischer aufgegossen, bis er endlich ganz weiß und ungefärbt auf dem Indigo liegen bleibt. Hierauf wird der Indigo getrocknet und dann mit Vitriolöl nach angezeigter Art zubereitet. Man kann nach dieser Vorschrift auch das Berlinerblau mit Vitriolöl zubereiten, und es läßt sich zum Schattiren gut gebrauchen.

Gelbe Farbe. Gummigutti kann man mit Weingeist auflösen und vollends mit Tragant zubereiten; dadurch erhält man eine schöne Farbe zum Schattiren, nur muß die letzte Schattirung darauf dunkel sein, damit sie Tiefe genug bekomme.

Man löse Safran in Weingeist auf, gieße diese Auflösung in eine Schale und halte sie über das Licht, damit sie etwas abdampfe; man giebt hierauf den Tragant hinzu, und es ist eine angenehme dunkelgelbe Farbe fertig.

Von der Curcume erhält man auch gute Farbe, wenn man Weingeist darauf gießt und einige Zeit stehen läßt. Die gelbe Farbe aus dieser Frucht ist indeß so wenig haltbar wie das Chromgelb. Ein sehr dunkles Orangegelb erhält man aus dem Orlean in Weingeist aufgelöst. Noch dunkler aber wird die Lösung, wenn man sie, wie bei dem Safran, über dem Lichte abdampft.

Grüne Farbe. Man koche grains d'Avignon oder Franzbeeren in halb Wasser und halb Essig, gebe etwas Alaun hinzu, oder noch besser, löse sie in Weingeist auf und vermische solche mit der Indigofarbe. Dadurch bekommt man die Farbe, die man sonst verdanglo nennt.

Wenn Saftgrün mit gelber Farbe versetzt wird, so erhält man einige schöne Schattirungen; die Farbe jedoch für sich allein gesehen ist nicht angenehm.

Eine schöne grüne Farbe liefert der Grünspan, wenn er folgendermaßen behandelt wird. Man nehme 30 Gr. Grünspan in fein gepulvertem Zustande, schütte ihn in eine Flasche, setzt 8 Gr. Cremortartari und 128 Gr. Weingeist hinzu, verbinde dieselbe mit einer Blase und setze die Flasche einige Tage an einen warmen Ort. Nach dieser Zeit filtrire man die Flüssigkeit und bewahre sie vorsichtig auf. Der aufgelöste Grünspan wird ebenfalls mit Tragantgummi versetzt.

Zu brauner Farbe braucht man nur zweierlei, um alle nöthigen Schattirungen hervorzubringen. Wenn man Umbra brennt, oder ein Stückchen auf Kohlen durchglühen läßt, so kann man verschiedenes Braun darstellen. Diese Erde muß fein gerieben und mit Tragant bereitet werden.

Kölnische Erde muß man trocken auf dem Reibsteine mit Potasche abreiben, und eine Nacht stehen lassen. Den folgenden Tag wird Wasser hinzugegossen und stark gekocht. Wenn der Aufguß kalt ist, gießt man das Klare davon ab, versetzt die Farbe mit Gummi-Tragant und läßt sie trocknen.

Von der orientalischen Malerei.

Die orientalische Malerei war, wie schon der Name anzeigt, früher nur im Morgenlande, bei den Chinesen, bekannt, welche sich auch die Erfindung dieser Manier zuschreiben. Von den Chinesen haben die Franzosen dieselbe erlernt, von welch letztern sie auf uns, theils durch Lehrbücher, theils durch Unterricht übergegangen ist.

Dieser Farben-Vortrag ist eigentlich halb Pastell- und halb Wassermalerei. Die Töne werden hierbei mehr trocken als naß benutzt. Wie bei der Pastellmalerei die Farben mit dem kleinen Finger zerrieben werden, zerreibt man hier dieselben mit den dazu bestimmten Pinsel, durch deren geschickte Führung das Gemälde einen freundlichen Eindruck hervorbringt. — So kann man den Sammet an den Flügeln der Schmetterlinge, auf den mannigfaltigsten Blumenarten und Früchten, seiner Schönheit nach, leicht in dieser Art der Malerei darstellen. Der Vortheil dieser Malerei besteht darin, daß man gute Schablonen (ähnlich denen, welche zu den Zimmermalereien benutzt werden) sich zeichnet und ausschneidet. Ferner in der Farbenmischung und den durch die letztere hervorgebrachten lebhaftem Colorit.

1. Von den Schablonen und deren Verfertigung.

Man wähle hierzu ein nicht geleimtes, auch nicht zu schwaches Papier, bestreiche dasselbe auf beiden Seiten mit

Terpentin, doch nur, nachdem die eine Seite getrocknet ist, fange man mit der andern an. Nach dem Trocknen dieser Anstriche nehme man Copallack und verfahre auf dieselbe Art. Dieser Anstrich muß so lange fortgesetzt werden, bis die gehörige Durchsichtigkeit des Papiers zum Durchzeichnen erlangt wurde. Um eine Vorlage durchzuzeichnen, legt man den zubereiteten Bogen auf den zum Durchzeichnen bestimmten Gegenstand, bringt den ersteren in eine bestimmte Lage, d. h. so, daß an den Seiten der äußern Randlinien wenigstens noch ein Zoll stehen bleibt, beschwert denselben an den Ecken mit lastenden Gegenständen um das Verschieben zu verhindern, und zeichnet mit einem nicht zu spitzen, auch nicht zu stumpfen Gegenstand (vielleicht gespitzten Pinselstiel) alle Umrisse der untern Zeichnung nach. Damit aber bei der vorzunehmenden Ausmalung der durch die Schablonen zu zeichnenden Gegenstände, diese selbst sich nicht unbegränzt in einander verlieren, schablonirt man bei der Arbeit mit gleichmäßig großen Papierstücken auf denselben nur unzusammenhängende Theile des Bildes. Z. B. bei einem Schmetterlinge von acht Farben auf das erste Stück Papier den ersten, dritten, fünften und siebenten Farbentheil, und auf das zweite Blatt den zweiten, vierten, sechsten und achten Farbentheil. Nachdem der Umriß der Zeichnung vollendet ist, nimmt man das durchsichtige Papier, legt es auf ein Fensterglas und schneidet die Zeichnung scharf und richtig aus.

2. Von den zu dieser Malererei nöthigen Geräthschaften.

Hierzu muß man folgende Gegenstände besitzen:

Einige bleierne oder eiserne Gewichte. — Pinsel von verschiedener Größe; diese müssen aus Schweinsborsten verfertigt, und unten nicht spitz zulaufen, sondern gerade abgeschnitten sein. — Eine Glastafel nebst Läufer zum Abreiben der Farben. — Einige kleine Fischpinsel. — Einen mit Wasser getränkten Schwamm, zum Auftauchen der Pinsel dienend, um letztere für die Aufnahme der Farben geneigt zu machen. Etwas weiße und schwarze Kreide. Außerdem noch alle zum Illuminiren nöthigen Gegenstände, als: mehrere

Gläser mit Wasser zum Auswaschen der Farbenpinsel, Gummi elasticum ꝛc.

3. Von der Malerei im Allgemeinen.

Das Papier, welches zum Malen bestimmt ist, muß ein massenhaftes, feines, gut geleimtes Pergamentpapier sein, in welchem sich keine Wasserflecke befinden dürfen. Um durch Schablonen hindurch sicher und richtig malen zu können, soll man auf das Papier, auf welches man malen will, die Erstern zur Erhaltung einer richtigen Zeichnung, mit den Gewichten an den Ecken beschweren, und alsdann die schon vorher zubereitete Farbe durch bloßes Tupfen der Farbenpinsel auftragen. Das ganze Verfahren ist im Allgemeinen folgendermaßen: Will man, unter Andern, einen Schmetterling herstellen, so zähle man zuerst, wieviel verschiedene Farben derselbe enthält, (wir wollen fünf annehmen) und schneide alsdann zu jeder Farbe eine Schablone aus, dann reibt man sich die verschiedenen Farben, hier fünf, an. als: Mineralblau zu blau, Carmingelb zu gelb, Zinnober zu roth, gebrannten Umbra zu braun und chinesische Tusche zu schwarz. Die Farben dürfen indeß nicht zu flüssig eingerieben werden, nur so, daß sie teigartig erscheinen. Diese fünf Farben kann man auf einer Palette nebeneinander einreiben, natürlich muß man alsdann die Vorsicht gebrauchen, von jeder so wenig zu nehmen, daß dieselben nicht in einander laufen. Braucht man hingegen viel Farben, so ist es rathsam, daß man zu jeder einzelnen Farbe ein besonderes Näpfchen wählt. Alsdann trägt man diese Farben mit den zu dieser Malerei eigens verfertigten Pinseln durch die Schablonen auf und zwar so, daß man diejenigen, welche der meisten Farbe bedürfen, zuerst nimmt und die kleinsten bis zuletzt läßt. Noch ist hierbei zu bemerken, daß sämmtliche Schablonen von gleicher Größe der Außenseiten sein müssen, damit durch das Auflegen und Wegnehmen derselben die Conturen des Bildes ganz getreu dem Vorbilde gemäß eingehalten werden. Die Pinsel dürfen nicht stark in die Farbe getaucht werden; auch tupfe man die Farben durch die Schablonen immer senkrecht mit dem Pinsel auf, da durch das Hin- und Herreiben des Pinsels häufig Flecke und Streifen entstehen. Bei dem Ganzen verfahre man besonders behutsam; man trage die Farbe nicht zu stark auf, damit nicht eine Farbe in die andere läuft.

Um die Sammetfarbe bei den Schmetterlingen treu der Natur nachzuahmen, muß man möglichst trocken und sparsam malen, und nur, wo es zweckdienlich ist, sehr vorsichtig dunkel. Das Gold, das sich zuweilen auf den Flügeln der Schmetterlinge und Vögel zeigt, tippelt man, nach flüchtigen Ueberstreichen der Grundfarbe mit Gummiwasser oder Eiweiß, mittelst eines trockenen in Goldbronze getauchten Fischpinsels, trocken auf. Hier verfahre man indeß auch behutsam, damit die Grenzen eingehalten werden.

Was hier von den Schmetterlingen gesagt worden ist, findet im Allgemeinen, mit mehr oder minder Abweichung, auf alle übrigen Gegenstände dieser Malerei, insbesondere auf Blumen und Früchte, Anwendung. Der etwas Geübtere wird sich sehr bald bei Darstellung der verschiedenen Bilder orientiren.

Bei dem Illuminiren ist wie in jedem anderen Zweige der Malerei die Anwendung von Schwarz, zunächst also von chinesischer Tusche, thunlichst zu meiden; in dem Falle aber, wo getuschte Zeichnungen colorirt werden sollen, kann dies nur mit Erfolg geschehen, wenn die vorangegangene Tuschirung im schwachen Tone ausgeführt wurde. Je dunkler eine solche Zeichnung grundirt oder angelegt worden ist, umso weniger eignet sie sich, in Farbe gesetzt zu werden, da selbst brillante Töne, auf getuschte Stellen getragen, den Character gänzlich verändern.

Verfertigung von Firnissen oder Lacken.

Bereitung des Copallacks nach Berzelius.

Gut gestoßener weißer Copal wird mit Salmiakspiritus versetzt, wodurch er zu einer dicken, gallertartigen, durchscheinenden Masse aufschwillt, die sich in Spiritus vollkommen auflöst. Diese Masse wird in einer Flasche, welche man in warmes Wasser stellt, bis auf 26 Grad nach Réaumurs Thermometer erwärmt, 90gradiger Spiritus, welchen man vorher bis auf 40 Grad vorsichtig erwärmt hat, in kleinen Portionen zugesetzt und darauf umgeschüttelt, und so lange fortgefahren, bis die gewünschte Verdünnung mit Spiritus erfolgt ist. Man erhält solchergestalt eine Auflösung, die nur einen geringen Bodensatz ablagert und ganz wasserklar und farblos wird. Es ist ein vortrefflicher Copalfirniß.

Nach Constantini.

Man pulverisirt möglichst weißen Copal ganz fein und trocknet ihn auf dem Ofen, gegen Staub geschützt, sehr aus. Er wird dann in absolutem Spiritus in der Kälte so gelöst, daß die Auflösung möglichst concentrirt wird, und bildet mit diesem eine wasserhelle Flüssigkeit, mit welcher man Landkarten, Kupferstiche ꝛc. überziehen kann, ohne daß das Papier an seiner Weiße verliert. Der so zubereitete Lack trocknet aber so schnell unter dem Pinsel, daß man kaum Zeit hat, ihn gleichförmig zu verstreichen, auch zieht er sich während des Trocknens an manchen Stellen zusammen. Diesem Uebelstande wird jedoch abgeholfen, der Lack wird geschmeidig und zu allen Zwecken verwendbarer, wenn man der Copalauflösung nur den 4. Theil ihres Gewichts nicht rectificirtes Terpentinöl zusetzt.

Dammar-Lack,

der aus einer Auflösung von 160 Gramm Gummi Dammar in 256 Gramm reinem Terpentinöl besteht. Die Auflösung beschleunigt man durch Wärme und häufiges Umschütteln, so wie die Reinheit desselben dadurch, daß man ihn durch ein Tuch filtrirt, wodurch sich etwaiger Schmutz absondert.

Zur Hervorbringung eines schönen Glanzes pflegt man Bilder zwei oder drei Mal zu lackiren, man kann sie hierauf durch Abwaschung mit einem feuchten Schwamme stets sauber und rein erhalten, wenn sie etwa durch Fliegen, Rauch und Staub schmutzig geworden sind. Es versteht sich von selbst, daß jeder Ueberzug des Lackes vollkommen trocken sein muß, ehe man zu einem andern übergeht.

Ueber das Schleifen und Poliren der Firnisse siehe weiter unten.

Weißer Firniß zur Ueberziehung von Gemälden, die mit Gummifarben gemalt sind.

96 Gramm Gummi animae,
48 „ Sandarac,
5 „ Mastix

werden gestoßen und durchgesiebt, ein halb Maaß Spiritus vini darauf gegossen und gut umgeschüttelt, damit es sich nicht zu Boden setze. Man läßt es eine Nacht weichen, hierauf 4 Stunden unter Anwendung großer Vorsicht in heißer Asche sieden, und drückt das Produkt durch ein Tuch. Man pfropfe den so bereiteten Firniß gut zu und bestreich. damit die zu lackirenden Gemälde 10—12 Mal; sind sie gehörig trocken, so kann man sie mit Zinnasche und Baumöl, in weiches Leder eingeschlagen, poliren.

Durchsichtige Firnisse.

A. 10 Unzen Spiritus vini,
   2 „   Sandarac,
   2 „   venetian. Terpentin.

B. Gummi animae ⎫
   Gummi elemi   ⎬ 2 Drachmen
   Weißer Weihrauch ⎪
   Weiße Ambra   ⎭

werden zu zartem Pulver gestoßen, destillirter Weinessig darauf gegossen und zusammen gekocht, hierauf behutsam abgegossen, mit warmem Wasser abgewaschen und gut getrocknet. Man pulverisire hierauf diese Zusammensetzung, thue 2 Drachmen Gummi Tragant und 3 Drachmen Candis hinzu und gieße ¼ Kilo Spiritus vini darauf. Man schüttelt das Glas oft um, läßt es hierauf zwei Stunden im Marienbade sieden, stellt es sodann einige Tage hin, damit sich das Körperhafte setze, und gieße die Flüssigkeit hierauf behutsam ab.

Firniß auf Papier, Blumen etc.

Eine beliebige Quantität Gummi arabicum wird nach Verhältniß in Wasser, eben so Sandarac in Franzbranntwein aufgelöst, ein wenig Zuckerkand mit Eiweiß und Gummi dazu gegeben, und alles zusammen gut unter- und miteinander vermischt.

Zweitens: ¼ Kilo Spiritus vini,
           4 Unzen Sandarac,
           ¼ Unze Mastix,
           1 Unze Kampher

läßt man in gelindem Feuer zergehen und klären.

Schöner weißer Firniß.

Zwei Unzen venetean. Terpentin setzt man in einem glasirten Geschirre an ein gelindes Feuer; wenn er zu glänzen anfängt, so rührt man 4 Unzen präparirten und zu zartem Pulver gestoßenen Sandarac nach und nach mit einem hölzernen Spachtel darein. Hat sich alles gut vereinigt, so schüttet man die Mischung in eine Schüssel mit kaltem Wasser. Sollte die Masse, wie dies oft geschieht, einem Stein vergleichbar zusammenlaufen, so muß man solche wieder zerstoßen und die Composition von Neuem anfangen.

Man löst das Ganze in Weingeist und Terpentin auf.

Weißer Weingeistfirniß.

Die Verhältnisse sind: 65 Gramm ausgesuchter Mastix,
10 „ Sandarac,
20 „ venetian. Terpentin,
130 „ Alkohol.

Ein sehr guter, nur etwas theurer Firniß.

Firniß zu getrockneten und eingelegten Kräutern und Farben.

160 Gramm Sandarac,
64 „ Mastix,
8 „ Kampher,
3 Liter rectificirter Weingeist.

Mordent.

96 Gramm Sandarac,
48 „ Mastix,
16 „ Gummi Elemi,
¼ Kilo venetian. Terpentin,
64 Gramm Glaspulver,
¼ Kilo Alkohol.

Von der Politur der Firnisse.

Sind die aufgestrichenen Firnisse gehörig trocken, so bringe man ganz zart pulverisirten Bimstein, mit Wasser vermengt, auf ein Stückchen Leder oder einen reinen Lappen und reibe den Firniß so lange, bis er schön glatt ist. Der Glanz des Firnisses verschwindet davon; um ihn wieder hervor zu bringen, nehme man fein zerriebenen Trippel (womit man die Gläser polirt), tauche ein reines Läppchen ein und reibe damit den Firniß. Wenn nun Gemälde auf diese Art polirt sind, so nimmt man das, was übrig ist, mit Semmelmehl hinweg, und reibt sie zuletzt mit einem leinenen Läppchen wiederholt ab.

Anmerkung. Statt des Trippels kann man sich auch des Steinschneider-Schmirgels bedienen.

Sechsundzwanzig Geheimnisse für Zeichner und Maler.

Das Illuminiren getuschter und Bleistift-Zeichnungen mit durchscheinenden Farben.

Wähle man Bleistifte oder Tusche, welch letztere noch besser ist, so vollende man die Zeichnung erst ganz damit und so gut als möglich. Alsdann trage man die Farben auf, so wie sie der Natur des Gegenstandes angemessen sind. Sämmtliche Farben, die hierzu angewendet werden, müssen die Zeichnung durchscheinen lassen, und dürfen daher, besonders die deckenden erdigen Farben, nicht dick aufgetragen werden. Man kann sich dazu der englischen, auch Pfannenschmidt'schen Tusche bedienen, oder seine Farben mit arabischem Gummi selbst bereiten. Ein etwas starkes Gummiwasser ist dazu am dienlichsten, weil es das Feuer und das Durchscheinen der Farben erhöht und befördert. Man kann übrigens alle Farben dazu gebrauchen. Die nöthigsten sind: Carmin aus Fernambuck (da dieser nicht überall bekannt ist, so kann man statt dessen Kugellack nehmen), Carmin von der Cochenille (dieser Carmin ist nichts anderes, als ein Decoct der Cochenille, präcipirt durch Zinnsolution), Coccionellencarmin, Zinnober, Safranextract, Gummigutti, gutes Saftgrün, sublimirter Grünspan, Indigoextract, Berlinerblau, blauer Carmin. Aus diesen Farben kann man alle andern mischen, doch sind der Rothstein, der Lakritzensaft, Umbra ungebrannt und gebrannt, Farbenkörper, die man leicht kauft, und nicht erst zu mischen braucht. Der Anfänger soll sich in mancherlei Vermischung dieser Farben üben, damit er einige Erfahrung bekomme. Um sich im Colorit leicht und auf dem kürzesten Wege Wesentliches aneignen zu können, wird weiter unten eine kurze Uebersicht von der Mischung der Farben folgen. Jetzt nur so viel: Orange und Rothgelb besteht aus Roth und Gelb, Dunkelroth und Dunkelgelb giebt also dunkles Rothgelb, und so umgekehrt. Grün besteht aus Blau und Gelb, wir haben hier aber schon Saftgrün und Grünspan als Hellgrün; Indigoextract und Safranextract geben das schärfste Grün, auf dieses folgt das aus Gummigutti und Berlinerblau. Violett entsteht am besten aus Fernambuck oder Coccionellencarmin mit blauem Carmin. Beim Malen mit deckenden Farben entsteht Licht durch Zumischen von Weiß, beim Illuminiren aber durch dünnes Auftragen. Weiße Farbe wird eigentlich gar nicht gebraucht, weil das Papier die Stelle dieser Farbe vertritt. Das Indigoextract ist eine schöne Farbe zur Illuminirung des blauen Himmels, nur muß es gut sein, auch man geschickt damit umgehen, indem es schnell und sehr flüssig aufzutragen ist, weil es sich gleich in das Papier festsaugt und dann nicht mehr vertreiben läßt. Uebrigens vermeide man die schönen blendenden Farben, z. B. den sublimirten Grünspan, zur Illuminirung der Bäume, so viel als möglich, weil dies in der Natur nicht vorkommt. Die Schattenseiten der Gegenstände verstärke man durch stärkeres Auftragen natürlicher Farben. Gegenstände von weißer Farbe werden gar nicht illuminirt, oder man setzt auf die Schattenseite einen schwach bläulichen Ueberzug.

Bei dem Illuminiren ist wie in jedem anderen Zweige der Malerei die Anwendung von Schwarz, zunächst also von chinesischer Tusche, thunlichst zu meiden; in dem Falle aber wo getuschte Zeichnungen colorirt werden sollen, kann dies nur mit Erfolg geschehen, wenn die voran gegangene Tuschirung im schwachen Tone ausgeführt wurde. Je dunkler eine solche Zeichnung grundirt oder angelegt worden ist, umso weniger eignet sie sich, in Farbe gesetzt zu werden, da selbst brillante Töne auf getuschte Stellen getragen, den Charakter gänzlich verändern.

Uebrigens lasse sich der Anfänger nicht verführen, durch irgend eine Mode, wie z. B. es jetzt üblich ist, mit dem schönsten blendendsten Farben zu illuminiren, denn es ist wider die Natur, welche die Malerei darstellen soll. Man vergißt jetzt, daß die größten Zeichner und Maler bloß dadurch ihr Glück und Ruhm gemacht haben, daß sie die Natur so genau als möglich nachahmten. Man kann auch Bleistiftzeichnungen illuminiren, wobei man aber etwas behutsamer, d. h. in zarten Farbentönen, verfahren muß.

Die Selbst-Verfertigung des Röthelroths und der braunen Tusche.

Hat Jemand Lust, statt der schwarzen Tusche braunrothe oder braune Tusche, Sepia, bei Zeichnungen zu gebrauchen, so kann er diese sich selbst verfertigen, so wie ich sie mir zu verfertigen pflege. — Zum Röthelroth nimmt man guten Rothstein, reibt ihn mit Wasser auf einem Reibsteine so fein als möglich. Ist er fein genug, so giebt man, anstatt des arabischen Gummi, das Harz von Kirschen- oder Pflaumenbäumen, von welchen man das reinste ausgesucht und von allen unreinen Bestandtheilen gereinigt hat, hinzu, und reibt von neuem mit Zugießung des nöthigen Wassers, so lange bis sich das Gummi ganz aufgelöst und vermischt hat, was etwas langsamer als bei dem arabischen Gummi von Statten geht. Man untersucht, ob genug Gummi dazu genommen ist, indem man von der Farbe etwas mit einem Pinsel auf Papier streicht. Diese Harzlösung darf sich, wenn sie trocken geworden, nicht abwischen lassen, und wird ein wenig dunkler aussehen als die nasse Farbe. Wird der Ton dunkler und hinterläßt eine kleine Vertiefung im Papier, so ist des Gummis zu viel. Hat man das Verhältniß getroffen, dann wird so lange gerieben, bis die Farbe ein dicker Brei ist. Diesen knetet man,

wenn er vom Reibsteine genommen, mit den Fingern durch=
einander, bis er immer fester wird, und formt dann nach
Belieben Stangen daraus. So geformt läßt man die
Mischung auf einer Glasscheibe, welche mit etwas Oel be=
strichen ist, in einem Keller vollends trocken werden. Durch
dieses Trocknen und durch Kirsch= oder Pflaumengummi
wird das Bersten der Stangen verhindert, das Oel aber
auf der Glasscheibe verursacht, daß sie nicht ankleben und
leicht wieder abgenommen werden können.

Zum braunen Tusch nimmt man Rothstein und Kien=
ruß, von jedem so viel, bis die bestimmte Farbe heraus=
kommt. Indeß muß der Kienruß erst zubereitet werden. Man
nimmt nämlich eine hinlängliche Menge davon und gießt
so viel Branntwein darauf, daß ein dicker Brei davon ent=
steht; mit diesem füllt man einen Schmelztiegel so fest als
möglich voll an, dann bedeckt man den Tiegel mit einem
vierfach zusammengelegten Stück Papier, und über dieses
giebt man eine starke Bedeckung von Maurerlehm. Hierauf
läßt man Alles an einem warmen Orte nach und nach
trocknen. Dann setzt man den Tiegel in's Feuer, am besten
in Kohlenfeuer, und läßt ihn darin glühend werden. Nimmt
man ihn darauf wieder aus dem Feuer, so löst man die
Lehmdecke nebst dem verkohlten Papier behutsam ab, und er=
hält also den Kienruß von allen öligen Theilen durch das
Brennen befreit, auch reiner und schwärzer. In einem ver=
schlossenen Gefäß muß es aber geschehen, weil sonst der
Kienruß weißgebrannt wird.

Bei der übrigen Zubereitung des braunen Tusches ver=
fährt man ebenso, wie bei dem Röthelroth.

Zum Zeichnen mit der Feder bedient man sich guter
Zeichnenstahlfedern, der Raben= oder Krähenfedern und des
aufgelösten Tusches. Da es aber umständlich ist, den auf=
gelösten Tusch jedesmal mit einem Pinsel in die Feder zu
streichen oder soviel aufzulösen, daß man gehörig eintauchen
kann, und da ferner der Tusch, wenn man, um diese Um=
ständlichkeit zu vermeiden, sich eine hinlängliche Auflösung
davon in einem Glase aufbewahrt, sehr bald einen faulen
Geruch bekommt, weil er mit thierischem Leim bereitet ist,

so bin ich davon abgegangen und halte mir zu diesem Gebrauch eine Auflösung oder flüssige Mischung aus Kienruß, der auf vorherbeschriebene Art zubereitet ist, mit hinlänglich starkem Gummiwasser. Am besten bereitet man diese Mischung folgendermaßen: Man nehme den präparirten Kienruß auf den Reibstein, thue etwas Wasser dazu und sehe, ob er sich leicht reiben läßt. Da dies gewöhnlich auch bei dem präparirten nicht so recht gehen will, so ist es besser, wenn man noch etwas Branntwein dazu gießt. Dann schütte man gestoßenes arabisches Gummi dazu und reibe es, bis es breiartig wird. Nun versuche man durch Aufstreichen der Farbe mit dem Pinsel auf Papier, ob sie Gummi genug hat. Sie muß, wenn sie trocken ist, nicht rauh, sondern glatt, beinahe glänzend und höchst schwarz aussehen. Hierauf, wenn die Mischung richtig ist, lasse man alles auf dem Reibsteine trocken werden. Am andern Tage reibe man mit Wasser die Farbe wieder auf, und so lange, bis sie anfängt dick zu werden. Kann man, so lasse man sie in der Sonne oder sonst in der Hitze von neuem trocken werden, damit aller Geruch des Branntweins vergehe. Am folgenden Tage reibe man sie wiederum mit Wasser auf und mische endlich so viel Wasser dazu, daß sie leicht, aber dennoch schwarz aus der Feder sich schreiben läßt. Diese Mischung bewahrt man in einem Glase auf. Sie verdirbt nie wie die Tusche und es läßt sich eben so gut, wo nicht besser damit zeichnen. Die Menge des Gummis aber ist nöthig. damit die Mischung desto besser zusammenhalte und weil man mit einer Mischung, die weniger Gummi hat, nicht so saubere und gleichförmige Striche machen kann.

Verfahren, durchsichtiges Papier zu fertigen.

Sollen Zeichnungen schnell copirt werden, so leisten die durchsichtigen Papiere wesentlichen Nutzen.

Man nimmt zur Verfertigung derselben weißes Steinöl (Petroleum album), bestreicht damit einen feinen Bogen

Papier mittelst Baumwolle, und wischt mit einem Tuche die übrige Fettigkeit hinweg, läßt das Oel in der Wärme einziehen und reinigt das Papier dann mit warmer Weizenkleie. Hat man die Zeichnung darauf gebracht, so läßt sie sich wieder von dem Oele reinigen, wenn man sie über ein Kohlenfeuer hält.

Oder: Man läßt geläutertes Wachs schmelzen und gießt etwas Terpentinöl darunter. Mit dieser Mischung wird feines Postpapier bestrichen, zwischen Maculatur gelegt und mit einem warmen Bügeleisen darüber hingefahren, so daß sich das überflüssige Wachs und Terpentin in die Maculatur zieht.

Im Uebrigen sind Paus-, d. i. Durchzeichnen- oder Pflanzenpapiere, welche man ganz vorzüglich in Frankreich zu fabriziren versteht, in jeder Papierhandlung in Auswahl zu haben.

Bilder, durchsichtig herzustellen.

Man bestreicht den Kupferstich über einem Kohlenbecken mit Spika-Firniß, läßt dann Hausenblase über dem Feuer zergehen, bestreicht erst die eine Seite damit und wenn diese trocken ist, die andere.

Ein anderes Mittel, Papier durchsichtig zu machen, ist dieses:

Man löst 112 Gramm Mastix, 64 Gramm Copaiv-Balsam, 16 Gramm venetianischen Terpentin in ¼ Kilo Spiköl auf und bestreicht das Papier damit.

Bestes Verfahren, Zeichnungen zu copiren.

Man nehme reines farbloses Lavendel-, Spik- oder Citronenöl, tränke mit einem dieser Oele den Theil des Papiers, auf welchem man in dem Augenblicke zeichnen will, macht das Papier dadurch durchscheinend und zeichnet nun den zu copirenden Gegenstand durch. Ist dies so genau als möglich geschehen, so nähert man das Blatt dem Feuer oder der Ofenwärme, um das Verdunsten des Oels zu beschleunigen. Das Papier wird nun wieder so weiß und gut, als es vorher war und kann eben so gut mit Wasser- wie andern Farben bemalt werden. Das im Handel vorkommende Oel ist gewöhnlich unrein und muß zu dem erwähnten Zwecke noch einmal destillirt werden.

Dasselbe nach Catherey.

Zu einem Liter rectificirten Terpentinöl nehme man 8 Gramm feingestoßenen Bleizucker, rühre beides zusammen und lasse die Mischung 24 Stunden lang stehen. Alsdann schüttelt man sie gut durcheinander, setzt ¼ Kilo feinen canadischen Balsam hinzu und bringt die Mischung in ein mäßig heißes Sandbad, wo sie so lange umgerührt wird, bis Alles gleichförmig gemischt ist. Mit dieser Flüssigkeit überstreicht man das Papier mittelst einer weichen Bürste und hängt es zum Trocknen auf. Nach 14 Tagen ist es zum Gebrauch fertig.

Leichte Methode, Kupferstiche, Lithographien etc. abzuzeichnen.

Man bestreiche die Rückseite eines Kupferstiches mit rother oder schwarzer Kreide, will man auf dunklem Grunde zeichnen, mit weißer, und überfahre mit einem doch nicht zu spitzigen, hölzernen oder metallenen Stifte alle auf dem Original befindlichen Striche; hierdurch drücken sich diese vermittelst des Hölzchens überfahrenen Striche auf dem untergelegten Papier ab. Wenn man aber die Rückseite des Originals nicht überfahren will, um dasselbe nicht zu verderben, so schwärze man mit der schwarzen oder rothen Kreide ein drittes Stück Papier und lege es zwischen das Original und das Zeichnenpapier.

Lithographien, Kupferstiche und Zeichnungen in Oelgemälde zu verwandeln. (Lithochromie.)

Man nehme eine Lithographie, Zeichnung oder einen Kupferstich (womöglich einen blassen Abzug, Abdruck), lasse sich bei dem Tischler einen Rahmen machen, der genau so groß, als die Platte des Bildes sein muß, und leime das Blatt an den vier Rändern des neben dem Plattenabdruck befindlichen weißen Papiers über den Rahmen; vorher befeuchte man den Kupferstich auf der Rückseite mit einem nassen Schwamme, wodurch die etwaigen Falten desselben zertheilt und durch das Trocknen die Straffheit bewirkt wird, so daß dieses Papier völlig trocken, wie eine Trommel erklingen muß. Ist das Aufziehen gut gelungen und das Bild gehörig trocken, so bestreicht man mittelst eines breiten, weichen Borstenpinsels die Vorderseite des Bildes mit Terpentinöl, läßt es trocknen und bestreicht es wieder mit einem weißen Mastixfirniß, läßt es aber nicht ganz trocken werden und wiederholt dieses Verfahren auf der Rück- und Vorderseite so lange bis es völlig durchsichtig ist, läßt jedoch zwischen jeder Lage Firniß, die man dem Bilde giebt, so viel Zeit, daß es halb eintrocknet. Wenn die einzelnen Lagen, deren gewöhnlich 4—5 gegeben werden müssen, besonders eintrocknen, so entstehen weiße Papierflecke in der Gestalt von Sternchen auf dem Bilde, die seine Durchsichtigkeit vermindern. Ist der Kupferstich völlig trocken und durchsichtig, so dreht man ihn um und malt ihn auf der Rückseite, was vermöge der Durchsichtigkeit sich leicht ausführen läßt, mit Oelfarben. Licht und Schatten ist auf dem Bilde schon durch den Grabstichel angegeben, es ist also wenig Mühe erforderlich, ihn auszumalen. Will man jedoch mehr Zeit darauf verwenden, so setze man erst die Lichter auf, male dann die Halbschatten und zuletzt die tiefen Schatten und verfahre überhaupt nach den Gesetzen der Malerei. Da sich aber alle Farben auf der Vorderseite dunkler ausnehmen, als auf der Rückseite, so trage man stets helle, leuchtende Farben auf und vermenge zu dem Ende eine Farbe mit Bleiweiß. Die nach dieser Manier ausgeführten Malereien zeichnen sich, wie bunt sie auch auf der Rückseite gemalt sein mögen (denn je dicker die Farbe aufgetragen wird, desto mehr scheint sie durch) in einem hohen Grad von Feinheit aus und man glaubt ein gut gemaltes Bild zu zu erblicken. Kleine Hauptlichter und zarte Stellen, die man auf der Rückseite nicht gut malen kann, setzt man von vorn auf und lackirt es hernach völlig trocken mit weißem Mastixlack nach folgendem Recepte:

Man reinige Mastix eletum mit Spiritus vini, bis die äußerste Rinde und mit ihr aller anklebende Schmutz, Insecten u. s. f. abgehen und trockne ihn hierauf wieder, pulverisire denselben dann und gieße auf 1 Gramm Mastix 2 Gramm rectificirtes Terpentinöl. Ist er völlig aufgelöst, so filtrire man ihn.

Anmerkung. Guter weißer Copalfirniß leistet dieselben Dienste wie Mastixfirniß; noch besser aber ist der Dammarlack.

Kupferstiche auf Holz abzuziehen.

Kupferstiche, noch besser Lithographien, die auf lockeres Druckpapier gedruckt sind, eignen sich hierzu am besten, und es sind für diesen Zweck derartige Bilder in jeder Kunsthandlung zu bekommen.

Man benetze den abzuziehenden Stich mit lauem Wasser, oder tauche ihn in ein mit warmem Wasser angefülltes Gefäß und trockne ihn wieder zwischen einem leinenen, zusammengelegten Tuche. Man nehme nun das von dem Tischler ganz glatt gehobelte und mit Bimstein abgeriebene Brettchen, welches die Größe des Bildes haben muß, und überfahre es mit dem unten beschriebenen Mordent. Da derselbe sehr schnell trocknet, so lege man so geschwind wie möglich den Stich mit der Seite, auf welcher sich der Abdruck befindet, auf das mit Mordent bestrichene Holz und fange an, mit den Fingern das weiße Papier abzureiben, anfangs stärker, allmählig behutsamer, damit durch das Reiben der Stich nicht verdorben werde, und setze dieses

Abreiben so lange fort, bis nur ein ganz zartes Häutchen Papier, auf dem der Stich unmittelbar befindlich ist, stehen bleibt.

Um den so abgeriebenen Stich hell und glatt zu erhalten, bestreiche man ihn mit folgendem, leicht zu bereitenden Firniß (siehe unten), schleife diesen wieder mit pulverisirtem, in ein kleines Leinwandsäckchen gebundenen und mit Wasser befeuchteten Bimstein und fahre so lange mit Lackiren fort, bis er schön und hell ist; doch muß jede Lage ganz trocken sein, ehe man eine zweite und dritte giebt. Der Ungleichheit wegen, die bisweilen durch das Lackiren entsteht, schleift man die Unebenheiten mit Schachtelhalm gleich und polirt dann, was die Wirkung noch bedeutend erhöht.

Von den Holzarten sind Ahorn oder weiße Kastanien hierzu die geeignetsten.

Mordent.

1. 64 Gramm Sandarac,
   48 „ venetian. Terpentin,
   192 „ Alkohol.
2. 48 Gramm Sandarac oder Mastix,
   24 „ venetian. geläuterter Terpentin.

Weingeistfirniß.

16 Gramm Mastix,
64 „ Sandarac,
8 „ Gummi Elemi,
32 „ venetianischen Terpentin,
0 „ Alkohol.
Oder: ¼ Liter Weingeist,
50 Gramm venetian. Terpentin,
30 „ Mastix.

Anmerkung. Der Unterschied zwischen den Recepten Nr. 1 und 2 besteht darin, daß der Mordent noch einmal so dick als der Weingeistfirniß ist.

Kupferstiche auf Glas zu bringen.

Der Kupferstich wird vermittelst eines Pinsels mit Scheidewasser überfahren und wieder getrocknet, hierauf nimmt man weißen, geläuterten, venetianischen Terpentin und eben so viel Terpentinöl, rührt beides gut untereinander und streicht damit das Glas an, welches man vorher gleichmäßig über einem Kohlenfeuer erwärmt hat. Man legt nun den Kupferstich darauf und drückt ihn überall gleichmäßig mit einem leinenen Läppchen an und sieht vorzüglich darauf, daß er keine Falten bekommt, und stellt das Glas eine Zeitlang an die Wärme und reibt dann das Papier mit den nassen Fingern so lange, bis es abgegangen ist und den Kupferdruck auf dem Glase zurückgelassen hat.

Kupferstiche auf Glas abzuziehen.
(Andere Manier.)

Man schmilzt 2 Theile venetianischen Terpentin und 1 Theil Kolophonium zusammen, bestreicht damit, vermöge eines Pinsels, die eine Seite einer Glasplatte über einem Kohlenfeuer ganz dünn, legt dann einen Kupferstich mit derjenigen Seite, auf welcher der Abdruck sich befindet, auf das bestrichene Glas, drückt ihn mit Baumwolle überall an und läßt die Glastafel einige Tage in gelinder Wärme liegen. Wenn Alles recht erhärtet ist, benetzt man den so aufgeklebten Kupferstich mit Wasser und reibt mit den Fingern das Papier behutsam ab, so daß blos die schwarze Farbe oder der Kupferdruck zurückbleibt. Die Glastafel wird hierauf abgetrocknet, mit klarem Oelfirniß ganz dünn überstrichen und mit Gold- oder Silberblättchen belegt, so daß es auf der rechten Seite erscheint, als wäre der Kupferstich auf Silber oder Gold gedruckt.

Eine andere Manier, **Kupferstiche auf Glas zu bringen**, besteht darin, daß man aus Hausenblase, Gummi arabicum und Storax einen Firniß bereitet und mit diesem eine Glastafel bestreicht. Man legt nun einen Kupferstich mit der Seite, worauf der Abdruck sich befindet, auf die bestrichene Glastafel, reibt ihn, damit er gut anklebt, fest an und bestreicht dessen Rückseite mit Scheidewasser, welches das Papier abfrißt und den Kupferdruck auf dem Glase zurückläßt, und läßt ihn 5—7 Stunden stehen. Hierauf wäscht man mit Wasser das Papier behutsam weg.

Anmerk. Mit diesem Firniß kann man auch Glas leimen.

Landkarten, Tabellen und Zeichnungen zu lackiren.

Will man Landkarten, Tabellen und Zeichnungen lackiren, daß das weiße Papier seine Reinheit nicht verliert, so verfahre man auf dieselbe Art, der man sich bei Aufspannung der Lithographien bedient; nur mit dem Unterschiede daß, wenn man sie nicht auf Blendrahmen bringen, sondern der größern Dauer wegen auf Leinwand ziehen will, man die Leinwand, die so straff als möglich auf einem Brette ausgespannt sein muß, nicht eher von ihm abnimmt, bis der Ueberstrich der Gummiauflösung und der einmalige Ueberzug von Dammarlack gehörig trocken ist.

Bronciren der Bilderrahmen.

Das Bronciren der Bilderrahmen geschieht leicht auf nachstehende Weise. Der zu broncirende Rahmen wird mit Copallack bestrichen und nachdem dieser Anstrich vollkommen trocken geworden ist, gebe man demselben einen zweiten. Ehe jedoch nun der zweite Anstrich ganz austrocknet, schreite man zur Broncirung, welche man der Art bewerkstelligt, daß man mit einem weichen Pinsel in die Bronce, welche aufs Feinste, gemahlen sein muß, taucht, und sie nun gleichmäßig auf den Rahmen trägt. Wenn dieser Bronce-Ueberzug sorgfältig zubereitet ist, so läßt man den Copal-Anstrich vollständig trocken werden, entfernt die überflüssige Bronce mittelst eines weichen Pinsels und giebt den Rahmen einen dritten Anstrich, um den nöthigen Glanz auf diese Weise hervorzubringen. Sind es breite, große Rahmen und will man eine oder die andere Hohlkehle matt erscheinen lassen, so giebt man denselben keinen dritten Anstrich, sondern entfernt nur die überflüssige Bronce von den Stellen, wo es nöthig ist, und fährt dann mit einem trockenen Pinsel so lange darüber hinweg, bis sie einen matten Glanz erhalten haben.

Oelvergoldung auf Holz.

Das zu vergoldende Holz oder Holzleisten zu Bilderrahmen werden mit einer nicht zu starken, aber sehr fein geriebenen Farbe, aus Leinölfirniß und Bleiweiß bereitet, zwei- bis dreimal überstrichen, um auf diese Weise die Poren auszufüllen und den nöthigen Untergrund herzustellen. Nachdem dieser Anstrich vollkommen ausgetrocknet ist, erhält der zu vergoldende Gegenstand einen zweiten Anstrich mit dem sogenannten Goldleim, welchen man sich, wie die oben angegebene Bleiweißfarbe aus Mennige und Leinölfirniß bereitet. Dieser Anstrich braucht nur aus einem dünnen Ueberzug zu bestehen, jedoch stark genug, um den Untergrund nicht durchschimmern zu lassen. Ist dieser letztere Anstrich soweit getrocknet, daß er noch die Eigenschaft besitzt, ein darauf gelegtes Goldblättchen festzukleben, was in der Regel nach Verlauf von 10—12 Stunden der Fall sein wird, so nehme man ächte Goldblättchen, schneide sie mit einem scharfen Messer, auf Leder gelegt, in beliebige Streifen und bringe sie behutsam auf den zu vergoldenden Gegenstand, worauf sie mit Baumwolle auf den noch klebrigen Goldleim angedrückt werden. Auf diese Weise verfahre man, bis alle Stellen mit Goldblättchen belegt sind. Dann läßt man alles ganz trocken werden, nimmt mit einem freien Pinsel das überflüssige Gold hinweg und die Vergoldung ist fertig.

War der Leinölfirniß, welcher zu dem Goldleim verwendet wurde, gut, so wird nach 2—3 Tagen die vollkommene Austrocknung erfolgt sein, man hüte sich jedoch sehr, eher mit dem Pinsel darüber hinzufahren, bis man sich fest überzeugt hat, daß alles gut ausgetrocknet, indem sonst die ganze Arbeit verdorben würde.

Die auf solche Weise etwa vergoldeten Bilderrahmen lassen sich mit Wasser und einem feinen Lappen reinigen, überhaupt ist diese Art der Vergoldung sehr dauerhaft und aus diesem Grunde besonders zu empfehlen; ihre vorzügliche Anwendung findet jedoch diese Vergoldung bei der Malerei auf Holz.

Vergoldung des Holzes mit Politur.

Diese Art der Vergoldung wird in den Goldleisten=Fabriken angewendet; das Verfahren ist einfach, weshalb ein Jeder, der sich dergleichen Holzleisten bei einem Tischler nach seinem Geschmack anfertigen läßt, dieselben ohne große Mühe und Kosten selbst in Goldleisten umwandeln kann.

Diese Holzleisten werden zu Anfang mit einer starken Auflösung von Tischlerleim bestrichen, und nachdem der Leim gehörig trocken geworden, erhalten dieselben, je nach Bedürfniß, etwa noch 8—12 dergleichen Anstriche aus Leim mit geschlemmter Kreide gemischt. Daß jedoch der jedesmalige Anstrich erst trocken sein muß, ehe der folgende darauf gebracht werden kann, versteht sich von selbst. Hat man nun diese Arbeit vollendet, so bestreicht man die Leisten mit einer starken Mischung von Leim und Mennige, legt, so lange der Anstrich noch feucht ist, die hierzu bestimmten Goldblättchen wie vorhin angegeben, darauf und drückt sie ebenfalls mit Baumwolle fest. Um diesen Goldleisten einen feinen Glanz zu geben, werden sie, nachdem dieselben von dem überflüssigen Golde gereinigt worden sind, mit einem Agatsteine polirt.

Eine andere Bereitungsweise ist: man verfährt zu Anfang wie oben angegeben, nimmt jedoch statt der Goldblättchen Silberblättchen, und nachdem Alles wohl ausgetrocknet und das Uebrige davon entfernt worden, bestreicht man diese versilberten Holzleisten mit einem guten Goldlack. Diese Bereitungsart ist weit billiger und wenn der Goldlack gut war, stehen sie den ächten Goldleisten an Aussehen wenig nach. —

Das Bindemittel der Farben zu bereiten.

Vielfältig angestellte Proben haben bewiesen, daß die Farben hinter Glas unverändert bleiben, während dieselben, wenn sie auf das Glas gegen das Licht aufgestrichen werden, verbleichen. Das bewährteste Bindemittel der Farben ist folgendes: zu ⅜ ganz weißen arabischen Gummi nimmt man ⅛ weißen Kandieszucker, löst es zusammen in einem Glase mit weichem Wasser auf zu einem dünnen Brei; giebt, wenn nach Umrühren alle Bläschen verschwunden sind, je in ein Porzellan-Farbeschälchen einen kleinen Kaffeelöffel voll, und läßt solche, wie die damit versetzten Farben, an einem staubfreien Orte fest eintrocknen. Dann werden die so getrockneten Farben, wenn sie mit reinem Wasser und dem Finger oder Pinsel abgerieben sind, zum Malen fertig.

Belustigendes Allerlei.

Die Mittel, alle Metalle aufzulösen und mit deren Auflösung zu schreiben, gewährt viel Vergnügen. Als Hauptauflösungsmittel dient folgendes, leicht zu bereitende Salz:

Bereitung des Salzes zur Auflösung der Metalle.

Man nehme Salz, drücke es fest in ein Geschirr, setze es so lange auf das Feuer, bis das Geschirr sammt dem Salze glühend wird, und lasse es hierauf erkalten. Das Salz ist nun scharf und fähig, um alle Metalle damit zu reiben. Um sie zu reiben, und zu präpariren, nehme man von diesem Salze ein wenig, etwa von der Größe einer Haselnuß, bringe es auf einen Reibstein und reibe das zu präparirende Metall mit Gummiwasser und mit 1—3 Tropfen Jungfernhonig so klar als möglich, gebe diese Mischung hierauf in eine Muschel und läutere sie mit warmem Wasser von dem Salzwasser, bis das Metall sich auf den Boden setzt und das Wasser ganz rein auf dem Metall steht. Ist dies geschehen, so gieße man das Wasser rein und behutsam ab und temperire es mit nicht zu starkem Gummiwasser. Hierauf kann man, doch nur mit einer neugeschnittenen Feder schreiben. Man läßt die Schrift trocken werden und polirt sie dann mit einem Zahne oder Agatsteine, und zwar in der Wärme, da Kälte nachtheilig ist.

Mit Gold oder Silber zu schreiben.

Von dem erwähnten Salze bringt man etwas auf einen Reibstein, gießt etwas Gummiwasser hinzu und reibt es durch einander; hierauf nimmt man 10—12 Gold- oder Silberblättchen, oder noch billiger, Gold oder Silberabschnitte von einem Goldschläger, und reibt sie bis zum höchsten Grade der Feinheit, rührt das darauf gegossene warme Wasser so lange durch einander, bis das Salz zerschmilzt, das Gold oder Silber zu Boden fällt, und verfährt wie oben gelehrt.

Auf blauem, grünem oder schwarzem Papier nimmt sich die Schrift am besten aus.

Dasselbe auf eine andere Art.

Ein anderes Verfahren, mit Gold oder Silber zu schreiben, ist folgendes:

Man löse ¼ Unze arabisches Gummi in Wasser und ¼ Unze Ammoniakharz in gutem Weinessig auf. Nach erfolgter Auflösung gieße man beide Substanzen untereinander, lasse sie dann durch ein Stückchen Leinwand träufeln, schreibe hierauf mit dieser Mischung, und lege auf die Schrift Gold- oder Silberstaub, drücke ihn mit Baumwolle an und wische das Uebrige mit einem feinen Pinsel weg.

Mit Messing zu schreiben.

Man nehme Messingspäne, siebe sie durch ein Haarsieb, reibe das Durchgesiebte auf einem harten Reibsteine mit dem erwähnten Salze, temperire es mit Gummiwasser und schreibe damit. Ebenso verfährt man, wenn man beabsichtigt, mit Kupfer, Zinn, Stahl und Eisen zu schreiben.

Ein Wasser zu bereiten, wodurch alle Metalle zu Pulver werden, und damit zu schreiben.

  96 Gramm Salz,
  16   „   Sal Amoniak,
  16   „   Sal Alkali,
  16   „   Grünspan,
  16   „   Federweiß,
  16   „   Vitriol,
  16   „   Alaun,

stoße diese Species so fein als möglich in einem Mörser, thue das hieraus gewonnene Pulver in ein Glas, gieße Salzwasser darauf, verwahre das Glas mit Wachs und lasse es 9 Tage stehen. Hierdurch entsteht eine schöne, grüne Flüssigkeit, in welche ein beliebiges Metall gelegt wird, das dadurch zu Pulver zerfällt. Man gießt hierauf das Wasser ab, nimmt das Pulver heraus und reinigt es wie oben beschrieben, temperirt es mit Gummiwasser und schreibt damit.

Mit Gold und Silber auf Glas zu schreiben.

 Man bereite das Gold und Silber auf oben erwähnte Art, nehme jedoch anstatt des Gummiwassers
    8 Gramm Scheidewasser,
    8 Gramm Kirschblüthensaft,
und temperire das Gold und Silber damit.
     Oder:
 Man nehme 8 Gramm Scheidewasser, werfe in dasselbe 10 Gramm Alkali sal, und das daraus erhaltene grüne Wasser vermischt man mit dem Golde; man schreibe damit, das Gold frißt sich in das Glas und wird sehr schön.

Blaue Schrift auf Degenklingen zu bringen.

 Man halte eine Degenklinge so lange in das Feuer, bis sie blau angelaufen ist, hierauf nehme man Oelfarbe, zeichne oder schreibe damit und lasse sie trocken werden. Man erwärme hierauf guten starken Weinessig und gieße ihn auf die blau angelaufene Klinge; das Blau geht dadurch davon ab, nur da, wo man mit Oelfarbe geschrieben hat, bleibt es stehen; die Oelfarbe aber bringt man durch frisches Wasser hinweg.

Dem Holze die Farbe und den Glanz der schottischen Dosen zu geben.

Man nehme Copalfirniß und Terpentin-Essenz zu gleichen Theilen, rühre solche gut durcheinander und gebe von dieser Tinktur 3 nach einander folgende Lagen. Hierauf nehme man 5 Gramm Terpentin-Essenz und 1 Gramm Gummi gutti, rühre dies gut durcheinander, drücke die Mischung durch ein leinenes Tuch und überstreiche das Holz ein- oder zweimal, vermeide jedoch jede Berührung, so lange es nicht trocken ist.

Oelgemälde zu reinigen.

Zuerst reinige man die Oelgemälde sorgfältig vom Staube, nehme starke Lauge von Rebenasche, 30 Gramm Salpeter und 100 Gramm gebrannten Alaun, lasse alles im Wasser bei gelindem Feuer sieden, lege ein Stückchen Seife hinein, etwa so groß wie eine Haselnuß, und bestreiche mit diesem vermittelst eines Schwammes das Gemälde, bis es glänzend wird, und wasche hierauf die Lauge mit reinem Wasser wieder ab.

Auch dient ein in Salzwasser getauchter Schwamm dazu, die Bilder vom Schmutze zu befreien.

Bei der Reinigung alter oder neuerer Oelgemälde, unter Anwendung vorgenannter Mittel, muß jedoch genau darauf geachtet werden, daß die herunter zu waschenden Substanzen nichts weiter als Schmutz und alte Firnißüberzüge enthalten. Nehmen derartige Reinigungen grünliche oder röthliche Töne an, so ist damit bewiesen; daß die Farben, zuvörderst die Lasuren, des Bildes angegriffen werden, was eine sofortige Einstellung der Versuche erheischt! Leider sind auf diese Weise durch die Unerfahrenheit Unberufener eine beträchtliche Anzahl kostbarer Gemälde aller Schulen des Mittelalters, theils ganz zerstört, theils bis zur Unkenntlichkeit verdorben worden, und für die Kunst damit uneinbringliche Verluste entstanden. Jedem Kunstfreunde oder allen Gebildeten, welche Sinn für die artistischen Erzeugnisse unserer Vorahnen haben, werden daher auf das Eindringlichste ersucht, vermeintlich gute Gemälde früherer Perioden mit jener Pietät zu behandeln, welche der Culturmission dieses Jahrhunderts entspricht und nicht Bilderrestaurationen von Händen vollziehen zu lassen, denen die dazu erforderlichen Kenntnisse und vor Allem, die nöthigen technischen Fertigkeiten abgehen. —

Berlinerblau in Tuschform zu bringen.

Man reibt das Berlinerblau sehr sorgfältig, kocht es einige Male mit reinem Wasser auf, worin etliche Tropfen Salzsäure sind, läßt es wieder zu Boden setzen, gießt das Flüssige ab und vermischt es mit einem Schleime aus 20 Gramm Gummi arabicum und 1 Gramm Leim in Wasser aufgelöst, erwärmt die ganze Masse und läßt sie bei gelinder Wärme und fleißigem Umrühren so lange verdicken, bis sie in Formen gebracht und getrocknet werden kann.

Dasselbe Bindemittel, in gleichem Verhältnisse von 20 Gramm Gummi und 1 Gramm Leim, ist bei allen Farben anzuwenden und erhält man dadurch Tuschfarben, die nicht springen sowie sich immer gut ablösen lassen.

In jeder Hinsicht empfehlenswerthe Bücher,
welche in allen Buchhandlungen zu haben sind.
(Verlag der Ernst'schen Buchhandlung in Quedlinburg.)

Alvensleben, 100 Polterabendscherze zum Vortrage für einzelne Damen und Herren, für zwei und mehrere Personen und zur Ausführung größerer Polterabend-Scenen für 6 bis 10 Personen. Vierte Aufl. 1 Mk. 50 Pf.

Bohn, Fr., Die Handelswissenschaft zur leichten Erlernung der Handelsgeographie, der Correspondenz, des kaufmännischen Rechnens, der Buchhaltung, Anweisung zur Schönschreibekunst und 10 Biographien berühmter Kaufleute. 17 Aufl. 5 Mk.

Bosco's Zauberkabinet, oder das Ganze der Taschenspielerkunst. Enthält 140 wundererregende Kunststücke durch die natürliche Zauberkunst mit Karten, Würfeln und Ringen. 13. Aufl. Mit Abbildung. 2 Mk.

---

v. Breda, Alf., Praktisches Schachbüchlein. Zur regelmäßigen Erlernung des Schachspiels, mit Darstellung der sinnreichsten Züge und 14 Muster-Partieen berühmter Schachspieler. 8. Aufl. 1 Mk.

Campe's Briefsteller für alle Fälle des menschlichen Lebens. Eine Anweisung 280 Briefe und Geschäftsaufsätze aller Art nach den besten Regeln des Styls schreiben und einrichten zu lernen. 24. verb. Aufl. 1 Mk. 50 Pf.

Eberhard, A., Professor. Ueber den Umgang mit dem weiblichen Geschlecht, oder: Die Kunst, wie sich junge Männer durch ein kluges Benehmen die Neigung des weiblichen Geschlechts erwerben und dauernd erhalten können. Mit 24 Umgangs-Klugheitsregeln.
Neunte Auflage. 2 Mk.

(Bester Unterricht für Blumenliebhaber.)
Fahldieck, A., Kunstgärtner in Quedlinburg. Der Blumenfreund, oder die Pflanzencultur im Zimmer, in 150 Anweisungen, wie Blumen im Zimmer zu cultiviren sind.
Preis 1 Mk.

Galanthomme, oder der Gesellschafter, wie er sein soll. Enthaltend 20 Regeln des feinen Tons und des Anstandes, 30 Liebesbriefe, 20 deklamatorische Stücke, 28 Gesellschaftsspiele, 16 Kartenkunststücke, Anecdoten u. Toaste Von F. Schuster, Professor.
Sechszehnte Auflage. 2 Mk. 50 Pf.

Grünau, Arthur, Der Damenfreund, oder die Kunst Männerherzen beurtheilen, gewinnen und fesseln zu lernen. Ein Begleiter für liebende Damen, welche sich Männerherzen erobern und erhalten wollen. 1 Mk. 25 Pf.

Hartenbach., **Dr. F.**, Die Kunst ein vorzügliches Gedächtniß zu erlangen. Auf Wahrheit Erfahrung und Vernunft begründet. 13 Auflage. 1 Mk.

Hausarzt, der neue, ein treuer Rathgeber in allen erdenklichen Krankheitsfällen in jedem Alter, bei Magenübeln, Verdauungsbeschwerden, Verschleimung, Gliederreißen, Krämpfen, Hautkrankheiten rc.
Siebente Aufl. 2 Mk. 50 Pf.

Held, D., Gedichte und Reden zu Gratulationen bei Neujahrs-, Geburts-, Namens-, Verlobungs-, Hochzeits- und anderen festlichen Tagen. Zur Erhöhung der Feierlichkeit bei Familienfesten. Siebente verb. Aufl. 1 Mk.

Klemich, Oskar, Director, Katechismus über Stilistik. Zur Belehrung über Stilistik, Wortbeugung, Satzbau, Rechtschreibung, Periodenbau, Interpunktion und Verslehre. Preis 2 Mk. 50 Pf.

Leibarzt, oder 500 der bewährtesten Hausarzneimittel gegen 145 Krankheiten der Menschen, Kunst, ein langes Leben zu erhalten, den Magen zu stärken, die Wunderkräfte des kalten Wassers, 38 Schönheitsmittel und Hufeland's Haus- und Reiseapotheke. (Ist ein für Jedermann nützliches Buch.) 15. Aufl. 1 Mark 50 Pf.

Loden, A., Der Lustfeuerwerker, oder gründliche Anweisung zur Lustfeuerwerkerei, als: Schwärmer, Raketen, Leuchtkugeln, bengalische Flammen, Feuerräder, Kanonenschläge. 6. verb. Aufl. 1 Mk. 50 Pf.

Louis le petit, der gern gesehene Gesellschafter, Taschenspieler und Lustigmacher oder 40 Taschenspielerkünste, 20. Gesellschaftsspiele, 10 declamatorische Stücke und 26 Räthsel. Zur gesellschaftlichen Belustigung.
8. Auflage. 1 Mk. 25 Pf.

Matthey, L., Anfertigung aller Arten Oel- und Wasserfarben zum Malen und Anstreichen der inneren und äußeren Wände der Gebäude und der dazu nöthigen Farben, Oel- und Lackfirnissen. 4 Aufl. 1 Mk.

Meyer, Neues Complimentirbuch, oder Anweisung, sich in Gesellschaften anständig zu betragen, nebst Anstands- und Bildungsregeln, 38 Stammbuchsaufsätzen, 40 Toasten, 10 Polterabendscherzen und einer Blumensprache. Dreißigste Aufl. 1 Mk. 25 Pf.

---

v. Posert, 72 deutsche, französische und englische Kartenspiele, als: Scat, L'Hombre, Whist, Préférence, Solo, Schafkopf, Imperial, Casino, Robouge, Pharao, Commerce, Süßmilch, Dreiblatt, Sequenz ⁊c., nebst 50 Karten-Kunststückchen und Kartendeutungen. 4. Aufl. 1 Mk. 50 Pf.

Rabener, Fr., Knallerbsen, oder: Du sollst und mußt lachen. Enthaltend: 265 interessante Anekdoten und Schwänke von Künstlern, Gelehrten, wie auch von Friedrich den Großen, Kaiser Wilhelm I. und vom Fürsten Bismarck. 21. Aufl. 1 Mk.

Richard, Dr., Die Regeneration des geschwächten Ner-
vensystems, oder gründliche Heilung aller Folgen der geheimen Jugendsünden und der Ausschweifung, wie auch die Geschlechtsorgane vor Ansteckung zu bewahren.
8. verb. Auflage. 1 Mk. 50 Pf.

Schellhorn, 120 auserlesene Geburtstags=, Namens=, Neujahrs=, Hochzeits und Abschiedsgedichte, nebst Stammbuchsversen, Trinksprüchen und Polterabendscherzen.
12. Auflage 1 Mk. 50 Pf.

v. Schlieben, Vollständiges Lehrbuch der gesammten Feldmeßkunst, ferner des Höhenmessens, Nivellirens, Markscheidens und der Planzeichnens; zum Selbstunterricht für Vermessungs=Conducteure und Forstbeamte. Neu bearbeitet von J. B. Montag. Mit 1000 Abbildungen.
8. verb Aufl. 7 Mk.

Seidler, Dr., Die Bestimmung der Jungfrau. Enthaltend das Nöthige über Anstand, Anmuth, Würde, Freundschaft, Liebe, Ehe, Wirthschaftlichkeit. Von dem gesellschaftlichen Benehmen. Nebst Worten einer Mutter an ihre Tochter. 11. verb. Aufl. 2 Mk.

Simon, Albr., Der industriöse Geschäftsmann, oder 400 Anweisungen zur Fabrikation vieler Handels=Artikel als: Künstliche Weine, Rum, Aquavite, Essige, 2) Delikateßwaaren, Extracte, 3) Chocoladen, Hefen, Mostriche, Stiefelwichsen, 4) 36 Geheimmittel, als: Universalpflaster, Hoffmann'scher Liquor, Leichdornpflaster, Gichtpapier, Nürnberger und Schwedische Lebensessenz ꝛc.
Zwölfte Aufl. 2 Mk. 50 Pf.

Weber, Fr., Neues Fremdwörterbuch, enthaltend 14,000
fremde Wörter, welche in Zeitungen und Schriften vorkommen. Ein nützliches Nachschlagebuch für Jedermann.
11. Aufl. 1 Mk.

www.ingramcontent.com/pod-product-compliance
Lightning Source LLC
Chambersburg PA
CBHW020823230426
43666CB00007B/1071